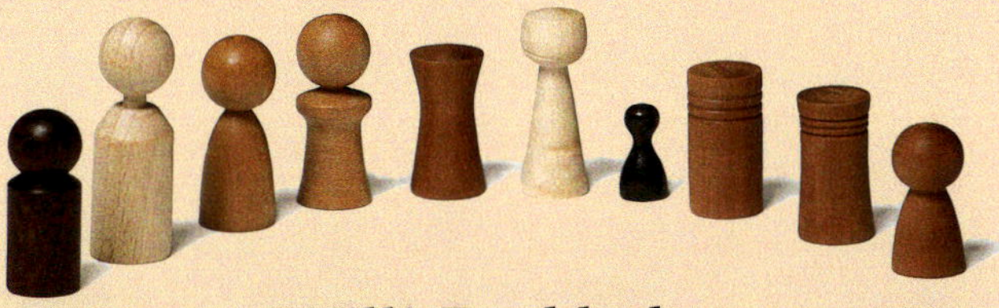

Willi Brokbals

Spiele und Spielzeug aus Holz

selbst gemacht

2., korrigierte Auflage

34 Farbfotos
117 Zeichnungen
27 Tabellen

Ulmer

Inhalt

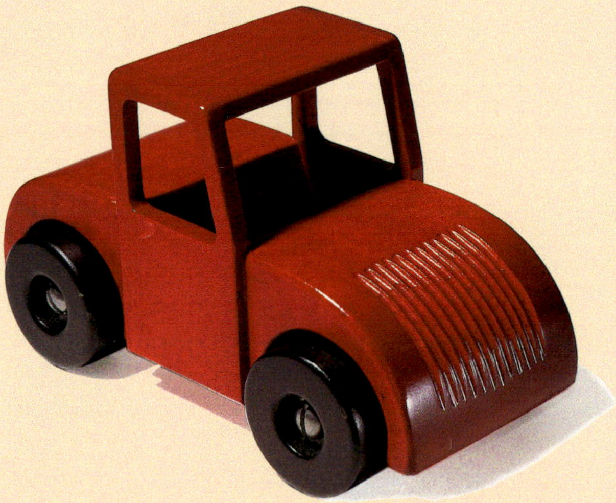

Einführung 3

Hinweise zum Inhalt und zur Benutzung der Anleitungen 3

Arbeiten mit den Anleitungen 3
Sicherheitsregeln 3
Holzbeschaffung und Holzauswahl 4

Spiele aus Holz 5

Einsiedler 6
Domino 11
Mühle 16
Vier in einer Reihe 22
Tangram 27
Kreuz und Kreis 33
Schiebekasten 38
Holzweg 43
Spielesammlung 50
Mikado 56
Schach 62
Go 69

Spielzeug aus Holz 77

Wandelplastik 78
Teufelsknoten 84
Kristallknoten 89
Kugelbahn 94
Würfelpuzzle 103
Schiebegans 110
Tigerente und Rallye-Ente 115
Rennauto 121
Nostalgie-Automobil 127
Lastwagen 133
Holzbild 139
Farbige Steckplastik 144
Maschinenwartung 149

Verzeichnisse 152

Glossar 152
Literatur 155
Bezugsadressen 155
Lösungen 156
Ideen und Entwürfe 156
Bildquellen 156
Register 157
Danksagung 158

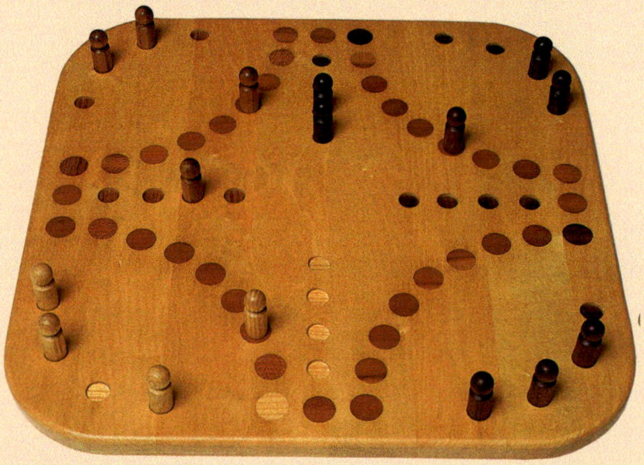

Einführung

Die technische Ausstattung der Hobbyschreiner ist in den letzten Jahren ständig besser geworden und hat bei vielen einen Stand erreicht, der nach neuen Herausforderungen verlangt: Stichsäge, Kreissäge, Hand-Oberfräse, Ständer-Bohrmaschine und verschiedene Schleifmaschinen, vielfach sogar Abrichte, Dicken-Hobelmaschine und Tischfräse wollen eingesetzt werden. Auch wenn Sie nicht zu diesen Profi-Heimwerkern gehören und Ihre Werkstattausstattung bescheidener ist, können Sie viele der beschriebenen Werkstücke herstellen. Jeder, der nach gut gestalteten Objekten mit schlüssiger Arbeitsanleitung sucht, wird in diesem Buch fündig. Angesprochen sind Heimwerker und Schreinergesellen ebenso wie Schreinerlehrlinge. Das Buch wendet sich aber auch an Schreinermeister, die gute – von ihren Lehrlingen gebaute – Werbegeschenke brauchen, sowie an Lehrer an berufsbildenden Schulen, die beispielhafte Arbeiten auch auf der CNC-Maschine ausführen lassen wollen.
Form und Ausführung der Werkstücke sind nicht verbindlich, sondern dienen vorwiegend als Anregung und sollen so das Formempfinden und die Fertigkeiten im Umgang mit Holz, anderen Materialien und Werkzeugen schulen.
Machen Sie durch Umsetzen individueller Ideen und eigener Alternativen das Spielzeug zu einem ganz persönlichen Stück. Die vielen Varianten in den Anleitungen werden Ihnen helfen, sich mit Ihrem Spiel von der Massenware abzusetzen.
Sicherlich ist hier und da auch die Zusammenarbeit mit einem Freund oder Bekannten fruchtbar, der Ihnen Holzteile drechselt oder Metallteile herstellt. Vielleicht ist sogar gegenseitige Hilfe im Sinne von Tauschhandel vorteilhaft, zumal es bei vielen Werkstücken sinnvoll ist, gleich mehrere in einem Durchgang herzustellen. Die Vorteile liegen auf der Hand: Sie haben Tauschobjekte für Ihren Zulieferer, die Arbeitszeit pro Spiel sinkt, da Sie die Maschinen nur einmal einstellen müssen, und Sie haben in jedem Fall ein ausgefallenes Geschenk.

Ebern, im Herbst 2001
Willi Brokbals

Hinweise zum Inhalt und zum Benutzen der Anleitungen

Arbeiten mit den Anleitungen

- Lesen Sie immer erst den gesamten Text, da sich neue Gedanken ergeben können oder entsprechende Hinweise zu beachten sind.
- Jede Anleitung ist in sich abgeschlossen. Sie können jedes beschriebene Werkstück herstellen, ohne ein anderes zu kennen.
- Die Reihenfolge der Werkstücke folgt nicht dem Schwierigkeitsgrad.
- Fachwörter werden verwendet, damit der Laie mitreden kann und der Geschulte besser versteht. Die Fachbegriffe werden im Glossar auf Seite 152 erklärt.
- Angaben zum Zeitbedarf sollten Sie nicht erschrecken. Sie dienen lediglich als Anhaltswerte, damit der Zeitaufwand besser abschätzbar wird. Die Arbeitszeit hängt sehr stark von Ihrem Können und den technischen Voraussetzungen ab.
- Die Skizzen dienen der besseren Anschaulichkeit, sie sind jedoch nicht maßstäblich.

Sicherheitsregeln

Der Umgang mit den Werkzeugen und Maschinen muss nicht gefährlich sein, wenn Sie folgende Grundregeln beachten:

- Halten Sie Ordnung, damit Sie nicht stolpern und immer sicheren Stand haben.
- Legen Sie Werkzeuge immer so ab, dass Sie sich nicht damit verletzen können.
- Arbeiten Sie nur mit scharfen Werkzeugen!
- Sorgen Sie immer dafür, dass das Werkstück sicher gehalten wird, unabhängig davon, ob Sie es mit Hand-Werkzeugen wie Stecheisen oder Handsäge oder mit Maschinen (Kreissäge, Hand-Oberfräse, Hobelmaschine, usw.) bearbeiten.
- Entfernen Sie grundsätzlich keine Sicherheitseinrichtungen.
- Lesen Sie die Betriebsanleitungen zu Ihren Maschinen sowie die darin enthaltenen Sicherheitshinweise und halten Sie sich daran.
- Lassen Sie Reparaturen an elektrischen Geräten und Zuleitungen nur von einem Fachmann ausführen.
- Beachten Sie die Verarbeitungsrichtlinien und Sicherheitshinweise zu den Produkten, mit denen Sie die Oberflächen behandeln.
- Zusammengeknüllte Lappen, die Sie zur Oberflächenbehandlung mit Öl und Wachs benutzt haben, können sich selbst entzünden, solange diese feucht sind. Die Lappen sollten daher zum Trocknen aufgehängt oder verbrannt werden. Sie können sie auch in einem luftdicht verschlossenen Metallbehälter aufbewahren.

Wichtig! Diese Sicherheitsregeln sind nur Hinweise und können nicht alle Eventualitäten abdecken. Die Verantwortung beim Arbeiten mit Werkzeugen, Maschinen und Materialien liegt bei Ihnen!

Holzbeschaffung und Holzauswahl

Holzbeschaffung. Beginnen Sie Ihre Suche nach dem gewünschten Holz im nächsten Baumarkt und bei einem Holzhändler in der Umgebung. Dort bekommen Sie Plattenwerkstoffe und einige Holzarten als Bretter oder Leisten. Dieses Angebot wird Sie wahrscheinlich nach kurzer Zeit nicht mehr zufriedenstellen und Sie müssen Ausschau nach neuen Quellen halten. Zerlegen Sie alte Möbel und richten Sie sich mit diesen Hölzern, die meist schon trocken sind, ein kleines Lager ein. Besuchen Sie einen Schreiner und bitten Sie diesen freundlich darum, einen Blick in die Reste- oder Abfallkiste werfen zu dürfen. Da der Holzbedarf für die meisten Werkstücke minimal ist, wird die Menge, die Sie dort finden, oft ausreichen. Denken Sie unbedingt daran, dass der Schreiner nicht (nur) aus Leidenschaft seinem Beruf nachgeht, sondern in erster Linie damit Geld verdienen muss: Deshalb fassen Sie sich bitte kurz und vergessen Sie auch einen Obolus für die Kaffeekasse nicht, sonst ist die Quelle schnell versiegt.
Auch der Schreiner verarbeitet nicht täglich die exotischen Hölzer, die in einigen Anleitungen aufgeführt sind, also müssen Sie Ihre Suche ausdehnen. Manche Firmen haben sich auf ausgefallene Hölzer spezialisiert und geben diese auch in geringen Mengen ab. Sie finden entsprechende Adressen im Anhang dieses Buches und im Internet. Schlagen Sie auch einmal im Branchenverzeichnis nach und suchen Sie Sägewerke in Ihrer näheren Umgebung heraus. Dort erhalten Sie oft Abfallstücke und Reste, häufig auch heimische Obsthölzer, die Sie preiswert erstehen können.

Tipp! Gleichgültig, woher Sie das Holz beziehen, es sollte nicht mehr als 8 bis 10 % Feuchtigkeit haben, da es bei höherem Feuchtegehalt zu stark schwindet und die Qualität Ihrer Arbeit darunter leidet.

Holzauswahl. Für viele der beschriebenen Werkstücke benötigen Sie mehr als eine Holzart. Achten Sie bei der Zusammenstellung darauf, dass Sie Hölzer mit ähnlicher Struktur verwenden und dass die Farbkontraste nicht zu stark sind. Kombinieren Sie grobporige Hölzer mit grobporigen und feinporige Hölzer mit feinporigen.

Spiele
aus Holz

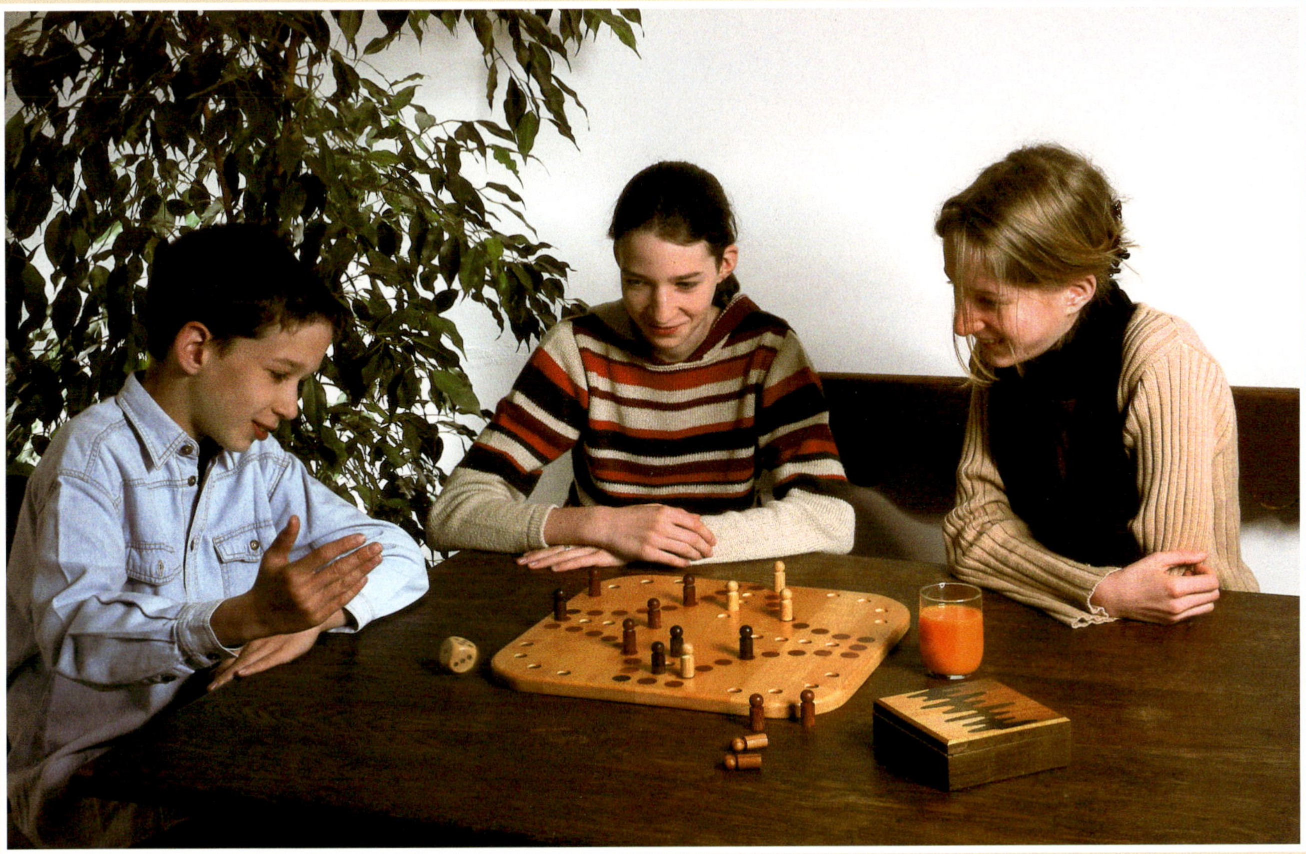

Einsiedler

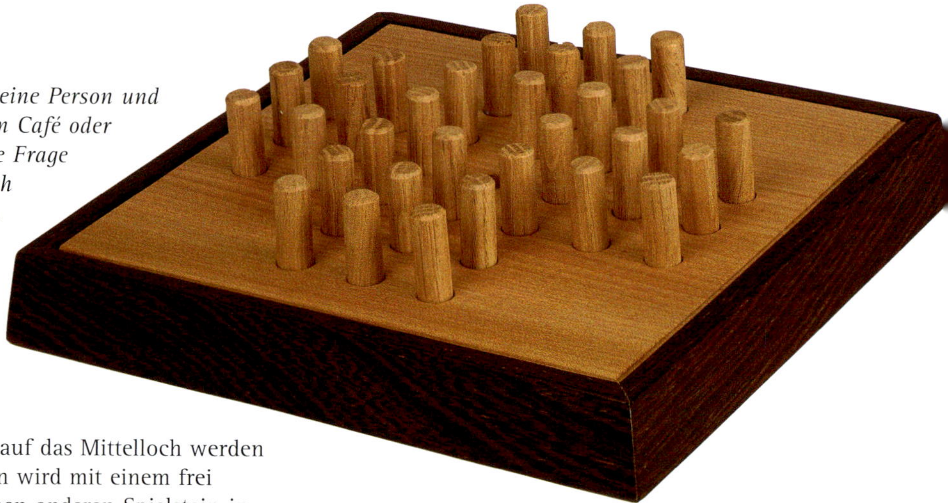

Das Einsiedlerspiel ist ein Spiel für eine Person und daher für ruhige Stunden daheim, im Café oder bei einer Bahnfahrt ideal. Die lästige Frage „Wohin mit den Steckern?" stellt sich nicht mehr, denn sie werden einfach im Innern des Spiels abgelegt und aufbewahrt. Der herausgezogene Deckel, der gleichzeitig Spielfeld ist, gibt die im Boden abgelegten Stecker frei.

Die Spielregeln sind einfach: Bis auf das Mittelloch werden alle Löcher mit Steckern besetzt. Nun wird mit einem frei wählbaren Spielstein immer über einen anderen Spielstein in ein freies Feld gesprungen. Wählt man die richtige Reihenfolge, bleibt am Ende nur noch ein Stecker übrig – der Einsiedler. Der kürzeste Weg führt mit 18 Zügen zum Ziel. Die Lösung finden Sie auf Seite 156.

Werkzeuge

Auf jeden Fall benötigen Sie:
- Meterstab
- Bleistift
- Winkel
- Feinsäge
- Gehrungslade
- Schlosser- oder Schreinerhammer
- Holzhammer
- Stecheisen (6, 10, und 20 mm)
- Putzhobel
- Bohrmaschine
- Bohrer (∅ 5, 6, und 8,2 mm)
- 2 Schraubzwingen (200 mm)
- Schleifpapier (Körnung 100 und 150)

Optimales Arbeiten ermöglichen:
- Kreissäge
- Abricht-Hobelmaschine
- Dicken-Hobelmaschine
- Hand-Oberfräse
- Fräser (∅ 6 mm)
- Ständer-Bohrmaschine
- 2 bis 3 (Klemm-)Zwingen (200 mm)

Material

Bezeichnung	Stück	Material	Fertigmaß in mm		
			Länge	Breite	Dicke
Boden unten	1	Rüster (Ulme)	158	158	12
Deckel	1	Rüster (Ulme)	158	158	12
Umleimer	1	Wengé	800	25	10
Dübel	1	Rotbuche	20	∅ 6	
Stecker	33	Rotbuche	27	∅ 8	
Leim					
Öl zur Oberflächenbehandlung					

Welches Holz eignet sich?

In der Materialliste sind die Holzarten Rüster (Ulme) und Wengé aufgeführt. Sind diese Hölzer nicht zu bekommen, weichen Sie getrost auf andere Kombinationen aus. Auch Esche und Wengé, Kirschbaum und Nussbaum oder Ahorn und Nussbaum sind gut zueinander passende Kontrasthölzer. Wie bei allen Werkstücken muss auch hier das Holz trocken sein.

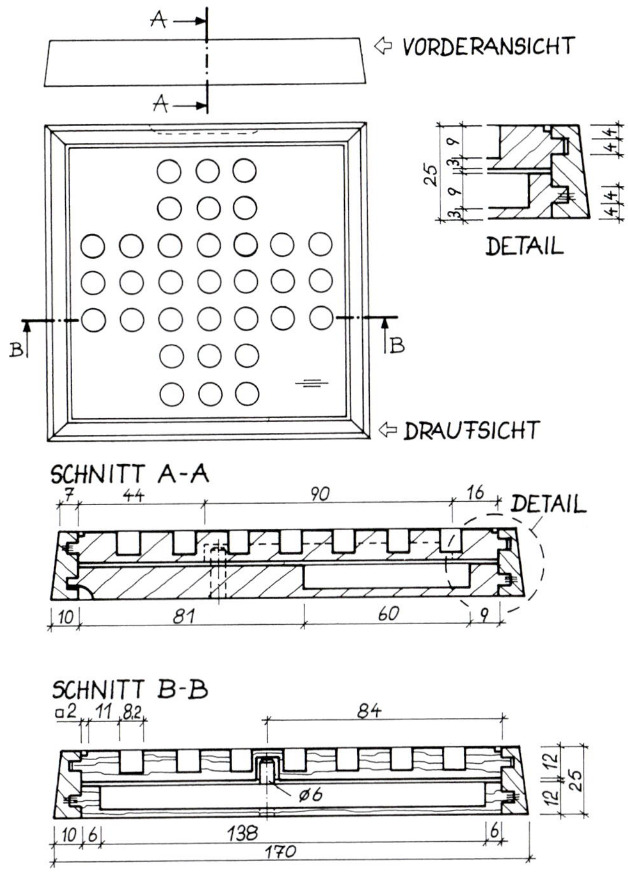

Abb. 1: Hier finden Sie alle Maße, die Sie brauchen.

Arbeitsschritte

Zeitaufwand
Zur Herstellung des Spiels benötigen Sie etwa sechs bis zehn Stunden.

1. Aushobeln und formatieren
2. Vertiefungen herstellen
3. Stoppnut einbringen
4. Deckel und Boden fälzen
5. Bohrungen
6. Umleimer nuten (und profilieren)
7. Gehrungen sägen
8. Verleimen
9. Schleifen
10. Stoppdübel-Loch bohren
11. Stecker herstellen
12. Oberfläche behandeln

1. Aushobeln und formatieren

Damit rationell gearbeitet wird, werden der Boden, der Deckel und der Umleimer miteinander ausgehobelt und auf das genaue Maß zugeschnitten. Um Problemen bei der weiteren Bearbeitung aus dem Wege zu gehen, dürfen die Umleimer jetzt noch nicht abgelängt oder schräg geschnitten werden. Sie bleiben vorerst als eine Leiste von etwa 800 bis 1000 mm Länge beisammen.

2. Vertiefungen

Die Nut im Deckel und die Vertiefung für die Stecker im Boden werden vor dem Fälzen hergestellt, da hierbei am ehesten die Gefahr besteht, das Stück zu verderben.

Zunächst wird die Vertiefung im Boden herausgearbeitet. Dazu spannen Sie den Boden in die Hinterzange der Hobelbank und zeichnen die Umrisse der Vertiefung auf. Anschließend fräsen Sie mit der Hand-Oberfräse die Vertiefung grob oder mit Hilfe einer Kopierhülse

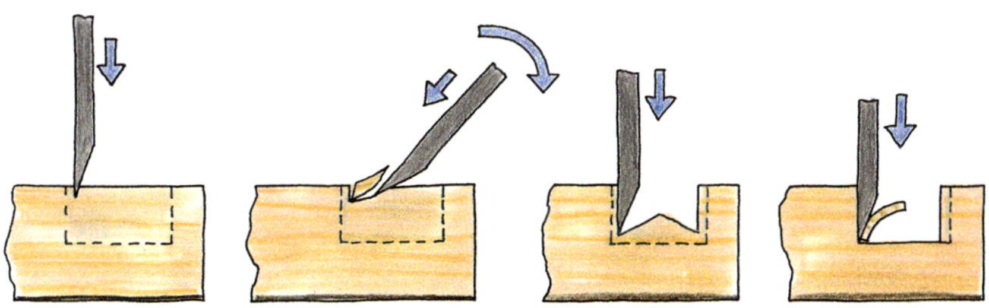

Abb. 2: Ausstemmen mit dem Stecheisen, vereinfacht dargestellt.

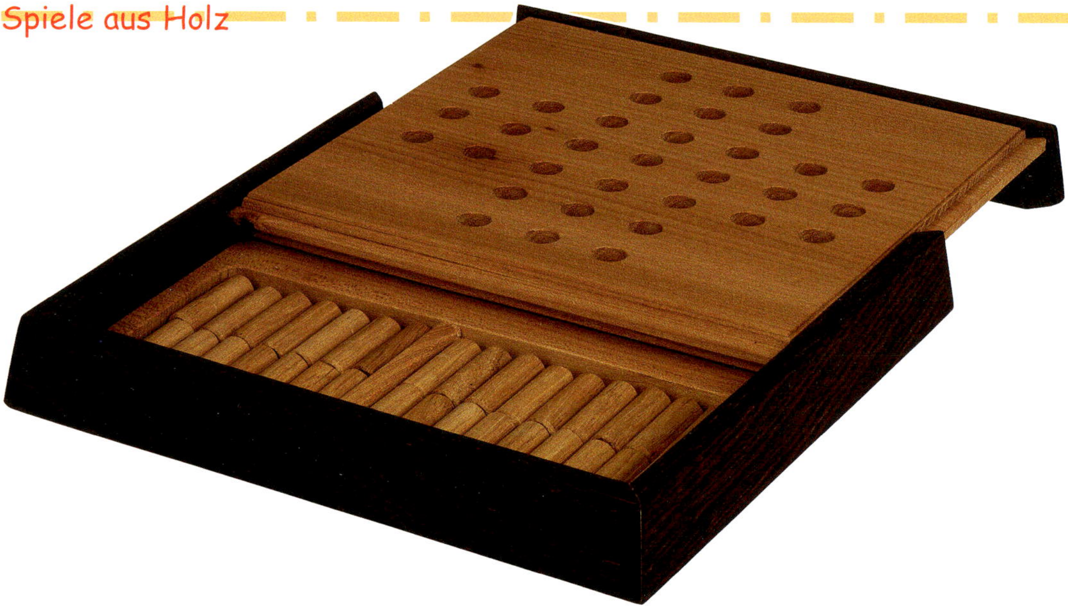

und einer Schablone exakt aus. Arbeiten Sie dabei von der Mitte nach außen! Je nach erzielter Genauigkeit müssen Sie mehr oder weniger stark mit einem Stecheisen nacharbeiten.

Variante
Wird die Vertiefung ganz mit dem Stecheisen ausgestemmt, sollten Sie so vorgehen (siehe Abb. 2):

a) Setzen Sie das Stecheisen mit der Fase zur Vertiefungsinnenseite, etwa 1 bis 2 mm neben den Riss (Bleistiftstrich). Dann schlagen Sie leicht an.
b) Heben Sie den Span ab.
c) Arbeiten Sie zunächst rundum auf volle Tiefe. Erst danach stemmen Sie die gesamte Fläche bis zum Grund aus.
d) Anschließend stechen Sie die Kontur mit einem scharfen Stecheisen exakt am Riss nach.
e) Im letzten Arbeitsgang glätten Sie den Boden mit Grundhobel und Stecheisen.

3. Stoppnut

Damit der Deckel nicht ganz herausgezogen werden kann, erhält er auf der Unterseite eine Nut, in die später der Stoppdübel greift. Hier erleichtert und verbessert die Hand-Oberfräse das Arbeiten. Doch auch mit mehrmaligem Vorbohren in einer Reihe auf definierte Tiefe und anschließendem Ausstemmen mit dem Stecheisen kommt man zu einem durchaus guten Ergebnis (siehe Abb. 3). In jedem Fall muss darauf geachtet werden, dass die Nut keine Lochreihe verletzt. Sie liegt deshalb außerhalb der Mitte.

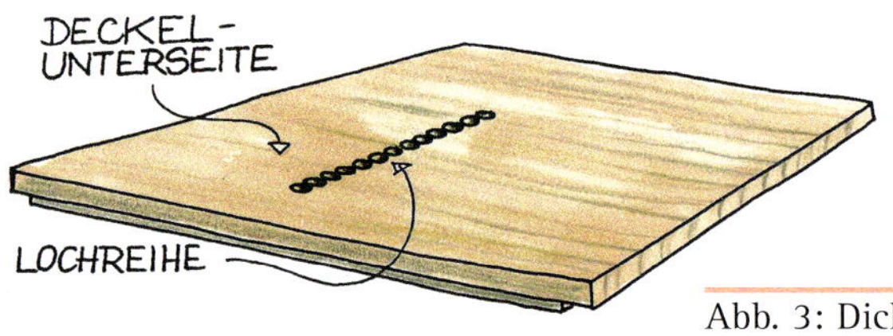

Abb. 3: Dicht nebeneinander platzierte Bohrungen erleichtern das Ausarbeiten der Nut mit dem Stecheisen.

4. Fälze

Nun werden Deckel und Boden rundum so gefälzt, dass eine umlaufende Feder entsteht. Damit Maßtoleranzen nicht so stark auffallen, erhält der Deckel eine zusätzliche Schattennut.

Wichtig! Bearbeiten Sie immer zuerst das Querholz. Dabei entstehende Ausrisse werden bei der anschließenden Längsholz-Bearbeitung weggefräst.

5. Bohrungen

Nachdem auch die Griffmulde an der Vorderseite des Bodens (Längsholz) angestochen oder eingefräst ist, können die Vertiefungen für die Stecker aufgerissen und gebohrt werden. An einer Ständer-Bohrmaschine lässt sich die gewünschte Tiefe exakt wiederholbar einstellen.

Damit bei der Arbeit mit der Handbohrmaschine alle Löcher gleich tief werden, sollten Sie sich einen einfachen Tiefenbegrenzer bauen. Durchbohren Sie achsparallel ein Klötzchen mit quadratischem Querschnitt (20 × 20 mm), das etwa 20 mm kürzer als die Bohrerlänge ist.

Die exakte Bohrtiefe erzielen Sie, wenn das Klötzchen über den Bohrer gestülpt und dieser mehr oder weniger weit ins Futter gespannt wird. Halten Sie den Tiefenbegrenzer beim Bohren fest, damit er keine Spuren auf dem Werkstück hinterlässt. Solche Spuren müssten Sie später mühsam wegschleifen.

6. Umleimer

Die Umleimer lassen sich gut mit der Fräse oder Kreissäge nuten.

Vorsicht! Diese Arbeit ist nicht ungefährlich. Deshalb ist die Leiste für diesen Arbeitsgang 800 mm bis 1000 mm lang. Sie können sie so besser handhaben.

Beide Nuten erhalten gleiche Maße. Das nötige Spiel für die leichte Beweglichkeit der Deckelfeder in der Nut erreichen Sie durch Schleifen. Sollen die Anleimer profiliert werden, so nehmen Sie diesen Arbeitsschritt vor dem Sägen der Gehrungen vor. Abbildung 4 zeigt vier Alternativen zum schrägen Außenprofil.

Anschließend schleifen Sie den Deckel, den Boden und die Innenseiten der Umleimer parallel zur Faser mit Körnung 150.

Abb. 4: Vier Alternativen zum schrägen Außenprofil.

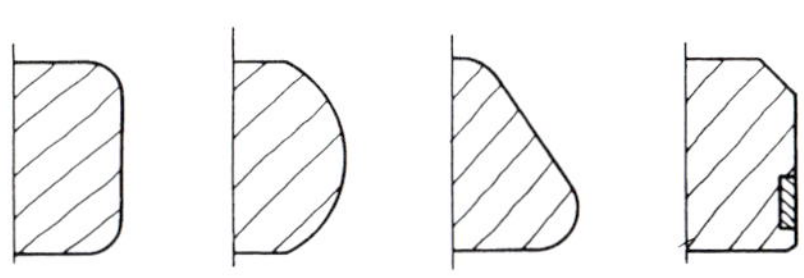

7. Gehrungen

Schneiden Sie nun die Gehrungen mit der Kreissäge an oder arbeiten Sie alternativ mit einer Feinsäge in der Gehrungslade.

8. Verleimen

Leimen Sie anschließend die einzelnen Teile an.

Achtung! Der Deckel erhält nur an einer Längsseite einen Umleimer. Die übrigen drei Seiten werden an den Boden geleimt, und zwar je einer an die beiden Querholzseiten und einer an die hintere Längsholzseite. Die Vorderseite des Bodens (mit Griffmulde) erhält keine Leiste.

Geben Sie den Leim nur sparsam an, damit er nicht in die Schattennut quillt. Sollte trotz aller Sorgfalt Leim austreten, kratzen Sie diesen erst ab, wenn er leicht angetrocknet ist und eine dünne Haut gebildet hat.

9. Schleifen

Nachdem der Leim ausgehärtet ist, werden die Kanten rundherum geschliffen. Dabei sollten Sie darauf achten, dass Ecken und Kanten eckig bleiben und nicht im Schleiffieber „rundgenudelt“ werden.

10. Stoppdübel-Loch

Jetzt können Sie das Loch für den Stoppdübel in den Boden bohren, den Dübel herrichten und ihn auf der unteren Querholzseite fertig schleifen. Leimen Sie den Dübel jedoch noch nicht ein!

11. Stecker

Längen Sie von einem Buchenrundstab die Stecker ab und fasen Sie diese an beiden Enden. Sie lassen sich so leichter in die Löcher stecken. Dies ist, neben dem Verwenden fertiger Riffeldübel, sicherlich die einfachste Lösung. Nachträgliches Bearbeiten auf der Drechselbank erlaubt Ihnen eine Fülle von Gestaltungsvarianten. Einige Vorschläge zeigt die Abbildung 5.

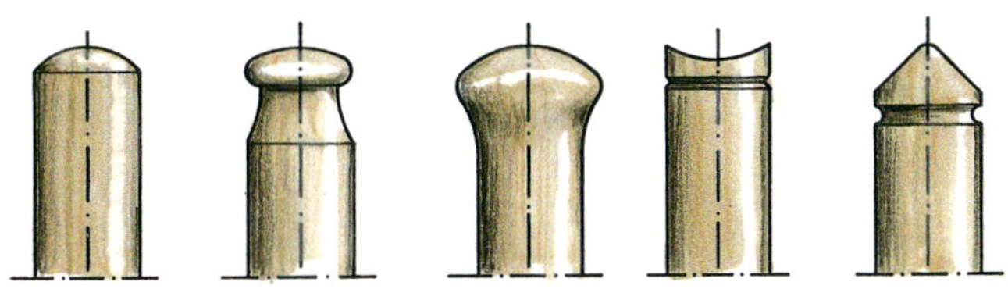

Abb. 5: Fünf Steckervarianten.

Varianten

- Die Stecker können Sie drechseln und dabei profilieren, aus dem Umleimerholz Wengé herstellen oder auch farbig beizen.
- Steht keine Drechselmaschine zur Verfügung, können Sie auch gut mit der Bohrmaschine arbeiten. Durch die individuelle Profilierung der Stecker wird das Spiel zu etwas ganz Persönlichem und Einzigartigem, das sich von der Massenware absetzt.

12. Endbehandlung

Jetzt können Sie die Oberflächen aller Teile behandeln. Arbeiten Sie mit Öl und Wachs, ist Vorsicht geboten. Näheres ist unter dem Stichwort „Ölen“ auf Seite 153 nachzulesen.

Im letzten Arbeitsschritt wird der Deckel eingeschoben und der Stoppdübel eingeleimt – das Spiel kann beginnen.

Alternative zur Spielgestaltung

Eine einfache, reizvolle Variante des Einsiedlerspiels ohne Schiebedeckel lässt sich mit wesentlich geringerem Zeit- und Materialaufwand herstellen:

1. Runden Sie die Ecken eines 22 mm dicken, quadratischen Massivholzbrettes, Seitenlänge 160 mm, mit 5 mm Radius.
2. In die Oberseite bohren Sie alle Löcher für Riffeldübel (∅ 8 × 30 mm).
3. Danach arbeiten Sie in die vier entstandenen Ecken Vertiefungen ein, in denen die Stecker während des Spiels abgelegt werden können.
4. Fasen Sie alle Kanten etwa 2 mm, auch die der Vertiefungen.

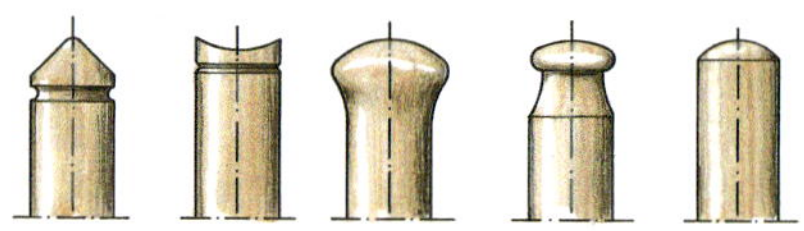

Domino

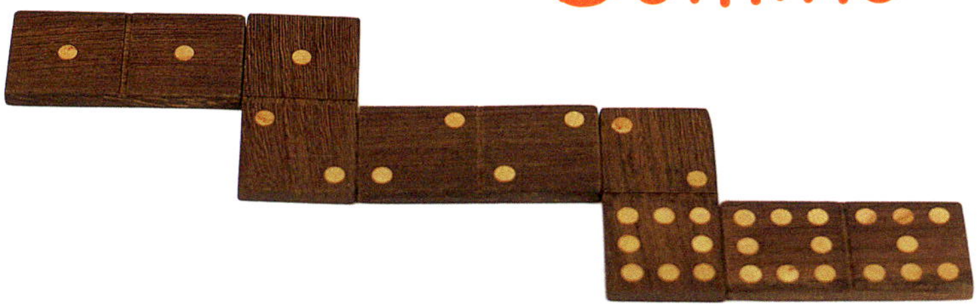

So richtig bekannt geworden ist das Dominospiel durch japanische Studenten, die durch Kettenreaktionen hervorgerufene spektakuläre Massenumstürze der Spielsteine bewirkten. Seine Anfänge sollen bis ins zweite Jahrhundert n. Chr. zurück reichen.

Früher wurden die Domino-Spielsteine aus Elfenbein und Ebenholz gefertigt. Die hier beschriebene Variante ist etwas bescheidener, wirkt jedoch trotzdem durchaus edel. Im schlichten Behälter mit Schiebedeckel ist Platz für drei Sätze Spielsteine und die Spielanleitung. Wer eine weniger arbeitsintensive Variante wählt, kommt auch mit einem oder zwei Sätzen Spielsteine aus.

Nach der klassischen Spielweise wird Domino von zwei Personen gespielt, die die Halbsteine mit gleicher Augenzahl so aneinander legen, dass sie sich berühren.

Wer als erster keine Spielsteine mehr hat, ist Sieger. Im Laufe der Jahrhunderte wurden weitere Varianten entwickelt, so zum Beispiel das Legen von Mustern oder das Behandeln arithmetischer Probleme (siehe Literatur, Seite 155).

Welches Holz eignet sich?

Für den Behälter benötigen Sie Furnierplatte, der Schreiner spricht meist von Sperrholz, das Sie in unterschiedlichen Dicken und Qualitäten erhalten. Die kreuzweise verleimten Furnierschichten verhindern das Arbeiten dieses Plattenwerkstoffes in Länge, Breite oder Dicke. Bei der Auswahl der Platte sollten Sie die in der Stückliste angegebene Dicke von 6 mm nicht unterschreiten. Eine größere Dicke ist weniger problematisch, Sie müssen lediglich daran den-

Werkzeuge

Auf jeden Fall benötigen Sie:

- Meterstab
- Bleistift
- Winkel
- Feinsäge
- Gehrungslade
- Hammer
- Stecheisen
- Putzhobel
- Bohrmaschine
- Bohrer (∅ 8, 25 mm)
- Kreissäge
- Klebeband
- Schleifpapier (Körnung 120)

Optimales Arbeiten ermöglichen:

- Abricht-Hobelmaschine
- Dicken-Hobelmaschine
- Hand-Oberfräse
- Fräser (∅ 6 mm)
- Ständer-Bohrmaschine
- Hand-Schleifmaschine
- 2 bis 3 (Klemm-)Zwingen

Material

Bezeichnung	Stück	Material	Fertigmaß in mm		
			Länge	Breite	Dicke
Seiten	2	FU-Buche*	362	97	6
Seite	1	FU-Buche	116	97	6
Seite	1	FU-Buche	116	85	6
Boden	1	FU-Buche	350	104	6
Deckel	1	FU-Buche	352	108	6
Abschlussleiste	1	Rotbuche	116	6	6
Spielsteine	84	Wengé	100	49	7
Dübelstangen	3	Rotbuche	1000	∅ 8	
Leim					
Öl zur Oberflächenbehandlung					

* FU-Buche = Furnierplatte aus Rotbuche-Furnieren = Buchensperrholz.

ken, dass sich mit veränderter Holzdicke auch die Außenmaße ändern.

Wichtig! Verwenden Sie qualitativ hochwertiges Material (Buche- oder Birke-Furnierplatte), da billige Furnierplatten nicht die erforderliche Eckenfestigkeit gewährleisten. Außerdem sieht der Behälter mit guter Furnierqualität natürlich besser aus.

Arbeitsschritte

Zeitaufwand
Die beschriebene Ausführung können Sie in etwa sechs Stunden herstellen.

Aufbewahrungsbehälter:
1. Zuschnitt
2. Nuten und Fälzen
3. Griffloch und Abschlussleiste
4. Schleifen
5. Gehrungen sägen
6. Zusammenpassen und Verleimen

Spielsteine:
1. Aushobeln, fasen und zuschneiden
2. Mittenmarkierung
3. Bohren
4. Dübel sägen und einleimen
5. Schleifen
6. Oberflächenbehandlung

Der Aufbewahrungsbehälter

1. Zuschnitt

Der Deckel, der Boden und die vier Seiten der Dominokiste werden von einer Buchen-Furnierplatte gesägt.

Nach Möglichkeit sollten Sie die gesamte Länge der zwei langen und zwei kurzen Seiten plus Verschnittzugabe in einem zusammenhängenden Streifen (etwa 1000 mm) belassen. Das bringt Ihnen Vorteile bei den anschließenden Arbeitsgängen.

2. Nuten und Fälzen

Fräsen Sie mit der Hand-Oberfräse und entsprechendem Anschlag die Nut für den Deckel über die gesamte Streifenlänge. Anschließend fälzen Sie den Deckel an den langen und einer kurzen Seite so ab, dass er gut in der zuvor gefrästen Nut gleitet. Beachten Sie dabei, dass der Deckel anschließend noch geschliffen und vielleicht auch lackiert wird. Er soll nicht klappern, aber auch nicht schwergängig sein.

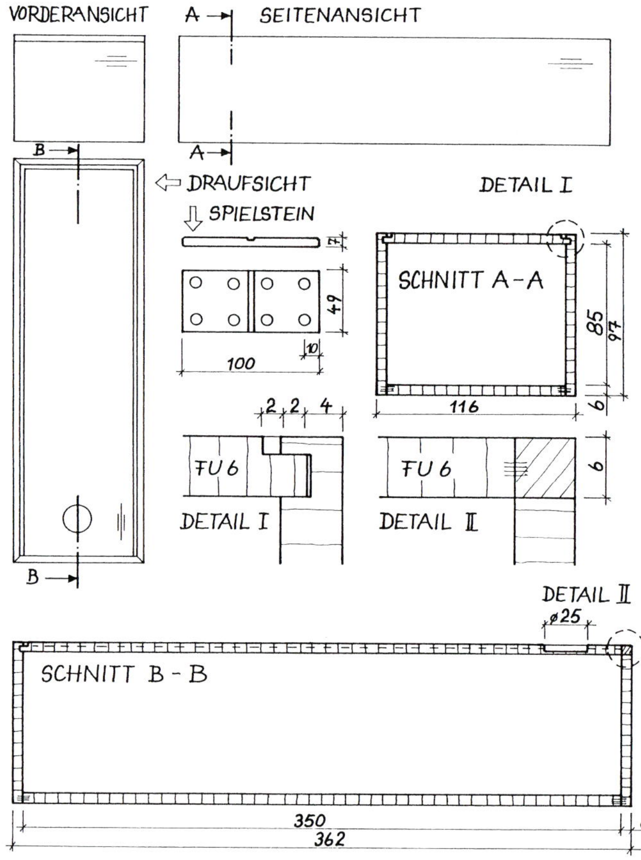

Abb. 6: Konstruktionszeichnung.

Tipp! Eine weitere Möglichkeit zum Nuten und Fälzen bietet die Kreissäge. Das Nuten am Parallelanschlag ist hier recht problemlos, doch kann es beim Fälzen, bei einer verzogenen Furnierplatte oder schlechter Werkstückführung zu Ungenauigkeiten kommen.

3. Griffloch und Abschlussleiste

Nachdem das Griffloch als Vertiefung in den Schiebedeckel gebohrt ist, wird die massive Abschlussleiste angeleimt. Wenn Sie ganz sicher gehen wollen, dass sie passt, setzen Sie zuerst den Kasten komplett zusammen, so dass die Leiste bei geschlossenem Deckel angeleimt werden kann.

4. Schleifen

Alle Teile werden vor dem Fertigschnitt geschliffen. Schleifen Sie mit einer geeigneten Schleifmaschine oder von Hand entsprechend dem Faserverlauf. Sollte sich der lange Streifen werfen, nageln Sie seine Enden an der Auflage fest. Die Endbereiche mit den Nagellöchern gelangen beim Zuschneiden der Einzelteile ohnehin ins Abfallholz.

5. Gehrungen

Um den noch langen Streifen in der Gehrungschneidlade oder stehend an der Kreissäge auf Gehrung zu sägen, ist dieser zu hoch. Am einfachsten ist es, Sie teilen den liegenden Streifen mit dem auf 45° geschwenkten Sägeblatt auf. Wer diese Möglichkeit nicht hat, baut sich eine einfache Schneidlade, in der die Teile liegend mit der Feinsäge abgelängt werden können (siehe Abb. 7).

Haben Sie alle vier Kastenseiten auf exaktes Maß geschnitten, sägen Sie anschließend das Vorderstück auf die entsprechende Höhe.

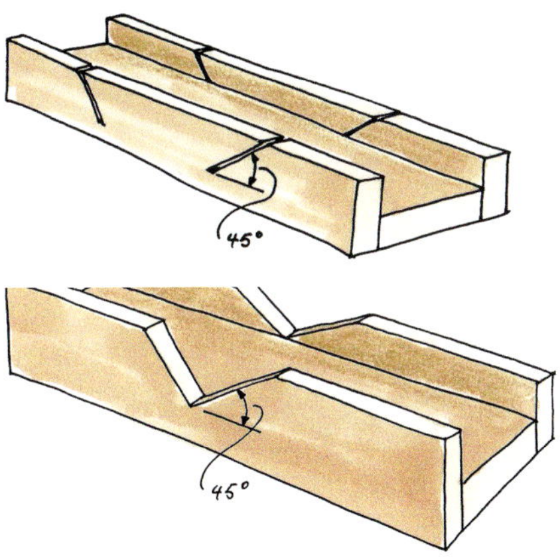

Abb. 7: Eine dieser Alternativen kann Ihnen helfen, perfekte Gehrungen zu sägen.

6. Zusammenpassen und Verleimen

Die Seitenteile legen Sie mit den Außenflächen nach oben in eine Reihe, sodass die Gehrungen aneinander stoßen. Um eine exakte, gerade Linie zu erreichen, ist es sinnvoll, die Streifen an einer entsprechend langen, geraden Leiste auszurichten. Bekleben Sie die Stoßstellen (Anschlussstellen) mit breiten Klebestreifen über die gesamte Fugenlänge (= Kastenhöhe). Achten Sie darauf, dass die Stoßstellen sehr dicht aneinander liegen oder geringfügig überlappen. Damit der Klebestreifen sicher haftet, reiben Sie ihn mit dem Fingernagel gut an.

Nun kann der Korpus ohne Leim probeweise zusammengefaltet und der Boden eingepasst werden. Damit er später nicht die Ecken auseinander drückt und zugleich ausreichende Haltbarkeit bietet, muss er „saugend“ hineinpassen. Achten Sie unbedingt darauf, dass der Behälter rechtwinklig und nicht windschief ist!

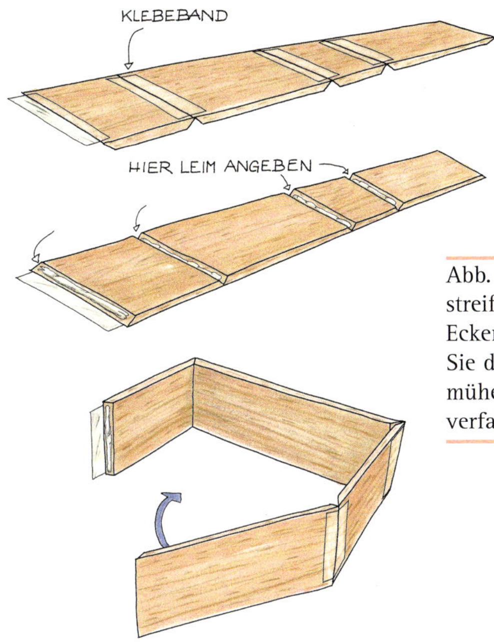

Abb. 8: Mit Klebestreifen an den Ecken verleimen Sie den Kasten mühelos im Faltverfahren.

Variante
Konstruktiv besser ist ein eingefälzter Boden, da er gute Stabilität gibt und etwas weniger präzis gefertigt sein kann. Diese Möglichkeit bietet sich besonders bei dickeren Seiten an.

Wenn alles passt, legen Sie den Kasten wieder vorsichtig auseinander, bestreichen die Gehrungsflächen und die Bodenkanten mit Leim und falten ihn anschließend wieder sorgfältig zusammen. Den nötigen Druck auf die Bodenkanten erzeugen Sie entweder mit um die Kanten gezogenen Klebestreifen oder mit Klemmzwingen.

Später verputzen (schleifen) Sie den Kasten und passen den Deckel ein.

Die Spielsteine

Es werden drei Sätze mit je 28 Spielsteinen benötigt. In die Steine aus dunklem Massivholz sind helle Kreisflächen eingelassen.

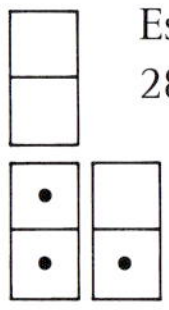

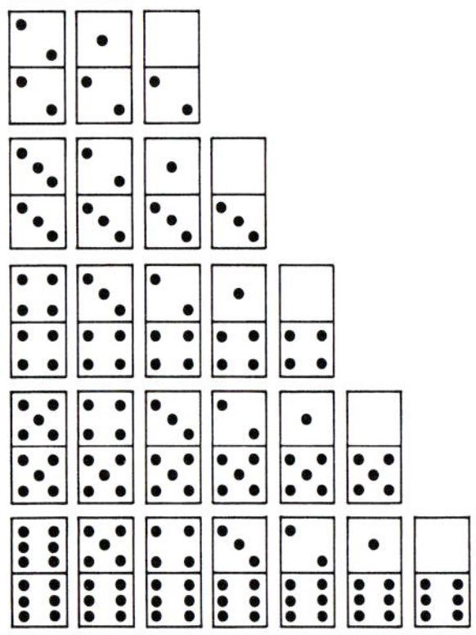

Abb. 9: Diese Augenzahl-Kombinationen müssen Sie jeweils drei Mal anfertigen.

Welches Holz eignet sich?

Mögliche Holzarten für die Spielsteine sind Wengé oder Nussbaum. Auch europäisches Eichenholz wird ausreichend dunkel, wenn Sie es mit Salmiak räuchern. Es lässt sich gut mit Ahorn, Buche oder Esche kombinieren.

Varianten

- Beizen Sie Spielsteine aus hellem Holz dunkel, nach Wunsch auch farbig, und bohren Sie diese anschließend leicht an. Esche und ähnlich grobporige Hölzer sollten Sie in diesem Fall meiden, da die Beize nur schwer in die Poren eindringt. Es würden sich helle Streifen auf den Spielsteinen abzeichnen.
- Bekleben Sie helle Spielsteine mit einem dunklen Kontrastfurnier. Die Augen entstehen dann durch Anbohren des Furniers.

1. Aushobeln, fasen und zuschneiden

Richten Sie 17 Leisten zu (je 540 mm lang, 49 mm breit und 7 mm dick). Fasen Sie die Leisten leicht an, schleifen Sie die Kanten und die Seite, die keine Bohrungen (Augen) erhält und sägen Sie sie in 100 mm lange Stücke.

2. Mittenmarkierung

Um den jeweiligen Spielstein in eine linke und eine rechte Hälfte zu unterteilen, wird er auf halber Länge in der Fläche etwa 0,5 mm tief eingesägt. Spannen Sie mit einer Schraubzwinge einen Anschlag in die Gehrungslade, legen Sie je einen Spielstein flach ein und führen Sie den Einschnitt mit der Feinsäge aus.

Alternative

Eine weitere Möglichkeit ist das Kennzeichnen auf der Kreissäge. Aber Vorsicht, bei dieser Methode besteht Rückschlag- und Verletzungsgefahr. Mit Hilfe einer einfachen Nut-Vorrichtung lässt sich auch hier sicher arbeiten.

Leimen Sie auf ein Brett (300 × 150 × 20 mm) bündig mit der rechten Längskante eine 50 mm breite Leiste in Spielsteindicke. Zwei weitere Leisten gleicher Dicke leimen Sie rechtwinklig dazu auf. Eine der beiden Leisten wird 40 mm von der Vorderkante zurückgesetzt, damit später ein Dominostein eingelegt werden kann, die andere leimen Sie am Ende des Brettes unter. Sie verhindert das Kippen der Vorrichtung beim Sägen. Auf die noch freie Seite des Brettes schrauben Sie eine Leiste (etwa 300 × 50 × 25 mm) hochkant auf. Kleben Sie dort, wo der Spielstein beim Sägen liegt, noch Schleifpapier auf,

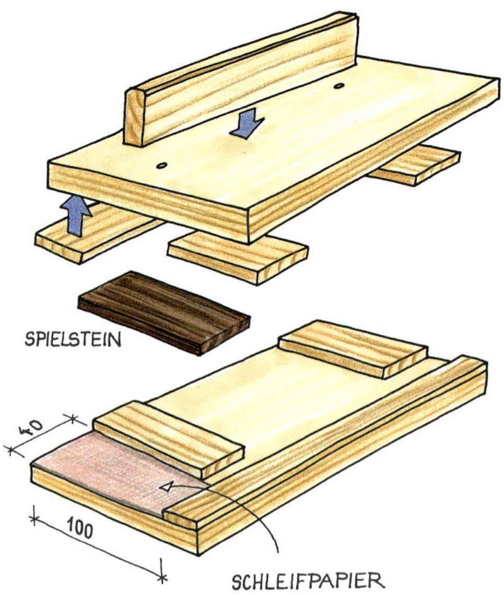

Abb. 10: Für sicheres Arbeiten an der Kreissäge sollten Sie auf diese Vorrichtung nicht verzichten.

dann ist die sichere Vorrichtung komplett (siehe Abb. 10).

Stellen Sie den Parallelanschlag der Kreissäge und die Sägeblatthöhe auf das entsprechende Maß ein, legen Sie einen Spielstein in die Vorrichtung ein und schieben Sie diese Einheit am Parallelanschlag vor. Die aufgeschraubte Griffleiste dient dabei als Halt beim Vorschieben und gleichzeitig als sicherer Platz für die Hände.

3. Bohren

Für die Bohrungen der Spielsteine ist eine weitere Vorrichtung sinnvoll (siehe Abb. 11).

Einen Klotz aus Hartholz, zum Beispiel aus Buche oder Esche oder aus Furnierplatte, exakt auf die Maße (100 × 49 × 38 mm) zuschneiden. Zeichnen Sie darauf die maximal mögliche Augenkombination und durchbohren Sie ihn rechtwinklig. Schrauben Sie rundherum Leisten an, die höchstens 7 mm überstehen. Lassen Sie die Leisten an den Längsseiten nur etwa 70 mm lang,

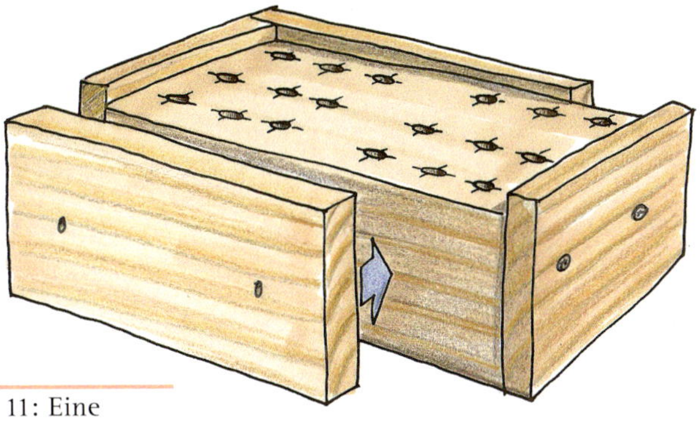

Abb. 11: Eine unverzichtbare Hilfe: Die selbst gebaute Bohrvorrichtung.

damit Sie die Spielsteine nach dem Bohren besser greifen und aus der Vorrichtung entnehmen können. Die Bohrvorrichtung ist fertig.

Und so wird sie benutzt: Legen Sie den zu bohrenden Spielstein auf die Arbeitsunterlage und stülpen Sie die Vorrichtung darüber. Bohren Sie die gewünschte Lochkombination. Damit alle Löcher gleich tief werden, bauen Sie am besten einen Tiefenbegrenzer (beschrieben beim Einsiedlerspiel).

Bei der großen Anzahl verschiedener Lochkombinationen sind Fehlbohrungen nicht auszuschließen. Deshalb sollten Sie systematisch vorgehen. Nehmen Sie die Abbildung 9 zur Hand und bohren Sie Stein für Stein. Wer ganz sicher gehen will, verschließt vor dem Bohren jeweils nicht benötigte Löcher mit einem Dübel.

4. Dübel sägen und einleimen

Nachdem alle Steine gebohrt sind, werden Abschnitte eines Buchenrundstabs als helle Augen in die Löcher geleimt. Lassen Sie diese etwas überstehen, da kurze, in der Länge genau passende Dübel schnell verkanten. Der Leim sollte über Nacht trocknen. So kann die Feuchtigkeit entweichen und der Leim gut durchhärten.

> Tipp! Sollten die Steine nicht in die Vorrichtung passen, da sie etwas zu klein geraten ist, legen Sie einfach entsprechend dicke Papierstreifen unter die angeschraubten Leisten.

5. Schleifen

Damit das Schleifen nicht zur Qual wird, beleimen Sie ein etwa 600 mm langes Brett mit Schleifpapier (Körnung 120). So lassen sich die Spielsteinflächen auf der in die Hobelbank gespannten Platte ganz einfach eben schleifen.

> Tipp! Das Halten der Spielsteine ist schwierig. Daher sollten Sie die vorher beschriebene Bohrvorrichtung stabil und dick genug bauen, um sie anschließend auch als Schleifklotz benutzen zu können.

6. Oberflächenbehandlung

Spielsteine mit Wengé-Buche Kombination können, müssen aber nicht oberflächenbehandelt werden. Es reicht aus, wenn Sie die Poren mit einer harten Borstenbürste kräftig ausbürsten. Geräuchertes Eichenholz wird erst richtig dunkel, wenn Sie es ölen oder lackieren.

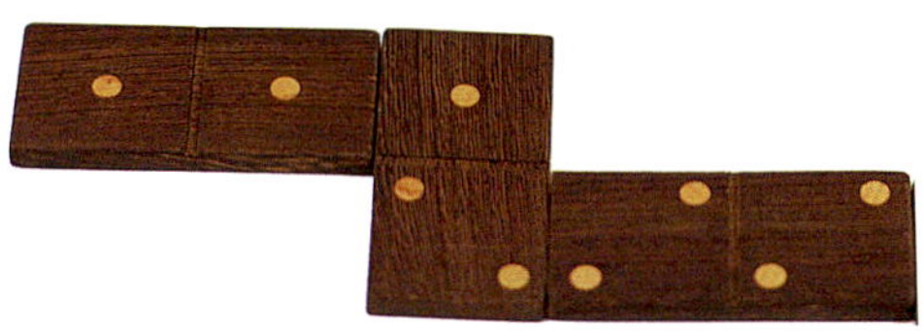

Mühle

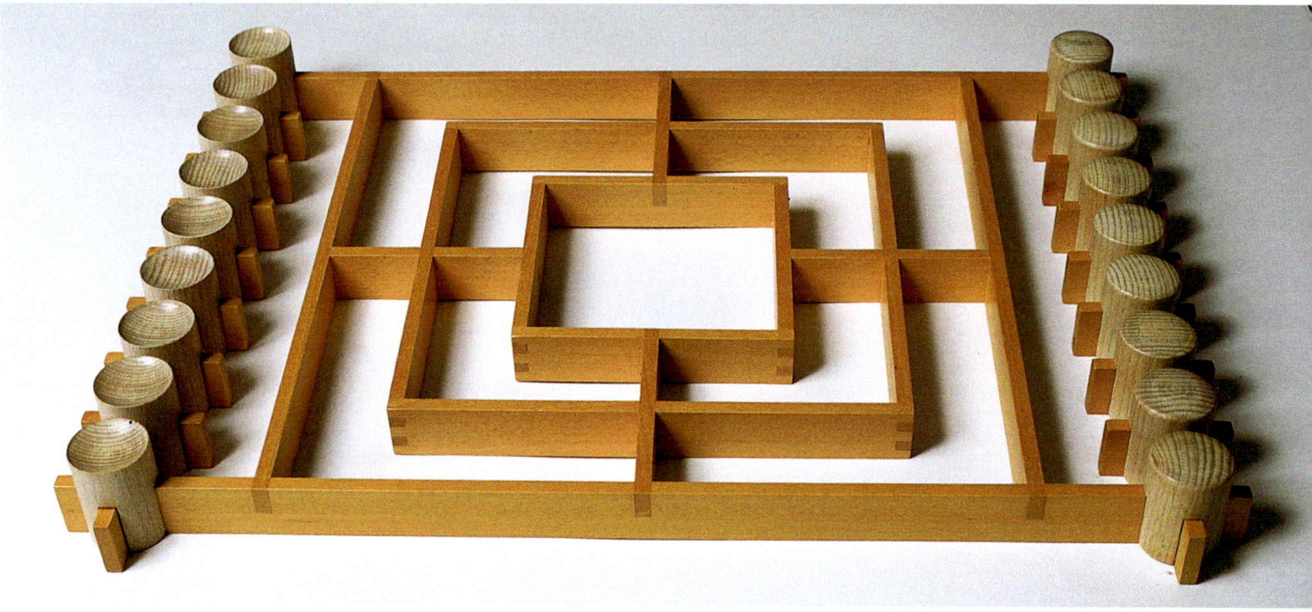

Dies ist mehr als ein Mühlespiel – es ist auch eine zeitlose, wandelbare Plastik zum Hängen oder Legen. Ein raffiniertes Rahmen-Stecksystem trägt die Spielfiguren, die bei Spielbeginn geordnet in einer Ruheposition am äußeren Spielfeldrand stecken.

Von hier aus startet das Spiel nach den bekannten Regeln. Statt die gewohnten, flachen Steine auf den Eck- und Kreuzungspunkten zu plazieren, werden elegante Spielfiguren gesteckt. Eroberte Figuren können sofort geparkt werden und sind damit immer aufgeräumt.

Damit Sie beim Bauen nicht selber in die Zwickmühle geraten, sollten Sie ganz in Ruhe den gesamten Fertigungsablauf vor dem Zurichten der Teile lesen. Abhängig vom verwendeten Werkzeug können sich Maßänderungen ergeben.

Werkzeuge

Auf jeden Fall benötigen Sie:

- Meterstab
- Bleistift
- Winkel
- Feinsäge
- Gehrungslade
- Schlosser- oder Schreinerhammer
- Holzhammer
- Stecheisen (6, 8 mm)
- Putzhobel
- Bohrmaschine
- Bohrer (∅ 35 mm)
- 2, besser 4 Schraubzwingen (400 mm)
- Schleifpapier (Körnung 100 und 150)

Optimales Arbeiten ermöglichen:

- Kreissäge
- Sägeblatt oder
- Schlitzscheibe, Dicke = 4 mm
- Abricht-Hobelmaschine
- Dicken-Hobelmaschine
- Hand-Oberfräse
- Rundung-Fräser (∅ 6 mm)
- Ständer-Bohrmaschine
- Drechselbank
- Kniehebelspanner

Material

Bauteil	Bezeichnung	Stück	Material	Fertigmaß in mm Länge	Breite	Dicke
3, 4	Längsseiten	2	Esche	530	28	8
7	Querseiten (außen)	2	Esche	400	28	8
5, 6	Querseiten (innen)	2	Esche	353	28	8
8	Figurträger	14	Esche	56	28	8
2.1, 2.2	Seiten	4	Esche	245	28	8
1.1, 1.2	Seiten	4	Esche	137	28	8
9	Verbindungsstege	4	Esche	116	28	8
10	Figuren	9	Wengé	50	∅ 35	
10	Figuren	9	Eiche	50	∅ 35	
Leim						
Öl zur Oberflächenbehandlung						

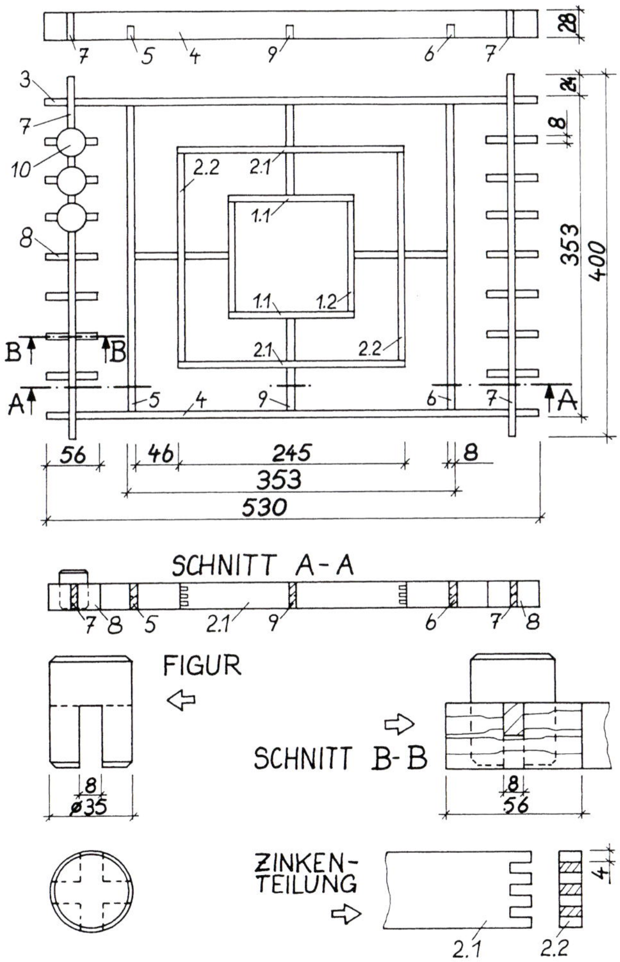

Abb. 12: Konstruktionszeichnung.

Welches Holz eignet sich?

Beide Figurengruppen sollen sich möglichst deutlich von einander und vom Spielfeld absetzen. Dieses zu erreichen haben Sie verschiedene Möglichkeiten, von denen nur einige in der Materialliste genannt sind.

Varianten

a) Spielfeld und Figuren (10) werden aus einer Holzart (beispielsweise Buche) gefertigt und die Figuren in unterschiedlichen Farben gebeizt. Sehr harmonische Pastelltöne, welche die Holzstruktur noch durchscheinen lassen, erzielen Sie, indem Sie weißer Beize etwas Farbkonzentrat zufügen.

b) Wieder werden alle Elemente aus einer Holzart gefertigt, doch werden beide Figurengruppen im selben Farbton gebeizt. Als Unterscheidungsmerkmal wählen Sie in diesem Fall unterschiedliche Formen.

c) Spielfeld und sämtliche Figuren werden aus Eichenholz gebaut. Eine der beiden Figurengruppen räuchern Sie anschließend etwa zehn Stunden mit Salmiakgeist. Dadurch lassen sich interessante Brauntöne unterschiedlicher Intensität erzielen.

d) Wählen Sie für das Spielfeld und die Figuren drei verschiedene Holzarten.

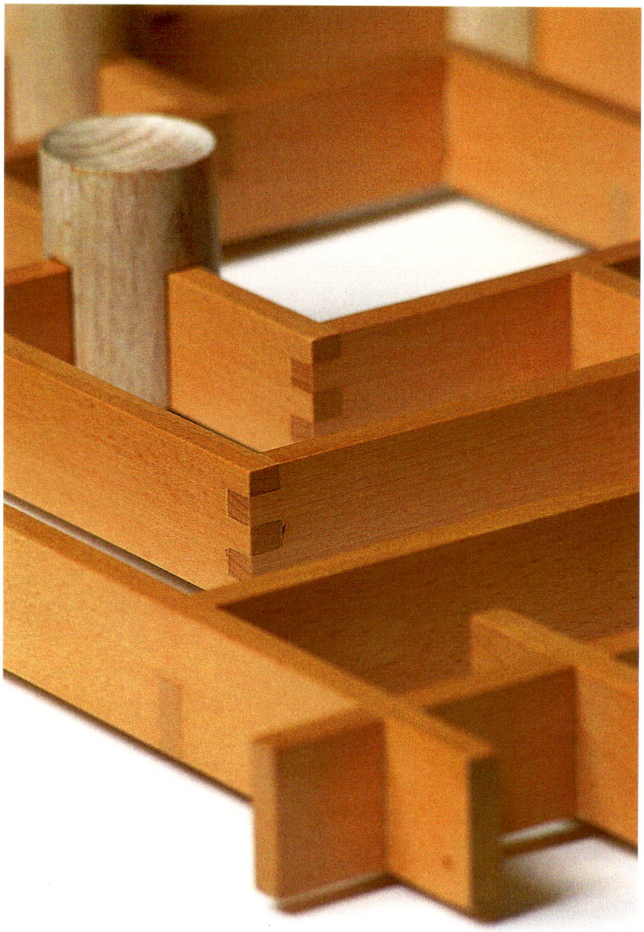

- Spielfeld: Kirschbaum, Figurengruppen: Nussbaum/ Ahorn
- Spielfeld: Rüster, Figurengruppen: Esche/Wengé

Arbeitsschritte

Zeitaufwand
Auch bei guter Maschinenausstattung müssen Sie etwa 10 Stunden Herstellzeit einplanen.

1. Zuschnitt und Aushobeln
2. Zinken
3. Schleifen und Überblatten
4. Figurenträger ablängen
5. Verleimen
6. Figuren
7. Schlitzen der Figuren
8. Aufhängung

1. Zuschnitt und Aushobeln

Beim Grobzuschnitt und Aushobeln lassen Sie die Spielfeldleisten so lang wie möglich. Das erleichtert Ihnen das Handhaben und verringert den Verschnitt. Für die nötigen Probeschnitte ist es sinnvoll, einige Stücke mehr herzurichten. Erst danach längen Sie exakt nach Materialliste ab. Aber Achtung! Damit Sie später das Stecksystem der Figurenparkplätze (der Schreiner nennt die Verbindung Überblattung) sinnvoll herstellen können, sägen Sie diese sehr kurzen Stücke noch nicht auf Fertigmaß. Sie sollten noch etwa 180 mm lang bleiben. Alle Teile erhalten auf der späteren schmalen Oberseite ein Zeichen, damit im Arbeitsablauf keine Verwechslungen auftreten können. Diese ge(kenn)zeichnete Seite nennt man in der Fachsprache die Zeichenseite.

2. Zinken herstellen

Beide inneren Quadrate (1 + 2) werden an den Ecken durch Fingerzinken, alle übrigen Teile durch Überblattungen miteinander verbunden. Die Fingerzinken können Sie manuell mit Stecheisen und Feinsäge oder mit Hilfe der Kreissäge herstellen. Für viele wird die zweite Möglichkeit die reizvollere sein, da sich das Know-how auch für andere Werkstücke gut nutzen lässt.

Zinkenherstellung an der Kreissäge
Wenn Sie die Fingerzinken mit der Kreissäge herstellen, hängt die Zinkenbreite von der Schnittbreite des verwendeten Sägeblattes ab. Die Zinkenteilung ist in der Zeichnung mit 4 mm angegeben. Dadurch wird bei sieben Teilen der Rahmen 28 mm hoch. Wird ein Sägeblatt mit 3 mm Schnittfuge verwendet, erreichen Sie bei neun Teilen 27 mm Rahmenhöhe. Welches Werkzeug Sie auch verwenden, wichtig ist, dass die Zahl der Teile ungerade ist (7, 9, 11, ...) und dass Sie veränderte Maße bei der Teilefertigung berücksichtigen.

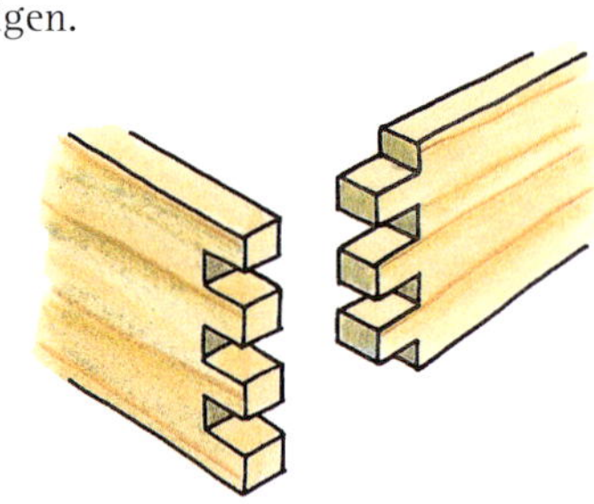

Abb. 13: Fingerzinken aus sieben Teilen.

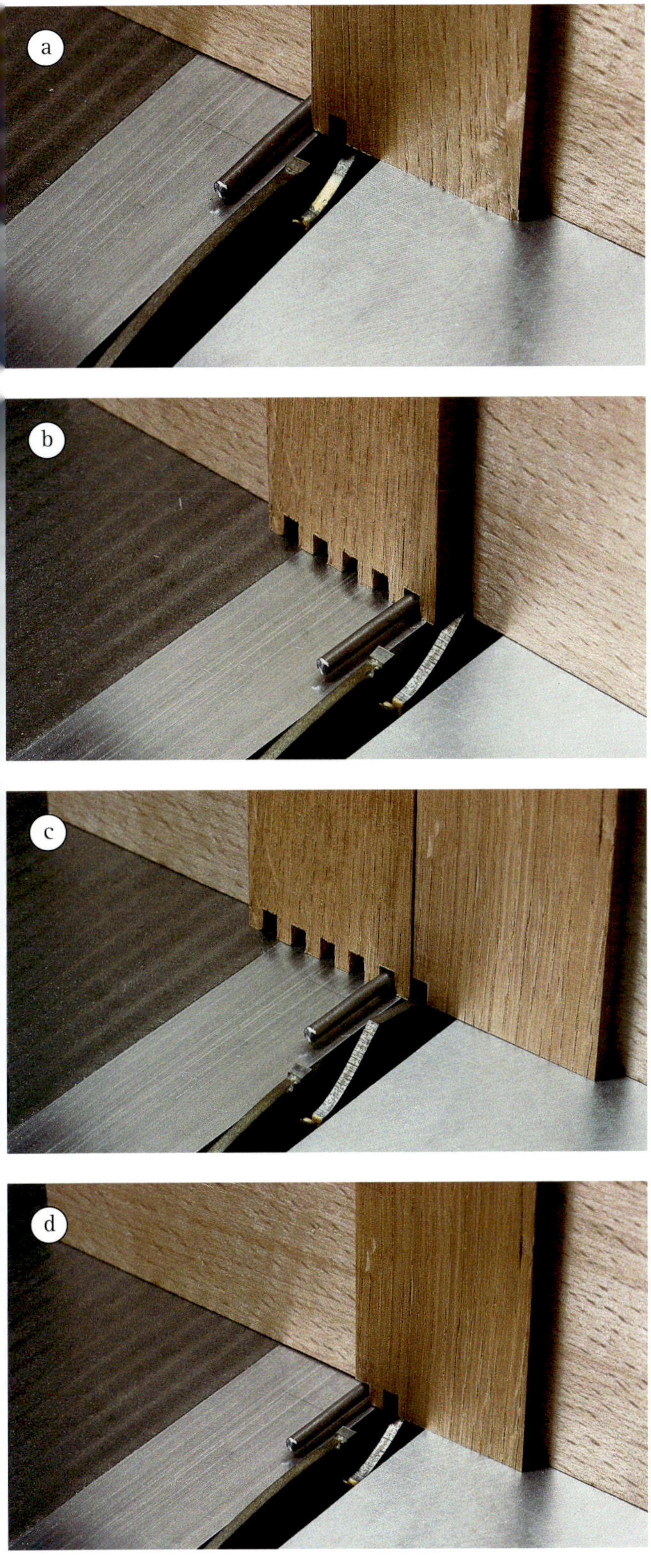

Abb. 14: Die Herstellung der Fingerzinken an der Kreissäge in vier Schritten (siehe Erläuterungen im Text).

Einstellen der Zinkentiefe
Damit der Zinkengrund gerade wird, müssen Sie ein Flachzahn-Sägeblatt oder eine entsprechende Schlitzscheibe verwenden. Stellen Sie das Werkzeug so ein, dass es nur um eine Holzdicke (8 mm) über den Sägetisch vorsteht. Dadurch ist die Zinkentiefe festgelegt.

> Vorsicht! Nehmen Sie alle Einstellungsarbeiten bei ausgeschalteter Maschine vor!

Einstellen der Zinkenbreite (Abb. 14a)
Schlagen Sie in ein ausreichend großes Brett (500 × 100 × 20 mm) etwa 3 mm von einer Längskante und 100 mm vom rechten Ende entfernt einen Nagel ein. Befestigen Sie dieses Brett mit Zwingen so am Winkelanschlag, dass der Nagel sich rechts des Sägeblattes befindet, exakt um eine Zinkenbreite (= Schnittfugen-Breite) von diesem entfernt. Das zu zinkende Rahmenteil schieben Sie jetzt mit der Zeichenseite gegen den Nagel und sägen es ein. Schieben Sie grundsätzlich die Teile bis hinter den Spaltkeil und entnehmen Sie diese erst dann. Ziehen Sie sie nicht zusammen mit dem Anschlag zurück, da hierbei die gesägte Kante nochmals das Werkzeug berührt. Dabei können Ausrisse und Ungenauigkeiten entstehen. Um den zweiten Zinken zu sägen, stülpen Sie den soeben entstandenen Schlitz über den Nagel. Dann schieben Sie das Werkstück nach rechts dagegen und wiederholen den Arbeitsgang. So entsteht das erste Zinkenteil.

So stellen Sie das dazu passende Gegenstück her:
Stülpen Sie das gerade fertig gezinkte Teil, die Zeichenseite nach links zeigend, mit dem ersten Zinken über den Nagel (b). Zur Maßkontrolle können Sie den Anschlag bei ausgeschalteter Maschine so weit vorschieben, bis sich der Zinken zwischen Sägeblatt und Nagel befindet. Streift die Säge ganz leicht, ist die Einstellung richtig. Den Anschlag wieder zurückziehen und das Gegenstück mit der Zeichenseite nach rechts gegen das fertige Zinkenteil schieben. Es müssen nun beide Zeichenseiten an-

einander stoßen (c). Während Sie beide Teile in dieser Position halten, sägen Sie. Anschließend legen Sie die rechte Leiste weg und drücken die linke, also das Gegenstück, gegen den Nagel und schlitzen es (d). Danach setzen Sie weiter, wie beim Zinken des ersten Stückes.

Damit die Arbeitssicherheit gewährleistet ist, sollten Sie das Sägeblatt so weit wie möglich verdecken. Bei einer Kreissäge mit Schiebeschlitten können Sie zum Beispiel ein Brett auf dem Schlitten befestigen, das das Sägeblatt überdeckt.

Variante
Sie können den Arbeitsaufwand (erheblich) reduzieren, indem Sie die Teile verdübeln oder stumpf verleimen. In diesem Fall müssen allerdings die Längenmaße neu errechnet werden!

3. Schleifen und Überblatten

Auch das Überblatten können Sie sinnvoll mit der Kreissäge durchführen. Damit Sie die Passgenauigkeit der Arbeit exakt prüfen können, schleifen Sie die Leistenflächen schon vor dem Überblatten.

Verwenden Sie wieder ein Flachzahn-Sägeblatt oder eine Schlitzscheibe, da der Grund später teilweise sichtbar ist. Die Schlitzhöhe der Überblattungen sollte die halbe Leistenbreite eher minimal über- als unterschreiten. So treten keine Komplikationen beim späteren Zusammenbau auf.

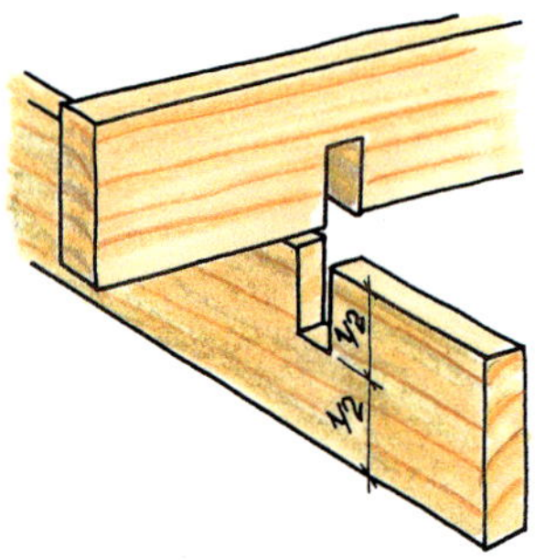

Abb. 15: Überblattung.

Stellen Sie den Parallelanschlag und den Reiter des Längenanschlags so ein, dass Sie innerhalb des zu sägenden Schlitzes jeweils links und rechts auf halbem Riss sägen können. Das Klemmen des Sägeblattes verhindern Sie durch das zurückgezogene Lineal des Parallelanschlags. Sägen Sie den Schlitz frei, indem Sie die Leiste gegen den Reiter am Längenanschlag drücken und nach jedem Schnitt um etwas weniger als eine Schnittfugenbreite nach rechts verschieben, bis sie am Parallelanschlag ansteht.

Tipp!
- Verleimen Sie die beiden Innenrahmen (1+2) zuerst und sägen Sie anschließend die Schlitze ein, indem Sie die Rahmen am Parallelanschlag führen.
- Drohende Ausrisse lassen sich wirkungsvoll mit Splitterhölzern, die mit Schraubzwingen am Längenanschlag oder an den Rahmenteilen befestigt werden, verhindern.

4. Figurenträger ablängen

Die Figurenträger (8) ablängen und die Passgenauigkeit der Teile überprüfen. Alle Kanten der Leisten werden geputzt und leicht gebrochen.

5. Verleimen

Verleimt wird sinnvoll in mehreren Teilschritten auf einer ebenen Unterlage, beispielsweise einer 19 mm dicken Spanplatte. Dosieren Sie den Leim sparsam, denn Leim, der herausquillt, hält nicht und bereitet Schwierigkeiten beim Entfernen. Zuerst, soweit nicht schon vor dem Überblatten geschehen, verleimen Sie die beiden inneren, gezinkten Quadrate.

Hier wie bei allen weiteren Verleimungen achten Sie unbedingt darauf, dass alle Ecken im rechten Winkel sind und das Werkstück nicht verzogen oder, wie der Schreiner sagt, windschief wird. Ist der Leim trocken, verschleifen Sie die Eckverbindungen derart, dass die Ecken eckig bleiben. Anschließend verleimen Sie die beiden fertigen inneren Quadrate mit den Verbindungsstegen (9) und fügen die übrigen Rahmenteile dazu. Erst im letzten Verleimschritt verbinden Sie die kurzen Figurenträger (8) mit den äußeren Querträgern (7).

Tipp! Druckstellen durch die Zwingen verhindern Sie, wenn Sie beim Verleimen Holzzulagen verwenden. Legen Sie zwischen Zulage und Werkstück ein Stück Kunststofffolie (Gefrierbeutel), so kleben die Zulagen nach dem Lösen der Zwingen nicht am Werkstück fest. Die Folie hat gegenüber Papier den Vorteil, dass kein anhaftendes Papier abgeschliffen werden muss.

6. Figuren

Die Unterscheidung der beiden Spielparteien ausschließlich durch Formunterschiede ist möglich. Einige Hinweise finden Sie bei den Varianten-Beschreibungen auf Seite 17. Um das Spielen zu erleichtern ist es jedoch sinnvoll, zusätzlich verschiedene Farben zu wählen.

Die Figuren (10) können Sie auf der Drechselbank von der Stange drehen oder von einem zugekauften Rundstab direkt in der Gehrungslade oder an der Kreissäge ablängen. Im letzten Falle können Sie die Kanten anschließend mit einem Oberfräser profilieren. Vielfältige Möglichkeiten eröffnen sich, wenn Sie die Figurenden im Spund- oder Backenfutter der Drechselbank bearbeiten.

7. Schlitzen

Das Schlitzen aller 18 Figuren mit Handsäge und Stecheisen ist sehr mühevoll und zeitaufwändig. Schneller und qualitativ besser bewerkstelligen Sie es an der Kreissäge mit Hilfe einer einfachen Vorrichtung.

Exakt in das Zentrum einer quadratischen, 57 mm dicken Platte (drei Holzwerkstoff-Platten mit je 19 mm Dicke) wird ein 45 mm tiefes Loch mit 35

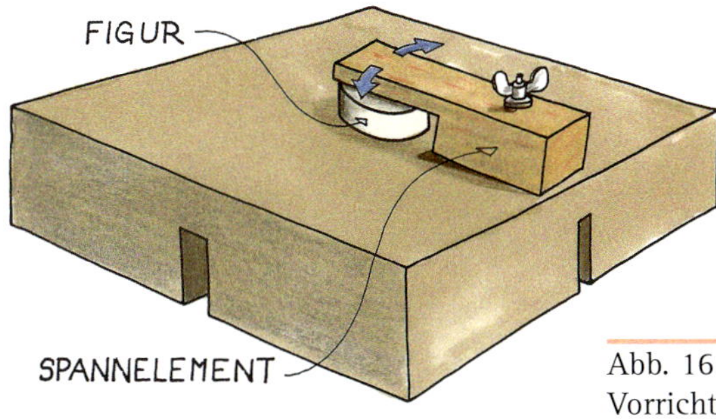

Abb. 16: Schlitz-Vorrichtung für die Kreissäge.

mm Durchmesser gebohrt. Anschließend montieren Sie einen Spanner so, dass er die eingesteckte Figur sicher spannt (siehe Abb. 16). Nun stellen Sie das Sägeblatt auf die exakte Schlitzhöhe und den Parallelanschlag so ein, dass beim Vorschieben der Vorrichtung der Schlitz durch das Zentrum verläuft. Nach dem ersten Arbeitsgang drehen Sie die Vorrichtung noch einmal um 90° und führen sie wieder am Parallelanschlag vorbei. Die Breite der sich kreuzenden Schlitze entspricht nun der Schnittfugenbreite des verwendeten Werkzeugs.

Damit daraus Schlitze mit etwas mehr als 8 mm Breite entstehen, müssen Sie den Parallelanschlag so verschieben, dass durch den Sägeschnitt die äußere linke Schlitzfläche (Schlitzwange) entsteht. Nach jedem Arbeitsgang drehen Sie die Vorrichtung um 90° und sägen erneut, bis die Schlitze fertig sind.

8. Aufhängung und Oberfläche

Das Spiel soll später an einer Wand hängen können. Dafür bohren Sie in Rahmenteil 3 oder 4 jeweils außen ein Loch als Seilaufnahme oder für einen Schraubhaken.

Die Oberfläche können Sie abschließend nach Belieben behandeln.

Vier in einer Reihe

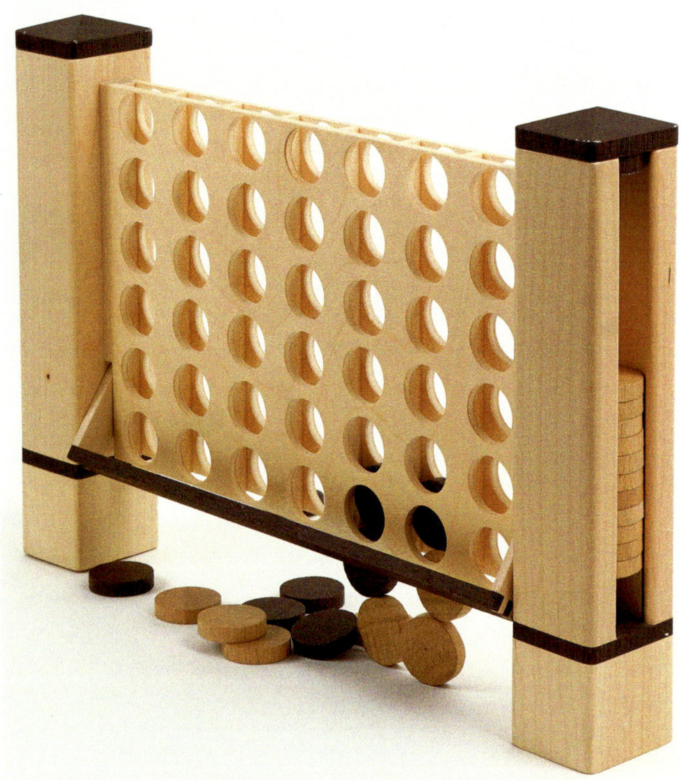

Werkzeuge

Auf jeden Fall benötigen Sie:

- Meterstab
- Bleistift
- Winkel
- Feinsäge
- Gehrungslade
- Schlosser- oder Schreiner-Hammer
- Holzhammer
- Stecheisen (6, 15 mm)
- Putzhobel
- Bohrmaschine
- Bohrer (∅ 2, 25 mm)
- Kreissäge
- Schraub- oder Klemmzwingen
- Klebeband
- Schleifpapier (Körnung 80, 120, 150)

Optimales Arbeiten ermöglichen:

- Abricht-Hobelmaschine
- Dicken-Hobelmaschine
- Ständer-Bohrmaschine
- Bohrer (∅ 31 × 190 mm)
- Hohlkehl-Schnitzeisen (30 mm)
- Hand-Schleifmaschine
- 2 bis 3 (Klemm-)Zwingen

Vier in einer Reihe ist ein schnelles und spannendes Spiel für zwei Personen, das auch jüngere Spieler schnell erlernen. Die beiden Spielpartner, schwarz und weiß, werfen abwechselnd, in zügiger Reihenfolge, je einen Stein in einen beliebigen Steinkanal. Ist es einem der beiden Spieler schließlich gelungen, vier Steine seiner Farbe in einer senkrechten, waagerechten oder diagonalen Reihe zu legen, hat er gewonnen.

Um die Steinkanäle wieder zu leeren, schwenken Sie die verschließende Wippe (7) nach außen. Die Steine fallen heraus und Sie können sie in die seitlichen Stollen stapeln. Zur Dekoration lassen Sie die Steine (11/12) ganz oder teilweise in den Steinkanälen und decken die Stollen mit einer Haube ab. So ist dieses Spiel auch als wandelbare Plastik zu verwenden.

Material

Bauteil	Bezeichnung	Stück	Material	Fertigmaß in mm Länge	Breite	Dicke
Stollen	Stollen	4	Esche	193	45	27,5
	Stollen	2	Esche	45	45	55
	Zwischenplatte	2	Wengé	7	45	55
	Segmente	4	Esche	25	23	5
	Feder	2	FU	170	9	4
Wippe	Wippe, aufrecht	2	Esche	52	18	6
	Wippe, quer	1	Wengé	275	18	7
	Leisten, aufrecht	2	Esche	181	18	11
Spielfeld	Spielfeld	2	FU	181	261	4
	Stege	6	Esche	181	8	4
Spielsteine	Spielsteine	22	Eiche	7	∅ 30	
	Spielsteine	22	Wengé	7	∅ 30	
Hauben	Haube	2	Wengé	15	45	55
	Spielsteine	2	Wengé	7	∅ 30	
Leim						
Öl zur Oberflächenbehandlung						

Abb. 17: Konstruktionszeichnung.

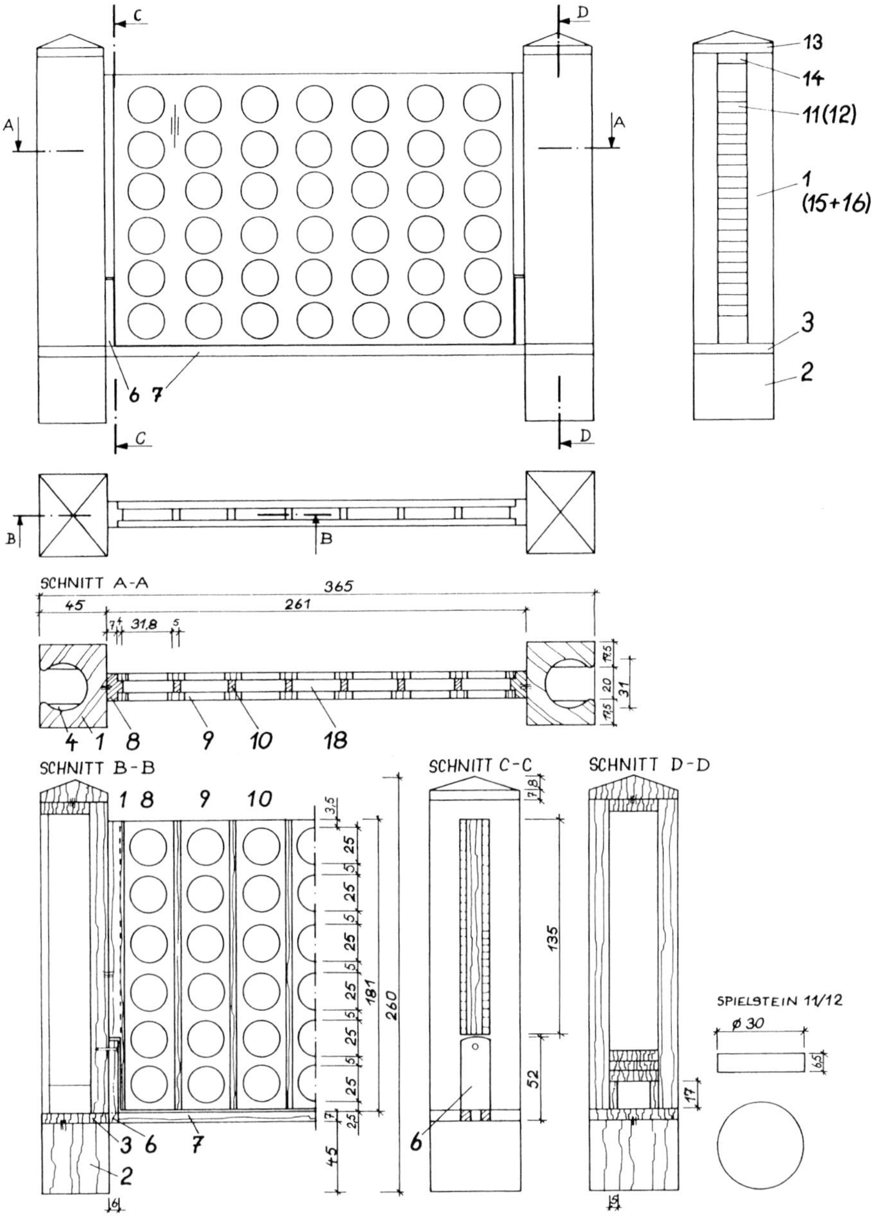

Welches Holz eignet sich?

Bestimmte Holzarten festzulegen ist schwierig. Sicherlich wählt der eine gern die Holzart seiner Möblierung, der andere lieber einen Kontrast dazu. Mehr als drei Holzarten sollten es nicht sein, sonst wirkt das Gesamtwerk zu unruhig. Folgende passen gut zusammen:

- Wengé - Esche
- Wengé - Eiche
- Wengé - Rüster
- Nussbaum - Ahorn

Durch den nicht zu harten Kontrast von Wengé und Esche und die harmonischen Farbtöne ergibt sich eine angenehme Farbkombination. Bevorzugen Sie starken Kontrast, verwenden Sie Wengé und Ahorn. Jedoch passen diese Hölzer, da Ahorn eine sehr feinporige, Wengé eine grobporige Oberfläche hat, nicht so gut zueinander. Mögen Sie es gern farbig, dann beizen Sie die Steine aus Rotbuche in bunten Farben (rot, gelb, blau, ...). Beachten Sie, dass sich die Spielsteine farblich vom Spielfeld abheben müssen!

Daher wählen Sie für das Spielfeld eine neutrale Holzart (z.B. Birke-Furnierplatte). Dazu passen sehr gut Ahorn-Stollen. Die Gründe, die Holzarten für die beiden Bauteile zu wechseln, sind einfach: Birke- und Ahornholz sehen sehr ähnlich aus, Ahorn-Furnierplatte und Birke-Massivholz sind jedoch sehr schwierig oder gar nicht zu beschaffen.

Arbeitsschritte

1. Hohlkehlen (Bohrung) einbringen
2. Nutfräsung und Verleimen
3. Breite sägen
4. Griffschlitze sägen, runden und schleifen
5. Stollen verleimen
6. Verputzen
7. Hauben herstellen
8. Fixierung anleimen
9. Wippe herstellen
10. Spielfeld zuschneiden und bohren
11. Spielfeldeinheit verleimen
12. Spielsteine herstellen

Zeitaufwand
Vier in einer Reihe zu spielen geht oft sehr schnell; es zu bauen dauert wesentlich länger. Sie sollten mit etwa zehn Stunden Bauzeit für ein Spiel rechnen.

Die Stollen

1. Aussparungen für Vorratsbehälter herstellen

Wie Sie aus der Materialliste ersehen können, besteht jeder der beiden Stollen aus vier Teilen. Der als Vorratsbehälter dienende obere Teil ist aus zwei Hälften (15 + 16) verleimt, da Sie wahrscheinlich keine Möglichkeit haben, ein Loch mit dem Durchmesser 31 mm und der Tiefe von 181 mm zu bohren. Somit müssen Sie die Hohlkehlen vor dem Verleimen einbringen. Dies können Sie entweder durch eine exakte Fräsung oder durch mehrere grobe Fräsungen oder Sägeschnitte bewerkstelligen (siehe Abb. 19a).

Den Rest arbeiten Sie zum Beispiel mit einem entsprechenden Profilhobel oder Schnitzeisen heraus (Abb. 19b). Um die Teile besser handhaben zu können, ist es zweckmäßig, dass Sie diese in mindestens doppelter Länge herrichten und bearbeiten.

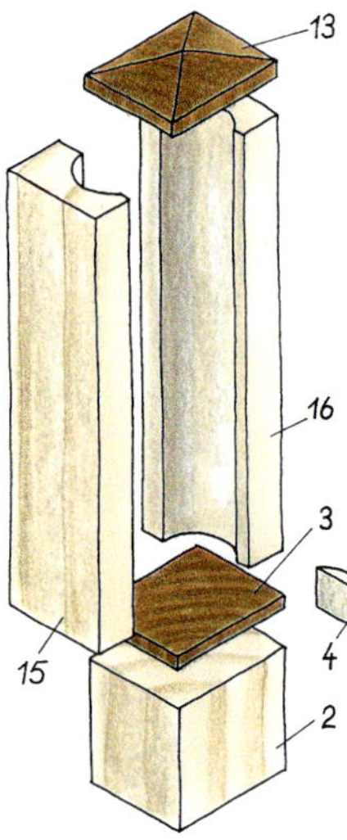

Abb. 18: Der Stollen im Überblick.

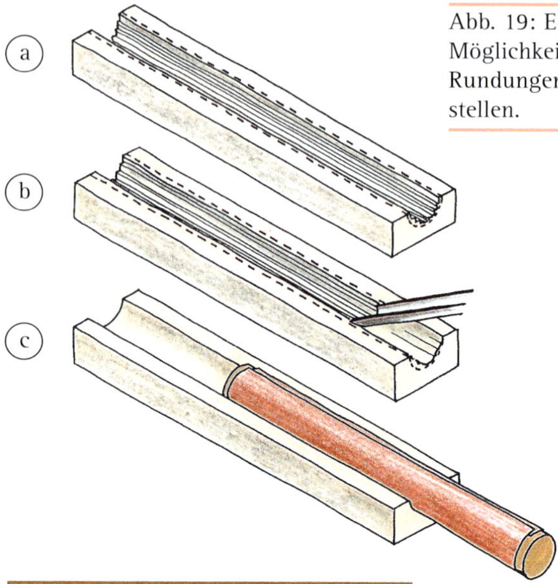

Abb. 19: Eine Möglichkeit, die Rundungen herzustellen.

Tipp! Um die Hohlkehlen auf exaktes Maß zu bekommen, ist es ratsam, den für die Spielsteine vorgesehenen Rundstab mit Schleifpapier zu umwickeln und die Hohlen gut zu schleifen (siehe Abb. 19c).

2. Nutfräsung und Verleimen

Beim Verleimen der Teilstücke 15 und 16 zum Stollenoberteil (1) muss gewährleistet sein, dass die Teile nicht gegeneinander verrutschen, damit der Übergang der Hohlkehlen später glatt und eben ist: Dazu nuten Sie die Teilstücke (siehe Abb. 20a) und verleimen diese mit einer Fremdfeder. So entsteht eine Röhre mit einem quadratischen äußeren Querschnitt.

3. Stollen auf exakte Breite sägen

Beim anschließenden Sägen auf das endgültige Breitenmaß müssen Sie darauf achten, dass die Feder im abfallenden Teil liegt (Abb. 20b).

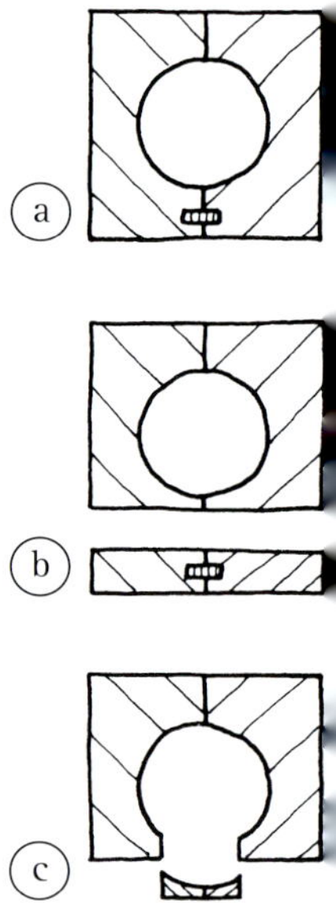

Abb. 20: Verleimen und Sägen des Stollenoberteiles.

4. Griffschlitze sägen, runden und schleifen

Die Leimfugen sind so gelegt, dass sie später durch die Leiste (8) auf der einen Seite verdeckt werden und auf der anderen Seite durch Aussägen der Griffschlitze ganz entfallen (siehe Abb. 20c). Nach dem Aussägen runden Sie die Kanten der Griffschlitze kräftig. Wenn erforderlich, bessern Sie die Stoßfugen der Teilstücke jetzt mit der runden Schleifhilfe nach.

5. Stollen verleimen

Verleimen Sie anschließend die Zwischenplatte (3) und das Stollenunterteil (2) miteinander und schleifen Sie nachfolgend die Außenflächen bündig. Beim folgenden Aufleimen des Stollenoberteils (1) müssen Sie unbedingt auf die Parallelität der Kanten achten.

Damit Sie die Spielsteine (11/12) später leicht aus dem Behälter heben können, dürfen diese nicht auf der Zwischenlage (3) aufliegen. Für den richtigen Abstand sorgen die Auflagesegmente (4).

6. Verputzen

Nachdem die Stollen-Einzelteile zum Gesamtstollen verleimt sind, werden die Kanten gut gerundet und der Stollen verputzt.

Eine einfachere Alternative zur beschriebenen, recht aufwändigen Konstruktion der Vorratsbehälter sehen Sie in Abbildung 21.

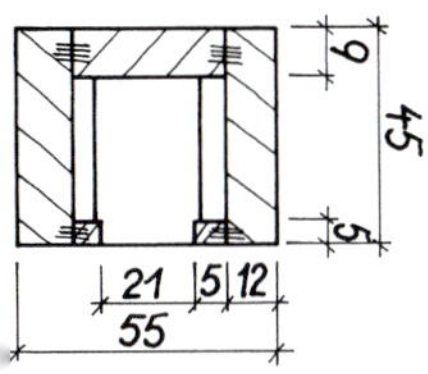

Abb. 21: Eine Alternative zum gekehlten Stollen.

7. Hauben herstellen

Die Schrägen der Hauben (13) können Sie hobeln oder sägen. In jedem Fall sollten Sie die Arbeit an einer Kantel (min. 200 mm lang) ausführen. So ist eine ausreichende Anlagefläche beim Sägen gewährleistet, und es ist genügend Holz vorhanden, um es in der Hobelbank für die Bearbeitung mit dem Handhobel sicher zu spannen. Die Kantel bietet Ihnen zudem den großen Vorteil, dass nicht gleich der erste Versuch gelingen muss. Sie haben noch ausreichend Holz, um mehrere Stücke herzustellen und am Schluss das gelungenste auszuwählen.

8. Fixierung anleimen

Die Hauben liegen später nur lose als Abdeckung auf den Steinkanälen. Ihr Verrutschen verhindern Sie durch einen untergeleimten Spielstein (14) gleicher Holzart.

9. Die Wippe

Die kurzen, aufrechten Teile der Wippe (6) sind mit dem Querstück (7) durch Fingerzinken verbunden. Damit Sie die kleinen Schenkel (6) gut bearbeiten können, lassen Sie diese, bis die Zinkung wirklich passt, als ganze Leiste von etwa 200 mm Länge. Erst wenn Sie beide Ecken sauber gezinkt haben, sägen Sie die Teile auf exaktes Maß, runden die Enden und bohren den Drehpunkt. Als Drehachse dient ein Nagel.

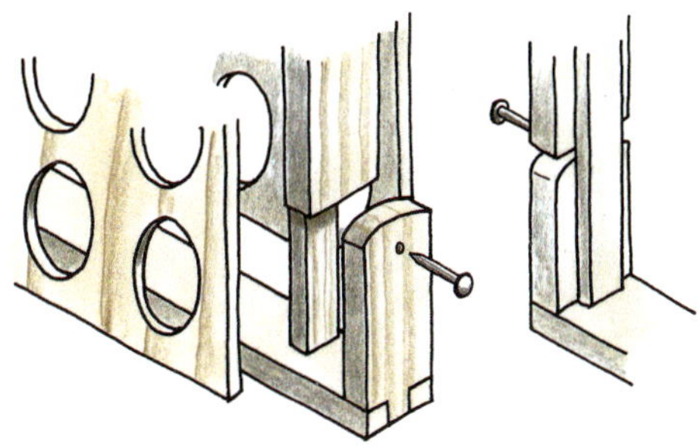

Abb. 22: Montage der Wippe.

Wichtig! Die Wippe muss vor dem Verleimen der Stollen mit dem Spielfeld an das Spielfeld montiert sein (siehe Abb. 22).

Spielfeld

10. Spielfeld zuschneiden und bohren

Richten Sie die Stege (10) auf Endmaß her. Das Spielfeld (9) sollten Sie mit etwa 20 mm Maßzugabe an jeder Seite zuschneiden, da die Mittellagen der Furnierplatte bei zu geringem Lochabstand zur Außenkante beim Bohren ab-

Tipp! Bevor Sie die Hauben von der Kantel sägen, umkleben Sie die Schnittfuge mit Klebeband und reiben es gut mit dem Fingernagel an; so reißt Ihnen die Holzfaser beim Sägen weniger aus.

platzen könnten. Ausrisse an den Bohrlochkanten entstehen nicht, wenn Sie die beiden Spielfelder beim Bohren zwischen zwei Platten spannen.

Tipp! Beachten Sie dabei, dass beim Bohren die Flächen mit den Innenseiten aufeinander liegen. Ist dies nicht der Fall, verdoppeln sich Ungenauigkeiten beim späteren Wenden nur einer Fläche.

Nach dem Bohren sägen Sie die Spielflächen auf exaktes Maß, entgraten die Bohrungen und schleifen die Innenflächen.

Soll die Oberfläche des Spiels mit Öl, Wachs oder Lack veredelt werden, müssen Sie diese Arbeit jetzt, also vor dem Verleimen, an den Innenflächen vornehmen. Kleben Sie spätere Leimstellen ab.

11. Spielfeldeinheit verleimen

Zu empfehlen ist eine Trockenübung ohne Leim! Richten Sie die Stege (10) und die beiden Spielfelder (9) sehr exakt aus, da die Teile zu diesem Zeitpunkt schon das Endmaß haben. Eventuell müssen Sie noch Abstandleisten zwischen die Stege (10) legen oder eine kleine Vorrichtung zum winkligen Ausrichten der Teile bauen.

Vorsicht! Leimen Sie die Abstandleisten nicht versehentlich durch austretenden Leim an!

Nachdem nun auch die gefälzten und ausgeklinkten Seitenleisten (8) an das Spielfeld geleimt sind, werden alle Teile geputzt.

Jetzt kann die übrige Oberfläche behandelt werden. Spätere Leimstellen sind wieder vorher abzukleben.

12. Spielsteine herstellen

Sägen Sie die Spielsteine (11/12) entweder von einem selbst gedrechselten Rundstab oder von einer zugekauften Stange (Gardinenstange). Auch hier hilft, neben einem scharfen, vielzahnigen Sägeblatt, ein vor dem Sägen aufgeriebenes Klebeband wirkungsvoll gegen Ausrisse.

Tangram

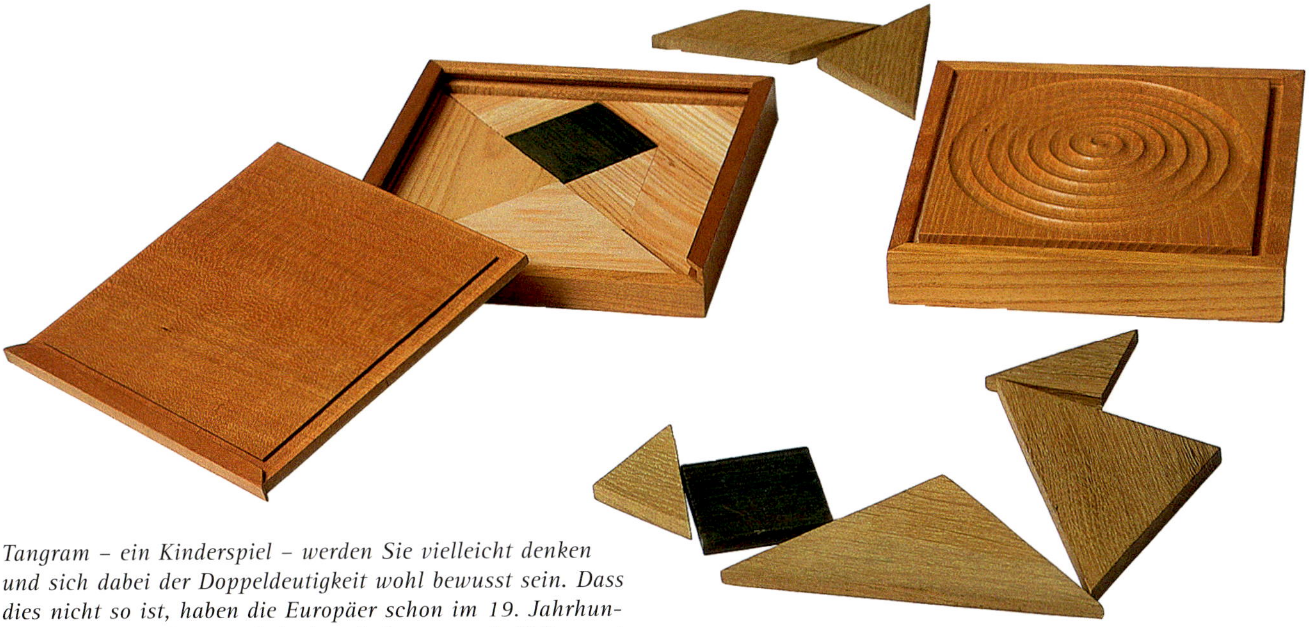

Tangram – ein Kinderspiel – werden Sie vielleicht denken und sich dabei der Doppeldeutigkeit wohl bewusst sein. Dass dies nicht so ist, haben die Europäer schon im 19. Jahrhundert bewiesen, als sie es beinahe wie besessen als Volkssport spielten. Die Erfindung spricht man jedoch den Chinesen zu – ohne genau zu wissen, wann dies war.

Dass dieses Spiel nichts an Attraktivität eingebüßt hat, sieht man daran, dass auch heute noch Tangramspieler im Nachlegen vorgegebener oder im Erfinden neuer Figuren buchstäblich versinken können. Wahrscheinlich gehören auch Sie bald dazu. Bis Sie so weit sind, brauchen Sie eventuell einschlägige Fachlektüre, ganz sicher aber ein eigenes Tangram (siehe auch Literaturverzeichnis Seite 155).

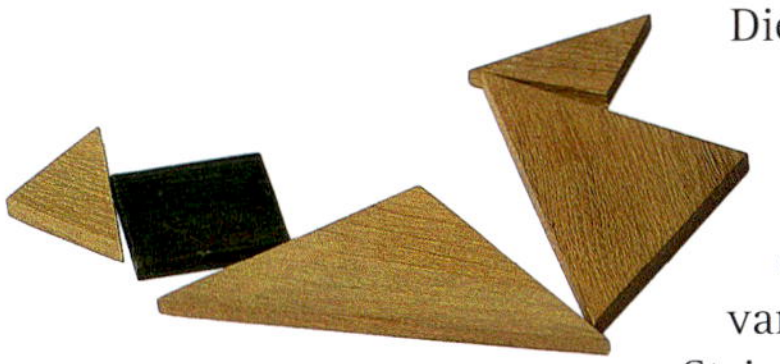

Die hölzernen, geometrischen Spielsteine zu fertigen ist nur vordergründiger Anlass für die hier vorgestellte Bauvariante des Spiels. Lose Steine gehen ohne Behältnis leicht verloren. Aus dieser Erkenntnis entwickelte sich die Idee, die Spielsteine und Lösungen in einem besonderen Behälter unterzubringen.

Je nach Ziel, Zweck und gewünschter Wirkung können Sie die Spielsteine selbstverständlich auch anders beisammen halten. Denkbar sind schöne, selbst genähte Stoff- oder Lederbeutel oder interessant gestaltete Faltschachteln. Wenn Sie das Spiel ohne Tangrambuch verschenken wollen, sollten Sie für den noch unerfahrenen Spieler einige Blätter mit Figuren zum Nachlegen auf dem Behälterboden bereitlegen. Der Legeplan als oberstes Blatt erleichtert den Einstieg und schnelles Einsortieren.

Werkzeuge

Auf jeden Fall benötigen Sie:

- Meterstab
- Bleistift
- Winkel
- Feinsäge
- Furniersäge oder Cuttermesser oder Schere
- Gehrungslade
- Stecheisen (10 mm)
- Putzhobel
- Simshobel
- 8 Schraubzwingen (etwa 200 mm)
- Leimspachtel
- Schleifpapier (Körnung 100, 120 oder 150)
- Schnur

Optimales Arbeiten ermöglichen:

- Kreissäge
- Abricht-Hobelmaschine
- Dicken-Hobelmaschine
- Hand-Oberfräse mit
  - Falzfräser
  - Nutfräser (5 mm Nutbreite)

  oder
- Tischfräse mit
  - Falzkopf und
  - Nutfräser (5 mm Nutbreite)

Material

Bauteil	Bezeichnung	Stück	Material	Fertigmaß in mm Länge	Breite	Dicke
Deckel und Boden	Trägerplatte Deckel	1	FU	128	128	4
	Trägerplatte Boden	1	FU	128	128	4
	Furnier	4	Esche	128	128	0,7
Zarge	Seite rechts, links, hinten	3	Esche	136	22	7
	Seite vorn, unten	1	Esche	136	14	7
	Griffleiste	1	Esche	136	8	7
Spielsteine	4, 5, 6, 7, 8	1	Eiche	300	43	8
	9, 10	1	Eiche	300	61	8
	Zulage	2	FPY	320	170	19
Leim						
Öl oder Lack zur Oberflächenbehandlung						

Abb. 23: Konstruktionszeichnung.

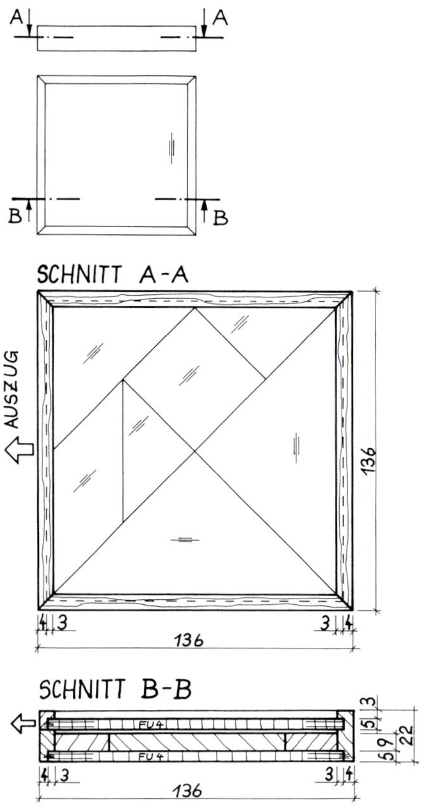

Welches Holz eignet sich?

Das Aufbewahren der Spielsteine in einem Behälter erlaubt Ihnen Variationen in Fülle: Verschiedene Holzarten lassen sich kombinieren. Auch kleine, interessante Holzreste können so sinnvoll verarbeitet werden. Vielleicht verleihen Sie auch durch die individuelle Gestaltung des Deckels dem Behältnis eine ganz persönliche Note.

Arbeitsschritte

1. Spielsteine schleifen und zuschneiden
2. Deckel und Boden zuschneiden
3. Deckel und Boden furnieren
4. Zarge zuschneiden und aushobeln
5. Zarge nuten und fälzen
6. Zarge ablängen
7. Zarge verleimen
8. Deckel und Boden zuschneiden und einpassen
9. Griffleiste anleimen
10. Verputzen und Oberfläche behandeln

Zeitaufwand
Für die Herstellung des Tangram müssen Sie etwa vier bis sechs Stunden veranschlagen.

1. Spielsteine schleifen und zuschneiden

Schleifen Sie die auf den genauen Querschnitt vorbereiteten Leisten und teilen Sie sie anschließend gemäß Abb. 24 auf. Die Maßhaltigkeit ist besonders wichtig, da die Steine im Spiel immer wieder neu zusammengefügt werden. Jede Steinform muss mit jeder anderen kombinierbar sein. Aus der kleinen Leiste entstehen in der Gehrungslade oder an der Kreissäge,

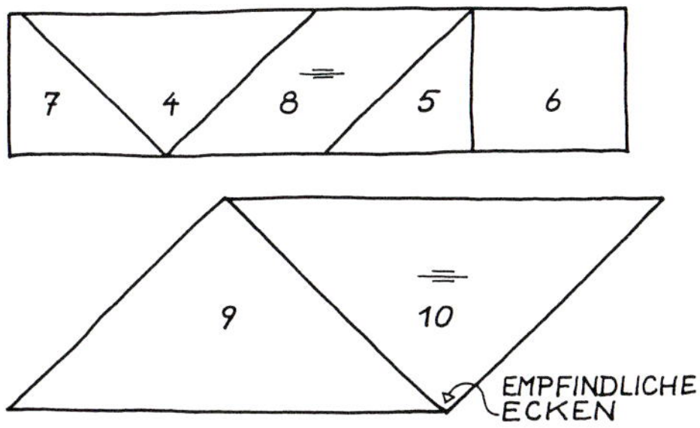

Abb. 24: Aufteilung der Leisten zu Spielsteinen.

beginnend mit dem Quadrat, die ersten fünf geometrischen Formen. Hier, wie auch bei den beiden großen Dreiecken, können die Spitzen im Längsholzbereich leicht abbrechen. Daher ist es empfehlenswert, dass Sie mehrere oder längere Leisten als Reserve herrichten - der Materialeinsatz ist gering. Die eichenen Spielsteine können Sie nach dem Verputzen beizen oder räuchern.

Holzarten und andere Varianten
Mit Spielsteinen aus sieben verschiedenen Holzarten bringen Sie Leben ins Spiel und fordern geradezu zum Holzarten-Quiz heraus. Sehr dekorativ wirkt es, wenn Sie nur das Quadrat aus einer kontrastierenden Holzart wählen oder beispielsweise blau beizen. Etwas exotisch, aber durchaus reizvoll sind Spielsteine – auch einzelne – aus Aluminium.

2. Deckel und Boden zuschneiden

Die grob zugeschnittene Furnierplatte, aus der Sie nach dem Furnieren Deckel und Boden schneiden, hat die Abmessungen 150 × 300 × 4 mm. Diese Maßangabe mag merkwürdig erscheinen, doch Sie legt fest, dass die Platte in Faserrichtung 150 mm lang ist. Das ist wichtig, da der Faserverlauf des Furniers, auch in der Furnierplatte, von Lage zu Lage wechselt. Dadurch wird weitgehend verhindert, dass sich die furnierte Platte verzieht.

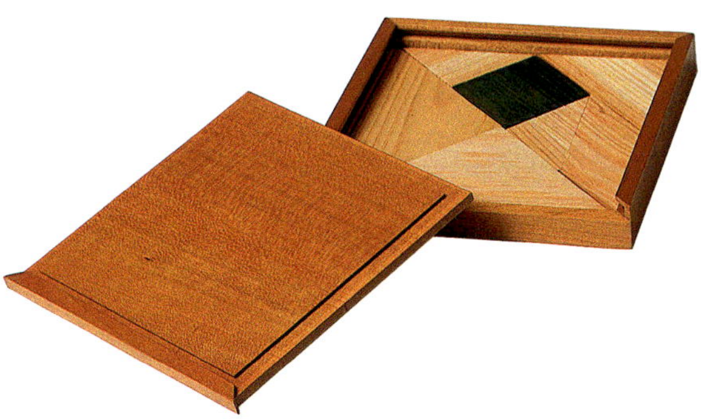

3. Deckel und Boden furnieren

Tipp! Einseitige Beschichtung lässt die Platte krumm werden. Daher müssen Sie bei Holzwerkstoff-Platten immer **beide** Seiten mit dem gleichen Material oder derselben Holzart beschichten.

Schneiden Sie mit einer Furniersäge, einer Schere oder einem Cuttermesser das Furnier auf 310 × 160 mm zu.

Vor dem Furnieren muss alles bereit liegen: Trägermaterial, beide Furnierstreifen, ebene Zulagenplatten (wie angegeben), Zeitungspapier, etwa acht Schraubzwingen, der übliche Weißleim und ein fein gezahnter Spachtel (ersatzweise reicht ein etwa handgroßes Stück Furnierplatte).

Das Furnier, einmal durch die Berührung mit Leim angefeuchtet, dehnt sich sehr schnell in der Breite (quer zur Faser) aus. Geschieht das nur auf einer Werkstückseite, kann es nach dem Aushärten des Leimes die Platte verziehen. Daher müssen Sie zügig arbeiten.

Der Arbeitsablauf: Legen Sie die erste Zulagenplatte auf Arbeitsböcke und darauf einen Bogen Zeitungspapier. Bestreichen Sie eine Seite der Furnierplatte gleichmäßig dünn mit Leim und belegen Sie sie mit Furnier. Dieses Sandwich drehen Sie um und legen es auf die gerade vorbereitete Zulage. Jetzt beleimen Sie die zweite Seite und belegen sie ebenfalls mit Furnier. Darauf folgen wieder Zeitung und Zulage. Pressen Sie nun mit Zwingen, von der Mitte beginnend, bis Sie ausreichenden Druck erzielt haben. Die Zeitung zwischen Zulage und Furnier nimmt Leim, der durch das Furnier dringt, auf und verhindert das Verkleben der beiden Teile. Übliche Weißleime benötigen etwa 30 bis 60 Minuten Abbindezeit.

Danach können Sie die Platte aus ihrer Zwangslage befreien und über Nacht so lagern, dass sie rundum der Raumluft ausgesetzt ist. Dadurch kann die mit dem Leim eingebrachte Feuchtigkeit verdunsten.

Schneiden Sie Deckel und Boden erst auf Endmaß, wenn Sie die Zarge verleimt haben.

4. Zarge zuschneiden und aushobeln

Den Rahmen um Deckel und Boden bezeichnet der Schreiner auch als umlaufende Zarge. Dafür richten Sie vier Leisten mit je 500 × 22 × 7 mm her: Zwei benötigen Sie für die Zarge, eine ist zum Probearbeiten vorgesehen und die vierte wird für eine Vorrichtung gebraucht.

5. Zarge nuten und fälzen

Das Nuten und Fälzen kleiner Querschnitte mit der Kreissäge (oder Tischfräse) ist gefährlich, da die Finger sehr dicht am Werkzeug sind. Eine simple, selbst gebaute Vorrichtung bietet Ihnen den nötigen Schutz (siehe Abb. 25).

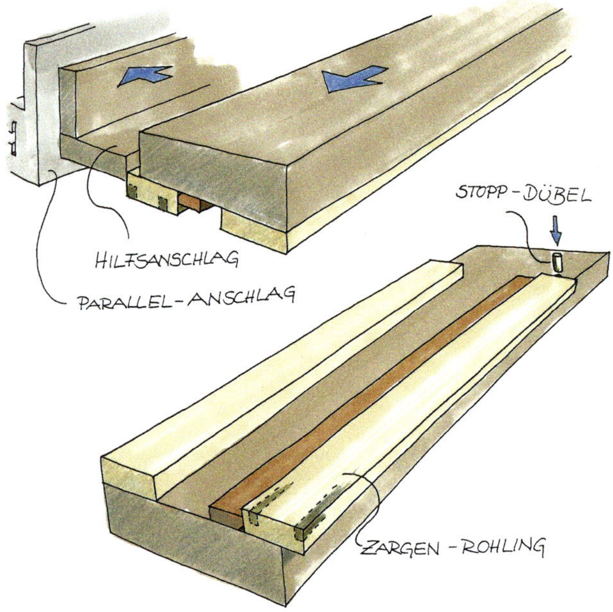

Abb. 25: Vorrichtung zum sicheren Nuten und Fälzen.

Nut und Falzvorrichtung für die Kreissäge
Leimen Sie unter eine Platte (600 × 120 × 19 mm) eine der hergerichteten Leisten und eine zweite, etwas dünnere. Die dünne Leiste bringen Sie so an, dass die später einzulegende Zarge auf ihrer gesamten Länge 5 mm übersteht. Mit einem eingeleimten Stoppklotz oder Dübel verhindern Sie das Verrutschen der Zargenleiste während der Bearbeitung.

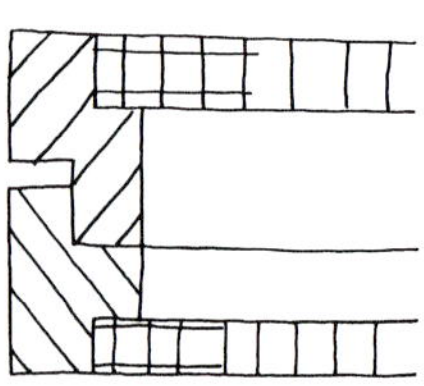

Abb. 26: Gesteckter Deckel als Variante.

Behälter-Variante
Steht Ihnen weder Kreissäge, Tischfräse noch Hand-Oberfräse zur Verfügung, können Sie auch mit fertigen Leisten arbeiten. Die in Abb. 26 gezeigte Konstruktionsvariante ermöglicht Ihnen selbst mit einfacher Ausrüstung den Bau des Behälters. Sie benötigen lediglich einen Simshobel.

Statt des Schiebedeckels wird ein aufgesteckter Deckel eingesetzt. Es werden zwei von einander getrennte Zargen gebaut, die ausschließlich Fälze erhalten. An die untere Zarge hobeln Sie zwei Innenfälze an: Einen für den Boden und einen für die Aufnahme des Oberteils. Die obere Zarge erhält einen Falz, in den der Deckel eingeleimt wird, sowie einen zweiten, der Ober- und Unterteil verbindet. Diesen sollten Sie so gestalten, dass umlaufend eine etwa 2 mm breite Schattennut bleibt. Mit diesem Trick werden durch ungenaue Bearbeitung und das Arbeiten des Holzes entstandene Maßtoleranzen weniger deutlich.

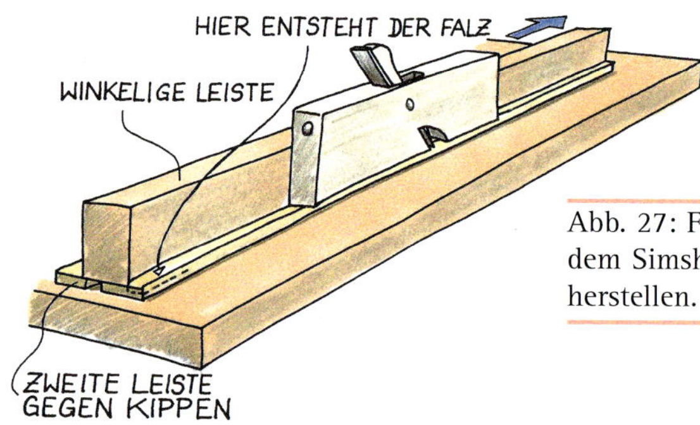

Abb. 27: Falz mit dem Simshobel herstellen.

So hobeln Sie die Fälze mit dem Simshobel an
Die Fälze sollen den exakten Querschnitt erhalten und sauber gearbeitet sein. Um das zu erreichen, legen Sie zwei der Leisten auf die Arbeitsunterlage und spannen dann eine stabile, rechtwinklige Leiste als Anschlag darauf (siehe Abb. 27). Die eine Leiste fälzen Sie mit dem Simshobel am genau ausgerichteten Anschlag, während die andere Leiste das Kippen der Führungsleiste verhindert.

Das immer wieder neue Ausrichten der Führungsleiste können Sie sich sparen, wenn Sie die oben beschriebene Vorrichtung (siehe Abb. 25) einsetzen. Für die Anwendung mit dem Simshobel sollte die Platte jedoch dicker sein. Die dadurch höhere Führungsfläche erleichtert Ihnen das Hobeln im rechten Winkel.

6. Zarge ablängen

Für den Behälter mit Schiebedeckel längen Sie fünf Leisten, für den Alternativvorschlag zwei mal vier Leisten ab. Ein Anschlag in der Gehrungslade erleichtert Ihnen das Herstellen genau gleicher Teile.

Damit Sie den Deckel einschieben können, müssen Sie die vordere Zarge (1.1) an der unteren Nutwange trennen. Da das abfallende Stück durch den Sägeschnitt zu klein geworden ist, müssen Sie den an den Deckel anzuleimenden Teil (1) von einer weiteren, der fünften Leiste, schneiden.

Wenn Sie ganz sicher sein wollen, dass diese Griffleiste (1) exakt passt, warten Sie mit dem Auseinandersägen bis der Deckel eingepasst ist, da dann die Feinabstimmung besser möglich ist.

7. Zarge verleimen

Jetzt sollten Sie alle Innenseiten schleifen, da dies nach dem Verleimen nicht mehr sinnvoll möglich ist. Wie Sie die Zargenecken mit Klebeband verleimen, ist beim Dominospiel beschrieben. Deshalb hier eine weitere einfache, besonders zum Rahmen-Verleimen gut geeignete Möglichkeit: Stellen Sie die Zargenteile mit den Gehrungen lose zusammen und legen rundherum eine Schnur, die Sie verknoten. Anschließend beleimen Sie alle Gehrungen, legen die Schnur wieder an und stecken vorher vorbereitete Klötzchen zwischen Zarge und Schnur. Schieben Sie diese jetzt symmetrisch zu den Ecken und spannen so mit dem nötigen Druck (siehe Abb. 28).

Abb. 28: Verleimen mit Schnur und Klötzchen.

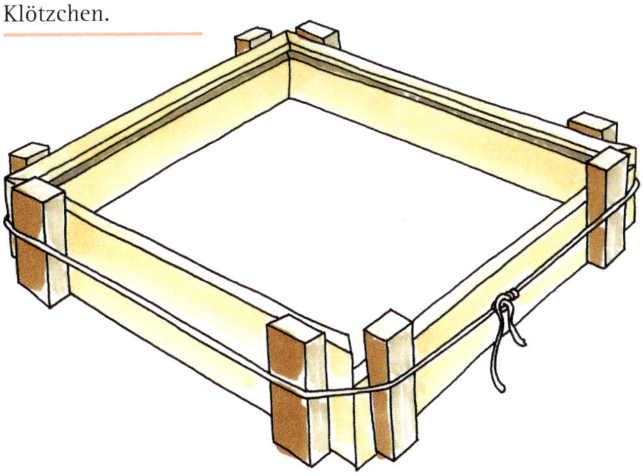

> **Wichtig!** Achten Sie unbedingt darauf, dass die Zarge im rechten Winkel und nicht windschief ist. Lassen Sie die Zarge so lange gespannt, bis der Boden eingeleimt ist!

8. Deckel und Boden zuschneiden und einpassen

Schneiden Sie nun den furnierten und geschliffenen Deckel und Boden zu und passen Sie diese ein. Das gelingt am besten mit einem einfachen Hilfsmittel: Bekleben Sie einen handlichen, ebenen Klotz mit Schleifpapier. Kleben Sie Körnung 80 auf die eine und Körnung 100 auf die gegenüberliegende Seite. Mit diesem Schleifklotz können Sie sensibel die Feinabstimmung vornehmen.

Beim Einpassen schrägen Sie die Bodenkanten leicht nach innen an und arbeiten sich so vorsichtig an das Endmaß heran. Beim Deckel sollten Sie darauf achten, dass die Vorderkante (Längsholz) rechtwinklig bleibt, da Sie hier später noch die Griffleiste (1) anleimen. Um den erforderlichen Pressdruck beim Einleimen des Bodens zu erzielen, reicht es aus, wenn Sie ihn mit einem Gewicht beschweren. Eine große Konservendose reicht völlig aus.

9. Griffleiste anleimen

Läuft der Deckel leicht in der Nut, passen Sie die Griffleiste an und leimen Sie diese bei eingeschobenem Deckel an. Ist die Fuge zwischen Griffleiste und Zarge zu deutlich, betonen Sie diese durch einen kleinen Falz (1 × 1 mm) an der Unterkante.

Achtung! Nur sparsam Leim angeben! Die Gefahr ist groß, dass Sie durch Leimaustritt den Deckel am Unterteil festleimen, da der Spalt zwischen Deckel und Zarge so gering wie möglich sein soll. Mit einem dünnen Klebestreifen auf der unteren Zarge (1.1) senken Sie wirkungsvoll dieses Risiko.

Eine Deckelalternative
Eine Alternative zum furnierten Schiebedeckel ist der massive Deckel. Er wird ebenfalls geschoben und ist bei unveränderten Behältermaßen 10 mm dick. Durch einen umlaufenden Falz mit 6 × 4 mm steht er geringfügig über das Zargenniveau hinaus. Bei eingeschobenem Deckel entsteht eine umlaufende, 3 mm breite Nut zwischen Deckelfalz und Zarge, die das gesamte Kästchen noch edler wirken lässt. Leimen Sie die Griffleiste in diesem Fall unbedingt an das Längsholz, damit sich der Deckel nicht verzieht. Zusätzlich bietet Ihnen diese Variante die Möglichkeit, den Deckel zu beschnitzen oder ihn mit der Hand-Oberfräse grafisch zu gestalten.

10. Verputzen und Oberflächenbehandlung

Verputzen Sie abschließend den gesamten Behälter so, dass alle Ecken und Kanten gleichmäßig und gering gebrochen sind. Danach können Sie die Oberfläche ölen oder lackieren.

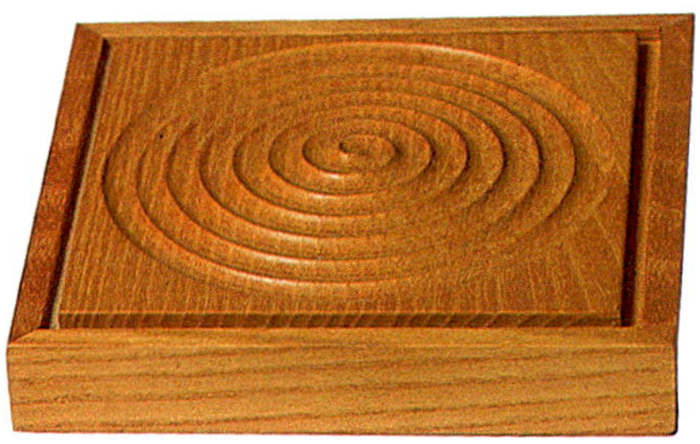

Kreuz und Kreis

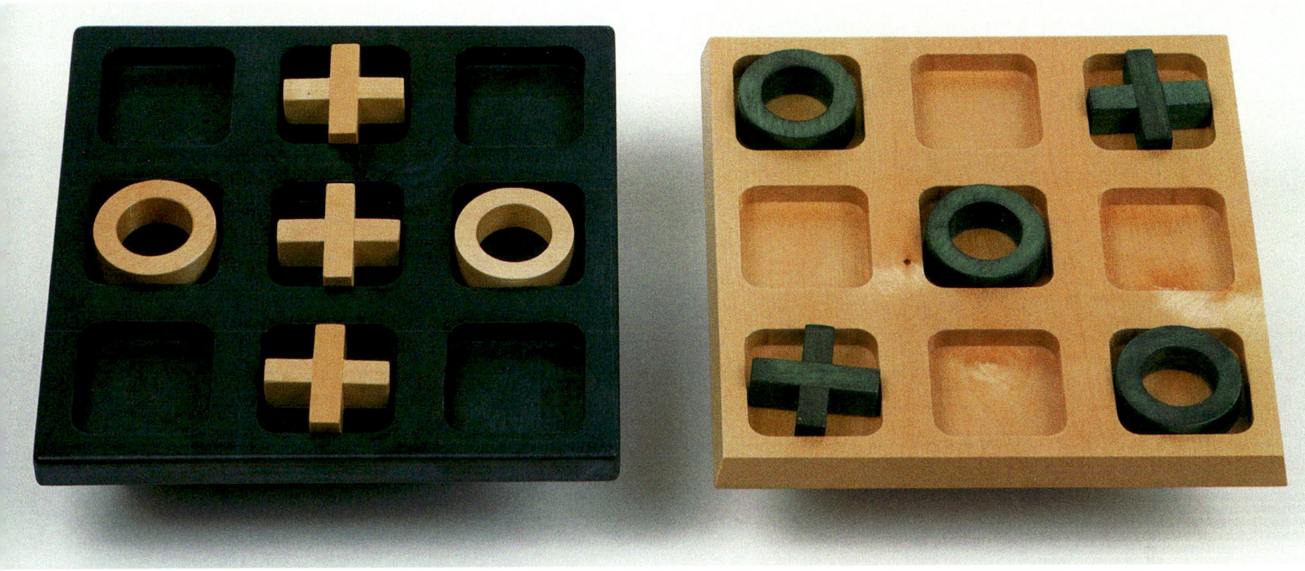

Wahrscheinlich sind die beiden Hauptgründe für die Beliebtheit dieses Spieles, besonders bei Kindern, dass es einfach zu erlernen und schnell zu spielen ist.

Ein Spieler erhält drei Kreuze, der andere drei Kreise. Beide legen abwechselnd einen dieser Spielsteine in eine der neun Vertiefungen des Spielfeldes. Sieger ist, wer als erster aus drei Spielsteinen eine senkrechte, waagerechte oder diagonale Reihe gelegt hat. Steht der Sieger nach dem Ablegen des Steinvorrates noch nicht fest, darf so oft ein Stein neu platziert werden, bis die Bedingungen für den Sieg erfüllt sind.

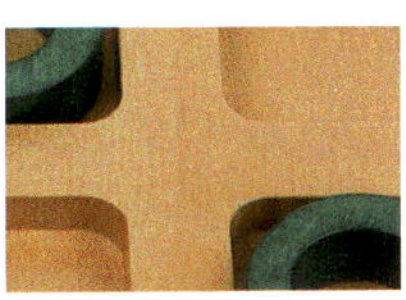

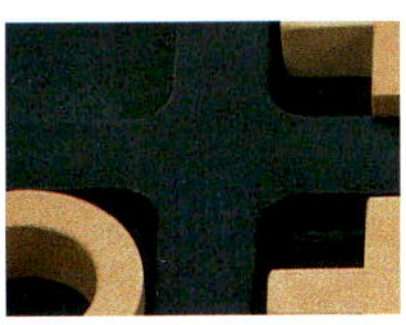

Das Spiel heißt zwar „Kreuz und Kreis", und diese beiden Formen erzeugen auch eine sehr gute, formale Spannung, doch ist die Geometrie der Spielsteine für den Spielverlauf unerheblich. Grundsätzlich müssen Sie je fünf gut zu unterscheidende Spielsteine bereitstellen. Da die Steine während des Spielens häufig abgesetzt und wieder aufgenommen werden müssen, sollten Sie bei der Auswahl auch auf griffgünstige Formen achten.

Spielstein-Variante
Geeignet sind auch selbst gebaute Würfel mit 42 mm Kantenlänge aus zwei unterschiedlichen Holzarten oder aus einer Holzart, die Sie in unterschiedlichen Farben beizen. Mit einer im oberen Drittel eingesägten, umlaufenden und 2 mm tiefen Nut geben Sie den Würfeln eine besondere Note.

Werkzeuge

Auf jeden Fall benötigen Sie:
- Meterstab
- Bleistift
- Winkel
- Feinsäge
- Gehrungslade
- Holzhammer
- Stecheisen (10 mm)
- Bohrmaschine
- Bohrer (∅ 20 mm)
- Lochsäge (∅ 42 mm))
- Schleifpapier (Körnung 100, 120 / 150)
- Putzhobel

Optimales Arbeiten ermöglichen:
- Kreissäge
- Abricht-Hobelmaschine
- Dicken-Hobelmaschine
- Hand-Oberfräse mit
- Nutfräser
- Kopierhülse
- Tischfräse mit
- Falzkopf und / oder
- Profilmesserkopf
- Drechselbank

Material

Bauteil	Bezeichnung	Stück	Material	Fertigmaß in mm Länge	Breite	Dicke
Spielfeld	Grundplatte	1	Ahorn	191	191	16
Kreuze	Stege	6	Ahorn	42	15	10
Ringe	Kreise	3	Ahorn	∅ 42		15
Fräsvorrichtung	Grundplatte	1	MDF	303	303	16
	Anschlag 1	1	MDF	203	38	16
	Anschlag 2	1	MDF	203	62	16
	Anschlag 3	1	MDF	303	100	16
Leim						
Öl oder Lack zur Oberflächenbehandlung						

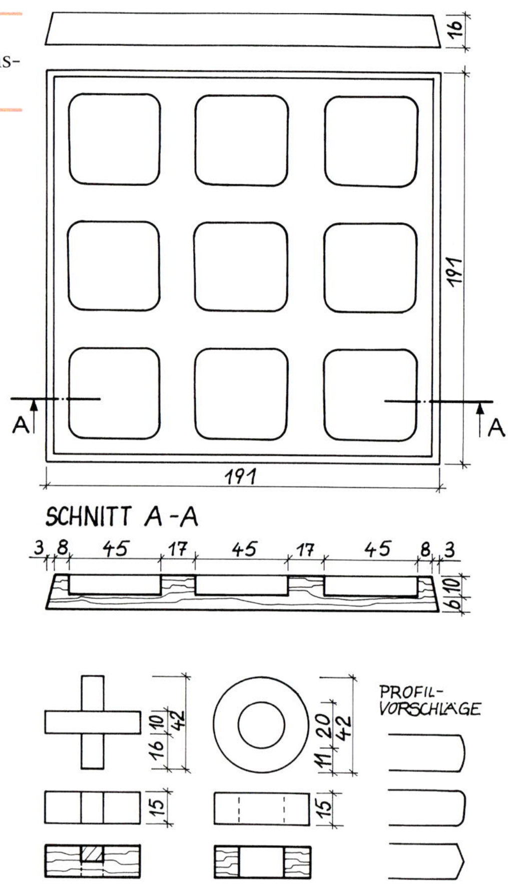

Abb. 29: Konstruktionszeichnung.

Welches Holz eignet sich?

Der Bau dieses Spieles ermöglicht Ihnen eine Variantenvielfalt wie kaum ein anderes. Da Sie zur Herstellung nur geringe Mengen Holz benötigen, bietet sich die Resteverwertung und der Einsatz ausgefallener Holzarten an. Eine Ahorn-Spielfläche, kombiniert mit Pflaumenbaum-Spielsteinen ist edel und vielleicht aus dem Brennholz Ihres Nachbarn leicht realisierbar. Mit etwas Glück können Sie Holz für die Kombination europäische Eiche, helle und dunkle Mooreiche auftreiben.

Arbeitsschritte

Spielfläche
1. Spielfläche und Hand-Oberfräse vorbereiten
2. Vorrichtung für Hand-Oberfräse bauen
3. Vertiefungen fräsen
4. Formatieren und profilieren

Kreuze und Ringe (Kreise):

5. Leisten herrichten
6. Überblattungen sägen
7. Ablängen
8. Verleimen und verputzen
9. Ringe (Kreise) herstellen

Zeitaufwand
Für den Bau des Spiels müssen Sie sieben bis zehn Stunden einplanen.

1. Spielfläche und Hand-Oberfräse vorbereiten

Die mit etwas Übermaß auf 203 × 203 × 16 mm vorbereitete Grundplatte erhält neun gleiche Vertiefungen. Durch die vergrößerte Spielfläche entstehen auch umlaufend gleiche, 17 mm breite Stege. So bleibt Ihnen fürs Ausstemmen oder Ausfräsen der Vertiefungen genug Holz stehen, dass es den Bearbeitungskräften standhält und nicht nach außen wegbricht. Wie Sie die Vertiefungen mit

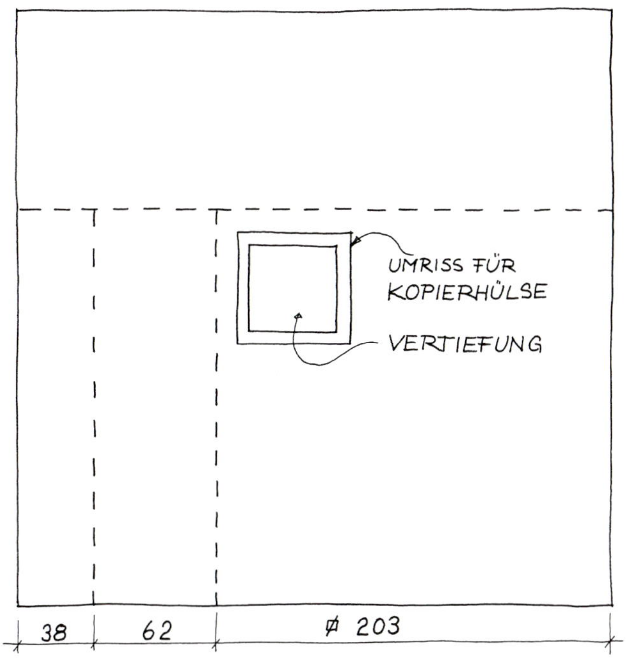

Abb. 30: Draufsicht Führungs-Vorrichtung für die Hand-Oberfräse.

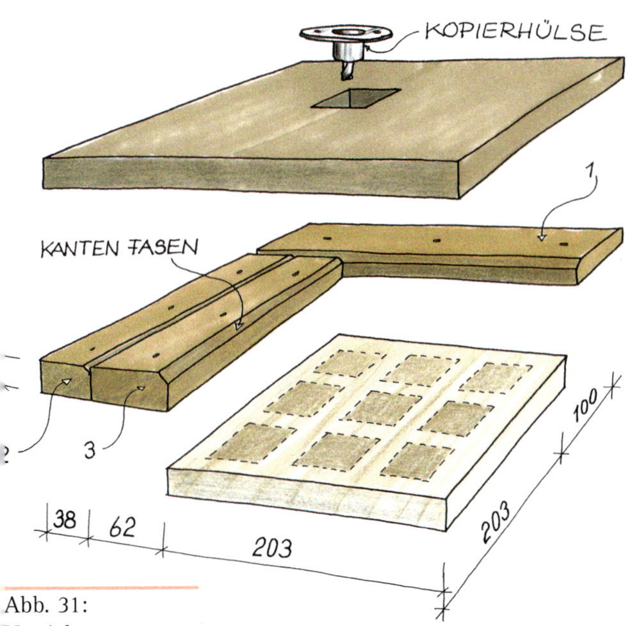

Abb. 31: Vorrichtung zum Führen der Hand-Oberfräse.

dem Stecheisen herausarbeiten können, wird in der Anleitung zum Einsiedlerspiel (siehe Seite 8) beschrieben.

Bei der hier erforderlichen Zahl und Größe ist es sinnvoll, mit der Hand-Oberfräse zu arbeiten. Durch freihändiges Fräsen mit oder ohne Anschlag erzielen Sie keine zufriedenstellende Qualität. Sie müssen eine Vorrichtung bauen. Mit deren Hilfe und einer zusätzlichen Kopierhülse stellen Sie die Felder schneller, genauer und gleich groß her.

Kopierhülsen erhalten Sie in unterschiedlichen Größen für fast jedes Maschinenfabrikat (die Durchmesser 17, 24, 30 mm sind Standardmaße). Sie werden so in die Grundplatte der Hand-Oberfräse montiert, dass ihr Metallring, die eigentliche Kopierhülse, über die Grundplatte vorsteht (vgl. Abb. 31).

2. Vorrichtung zum Führen der Hand-Oberfräse

Die in den Abbildungen 30 und 31 gezeigte Vorrichtung ist eine Grundplatte mit einem Ausschnitt und drei untergeschraubten Anschlägen. Diese sind so bemessen, dass die Vorrichtung und die Oberfräse bei der Bearbeitung sicheren Stand haben. Das erleichtert Ihnen die Führung der Maschine und verbessert das Arbeitsergebnis. An den Innenkanten des Ausschnittes führen Sie später die Kopierhülse.

Zeichnen Sie in die rechte untere Ecke der Grundplatte die Umrisse des zugeschnittenen Spielfeldes. Mit je 17 mm Randabstand zeichnen Sie anschließend das linke hintere Eckfeld, so wie es in Abb. 30 dargestellt ist. Damit beim Fräsen die Vertiefung in der gewünschten Größe entsteht, müssen Sie den Durchmesser der Kopierhülse berücksichtigen. Für einen 10-mm-Fräser und eine Kopierhülse mit 24 mm Durchmesser vergrößert sich der Grundplatten-Ausschnitt um 7 mm in jede Richtung. Diesen trennen Sie mit einer Stichsäge heraus oder stemmen ihn mit dem Stecheisen aus.

Da die Kopierhülse jede Unebenheit der Vorrichtung auf die spätere Lochlaibung überträgt, müssen Sie die Führungsbahn sehr gut glätten.

Übertragen Sie die Spielfeldumrisse nun auch auf die Unterseite der Grundplatte und schrauben Sie die Anschläge (1, 2, 3) an. Achten Sie darauf, dass sie rechtwinklig zueinander stehen. Die der Grundplatte zugewandten Kanten der

Anschläge können Sie stark abschrägen, um auszuschließen, dass eingeklemmte Späne die exakte Positionierung der Vorrichtung beeinträchtigen.

3. Vertiefungen fräsen

Positionieren Sie das Spielfeld so unter der Vorrichtung, dass es an den Anschlägen (1) und (3) anliegt. Mit Schraubzwingen (Hefte unterhalb der Arbeitsplatte) verspannen Sie dann die Vorrichtung und das Spielfeld sicher mit der Arbeitsunterlage. Jetzt fräsen Sie mit der entsprechend gerüsteten Oberfräse die erste Vertiefung aus. Damit die auftretenden Zerspankräfte beherrschbar sind, sollten Sie die Maschine im Uhrzeigersinn führen.

Beginnen Sie unbedingt in der Mitte des Quadrates. Tun Sie dies nicht und fahren Sie erst die Außenkanten ab, bleibt zum Ende der Fräsung ein frei stehender Rest, der meist vom Fräser weggeschleudert wird und dabei Ausrisse am Fräsgrund hinterlässt.

> Tipp! Bohren Sie erst mit einem großen Bohrer vor, muss nicht mehr das gesamte Material mit dem Fräser zerspant werden. Das erleichtert Ihnen die Arbeit erheblich. Damit Sie auch hier Ausrisse am Fräsgrund vermeiden, müssen Sie wieder von innen nach außen arbeiten.

Ist das erste Feld gefräst, drehen Sie das Spielfeld drei Mal um 90°, bis Sie alle Eckvertiefungen bearbeitet haben. Die dazwischen liegenden Mittelfelder lassen sich bearbeiten, wenn Sie die Anschlagleiste (3) abschrauben und das Spielfeld an Anschlag (1) und (2) anlegen.

Zum Fräsen der Vertiefung im Zentrum müssen Sie Anschlagleiste (1) abbauen, anschließend das Spielfeld am verbleibenden Anschlag (2) anlegen und es an den zuvor auf der Spielfläche aufgezeichneten Konturen des Mittelfeldes ausrichten.

4. Formatieren und profilieren

Erst wenn Sie alle Vertiefungen gefräst haben, formatieren Sie die Spielfläche auf das in der Materialliste angegebene Maß. Danach gestalten Sie die Kanten. Vier Profilvorschläge sind im Plan gezeigt und sollen Sie anregen, eigene Profile zu entwickeln.

Kreuze und Kreise herstellen

5. Leisten herrichten und schleifen

Die beiden Stege jedes Kreuzes werden durch Überblattung miteinander verbunden (siehe Zeichnung). Dies ist fachmännisch korrekt, wenn auch im Vergleich zu anderen Konstruktionen recht aufwändig. Für denjenigen, der auch das Mühle-Steckspiel (Seite 16) bauen möchte, ist es sicherlich eine gute Übung, da dort mehrere Teile auf diese Weise verbunden werden.

> Damit Ihnen genaues Prüfen der Passung während der Bearbeitung möglich ist, schleifen Sie die für je vier bis sechs Längen hergerichteten Leisten vor dem Herstellen der Verbindungen.

6. Überblattungen sägen

Haben Sie die Überblattungen angerissen, sägen Sie in der Gehrungslade auf halbem Riss bis zur Leistenmitte und stemmen anschließend den Schlitz frei.

7. Ablängen

Das Ablängen geschieht in der Gehrungslade oder an der Kreissäge; eine einfache Vorrichtung (Abb. 32) gewährleistet Ihnen hier sicheres Arbeiten.

Abb. 32: Die Ablängvorrichtung bietet den nötigen Schutz an der Kreissäge.

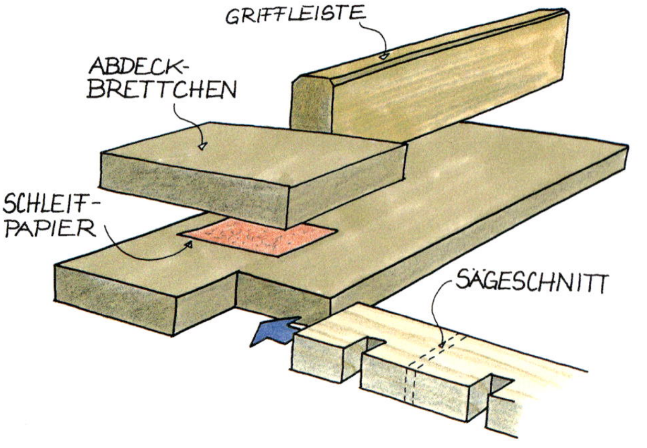

So bauen Sie die Ablängvorrichtung
Sägen Sie aus einem Brett in der Dicke der Spielstein-Leisten (10 mm) einen rechtwinkligen Ausschnitt. Dieser ist so groß, dass gerade ein Schenkel eines Kreuzes hineingelegt werden kann. Verdecken Sie diese Öffnung wieder durch ein aufgeleimtes Brettchen, so entsteht eine Tasche. Die aufgeleimte Griffleiste ermöglicht Ihrer Hand sicheren Zugriff beim Vorschieben am Parallelanschlag. Für ausreichenden Andruck und sichere Lage beim Sägen sorgt der untergeleimte Schleifpapierstreifen.

Der sichere Einsatz der Vorrichtung
Stellen Sie den Überstand des Kreissägeblattes so ein, dass es das Grundbrett der Vorrichtung nur 1 bis 2 mm überragt. Schieben Sie die Vorrichtung immer ganz am Sägeblatt vorbei. Beim Zurückziehen der Vorrichtung während des Sägens oder nach dem Durchtrennen kann der Spielstein verkanten und einen Rückschlag verursachen.

8. Verleimen und verputzen

Verputzen Sie die geschliffenen und abgelängten Teile erst nach dem Verleimen. Achten Sie dabei darauf, die Kanten und Ecken nur leicht zu brechen.

Alternativen zur Überblattung
Drei Varianten sollen zeigen, dass die Kreuze auf vielfältige Weise entstehen können:

1. Durch vier Fälze (16 × 16 mm) entsteht aus einer massiven Leiste mit 42 × 42 mm Querschnitt ein Profil, von dem Sie die Kreuze sägen können.
2. Hobeln Sie Leisten mit dem Querschnitt 42 × 10 mm und 16 × 10 mm aus, verleimen diese entsprechend und längen sie ab. Bei diesen beiden Varianten sehen Sie in der Draufsicht Querholz.
3. Aus einem Leistenabschnitt mit 42 × 15 × 10 mm und zwei Abschnitten mit 16 × 15 × 10 mm können Sie die Kreuze direkt verleimen.

9. Ringe herstellen

Wenn Sie die Möglichkeit haben, stellen Sie die Ringe auf der Drechselbank her.

Erste Möglichkeit: Spannen Sie den Rohling ins Spundfutter und bohren mit dem im Reitstock befestigten Bohrer ein Loch mit 20 mm Durchmesser. Anschließend drehen Sie die Walze auf 42 mm Durchmesser ab. Danach können Sie die Ringe anstechen, schleifen und abstechen.

Zweite Möglichkeit: Schneiden Sie von einer quadratischen Leiste Scheiben mit 15 mm Dicke und bohren im Zentrum ein durchgehendes Loch mit 20 mm Durchmesser. Fädeln Sie diese Scheiben danach auf einen Rundstab mit ebenfalls 20 mm Durchmesser und spannen diesen so in die Drechselbank, dass sie sich zwischen den Spitzen zur Walze drehen lassen.

Alternativen zum Drechseln
Auch mit wesentlich bescheidenerer Ausstattung können Sie passable Ringe herstellen: Trennen Sie aus einem 15 mm dicken Brett mit einer Lochsäge (Steckdosen-Bohrer) zuerst Scheiben mit dem Außendurchmesser 42 mm heraus. Um aus den entstandenen kleinen Scheiben Ringe herzustellen, müssen Sie durch das Zentrum noch ein weiteres Loch mit 20 mm Durchmesser bohren.

Damit Sie sich dabei nicht durch plötzliches Mitdrehen der Holzscheibe verletzen, müssen Sie diese während der Bearbeitung mechanisch halten. Wenn Sie keine Ständer-Bohrmaschine mit entsprechender Spannvorrichtung verwenden können, klemmen Sie die Teile mit Zulagen in die Hinterzange der Hobelbank oder in den Schraubstock und bohren sie dort.

Grundsätzlich wirken Holzringe eleganter und leichter als geschlossene Holzscheiben, doch sind letztere eine gute Alternative. Sie können sie einfach mit der Stich- oder Dekupiersäge herstellen, müssen jedoch anschließend gründlich schleifen. Kaufen Sie Gardinenringe und geschlossene Holzscheiben und verwenden diese als Spielsteine, können Sie das Selberbauen elegant umgehen.

Schiebekasten

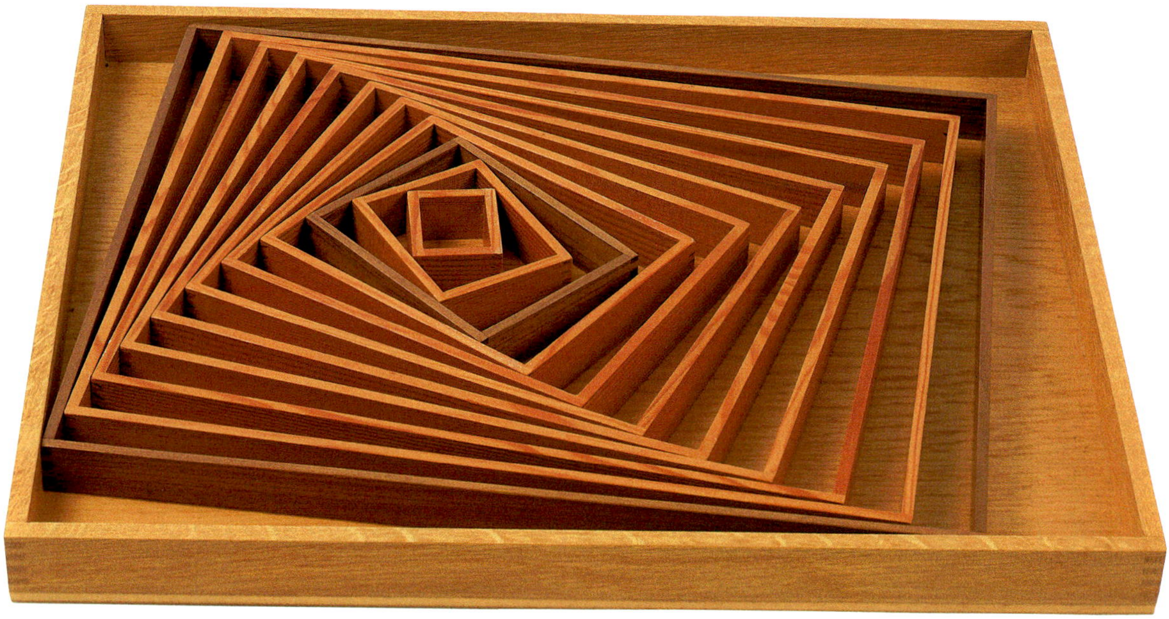

Der Schiebekasten ist kein Spiel im eigentlichen Sinn. Er ist eine lebende Plastik zum Stellen oder Liegen, hochkant oder quer. Elf gezinkte Rahmen liegen lose in einem offenen Kasten und können in sich verdreht oder verschoben werden.

Nimmt man den Kasten in die Hände und bewegt ihn, entstehen immer neue, geometrische Gebilde. Der Schiebekasten ist eine Plastik, die immer wieder zum Spielen und fantasievollen Experimentieren anregt.

Entscheidenden Einfluss auf die Gestaltung des Spiels und auf die Bauzeit hat die Wahl der Eckverbindung. Daher müssen Sie vor Baubeginn die für Sie optimale Lösung finden. Zwei echte Alternativen der Eckausbildung stehen zur Wahl: Die in der Zeichnung gezeigte Verbindung durch Fingerzinken und das Verleimen auf Gehrung. Bauen Sie die Plastik so, wie sie in der Zeichnung dargestellt ist, müssen Sie 328 kleine Zinken herstellen.

Mit der Maschine ist das kein Problem – der Bau eines Schiebekastens dauert dann etwa fünf Stunden – mit Hammer und Stecheisen aber ...

Sie können die Ecken auch stumpf verleimen, wodurch der Arbeitsaufwand erheblich reduziert wird. Das Erscheinungsbild des Spieles leidet jedoch beträchtlich darunter. Daher wird diese Möglichkeit nicht ausführlicher beschrieben.

Werkzeuge

Auf jeden Fall benötigen Sie:

- Meterstab
- Bleistift
- Winkel
- Schlosser- oder Schreiner-Hammer
- Stecheisen (2, 15 mm)
- Putzhobel
- Feinsäge
- Kreissäge
- Hand-Oberfräse mit
- Frästisch und Anschlag
- Scheiben-Nutfräser (3 mm)
- 4 Schraub- oder Klemmzwingen (400 mm)
- Schleifpapier (Körnung 100, 120, 150)

Optimales Arbeiten ermöglichen:

- Abricht-Hobelmaschine
- Dicken-Hobelmaschine
- Tischfräsmaschine
- Nutfräser (3 mm)

Material

Bauteil	Bezeichnung	Stück	Material	Fertigmaß in mm Länge	Breite	Dicke
Träger-kasten (12)	Leisten	2	Lärche	370	25	7
	Leisten	2	Lärche	303	25	7
	Anleimer	2	Lärche	370	6	3
	Anleimer	2	Lärche	303	6	3
	Boden	1	FU	364	297	5
	Furnier	2	Lärche	370	303	0,7

Alle Rahmenleisten: Lärche, 25 mm breit und 4 mm dick. Rahmenmaße entnehmen Sie bitte der unten angefügten Tabelle.

Leim

Öl oder Lack zur Oberflächenbehandlung

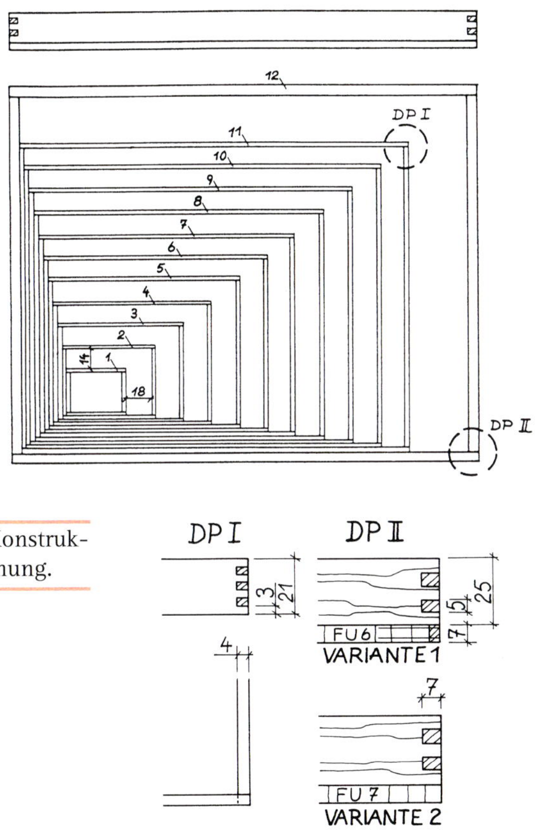

Abb. 33: Konstruktionszeichnung.

Verschiedene Holzarten und andere Alternativen

Durch die Wahl einer zusätzlichen, zum verwendeten Holz im Kontrast stehenden Holzart können Sie wirkungsvolle Akzente setzen. Beizen Sie die Rahmen in fein abgestuften Farbtönen (dunkelblau nach hellblau) oder in Kontrastfarben (rot, gelb, blau), erzeugen Sie ebenfalls eine reizvolle Wirkung. Verleimen Sie die Ecken stumpf auf Gehrung und nuten Sie sie anschließend diagonal, erzielen Sie durch Einleimen einer Feder aus derselben, einer helleren oder dunkleren Holzart Zinkencharakter. Diese interessante Gestaltungsmöglichkeit bringt zudem höhere Festigkeit (siehe Abb. 34).

Noch eine Variante

Steigern Sie die Höhe der Schieberahmen von innen nach außen (Nr. 1 nach 11) oder in umgekehrter Reihenfolge jeweils um 0,5 mm. Probleme wirft diese Variante jedoch beim Zinken auf, wenn dies an der Tischfräse oder Kreissäge geschehen soll.

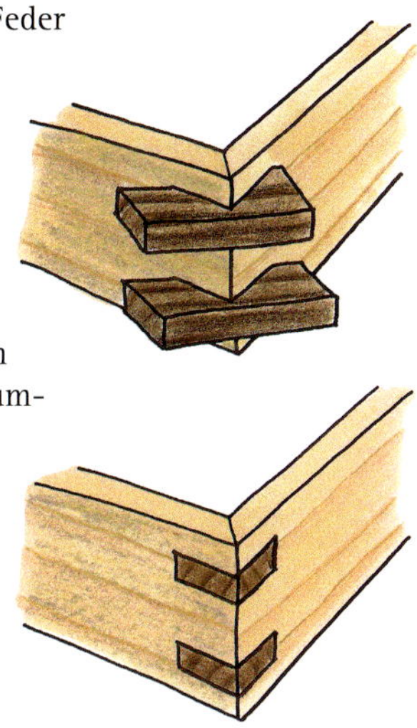

Abb. 34: Mit Fremdfedern als unterstützende Eckverbindung erzielen Sie fast Zinkencharakter.

Arbeitsschritte

1. Rahmenleisten zuschneiden und ablängen
2. Zinken herstellen
3. Schleifen und verleimen
4. Rahmen für Trägerkasten herstellen
5. Furnierplatte und Furnier herrichten
6. Anleimer herrichten, anleimen und bündig arbeiten
7. Furnieren und verleimen
8. Schleifen und Oberfläche behandeln

Zeitaufwand

Je nach gewählter Technik müssen Sie mit fünf und mehr Stunden Arbeitszeit rechnen.

Rahmenmaße

Rahmen Nr.	1	2	3	4	5	6	7	8	9	10	11
Länge	47	73	99	125	151	177	203	229	255	281	307
Breite	32	54	76	98	120	142	164	186	208	230	252

1. Rahmenleisten zuschneiden und ablängen

Es ist egal, für welche echte Variante Sie sich entscheiden, die ersten Arbeitsschritte sind bei beiden gleich. Zum rationellen Arbeiten richten Sie 21 mm dicke Bretter her, die so lang sind, dass sich mehrere Rahmenlängen daraus schneiden lassen. Anschließend sägen Sie von den Brettern 6 mm dicke Streifen ab und hobeln diese auf 4 mm Dicke.

Jahrringe
Für den Gesamteindruck des Spiels ist die Lage der Jahrringe entscheidend. Schneiden Sie die Streifen von Brettern mit liegenden Jahrringen, entstehen Leisten mit den gewünschten, eindeutigen Längsstreifen. Bretter mit stehenden Jahrringen liefern hingegen gefladerte Leisten, die uninteressant wirken (siehe Abb. 35).

Längen Sie anschließend alle Leisten auf Fertigmaß ab, für die Gehrungs-Variante auf 45° und für die Zinkenverbindung rechtwinklig. Die Materialliste gibt die Seitenlängen der Rahmen für beide Varianten an.

Grundsätzlich sollten Sie zuerst die langen Teile schneiden, da sich hieraus im Notfall noch kurze sägen lassen. Danach zeichnen und nummerieren Sie alles rahmenweise.

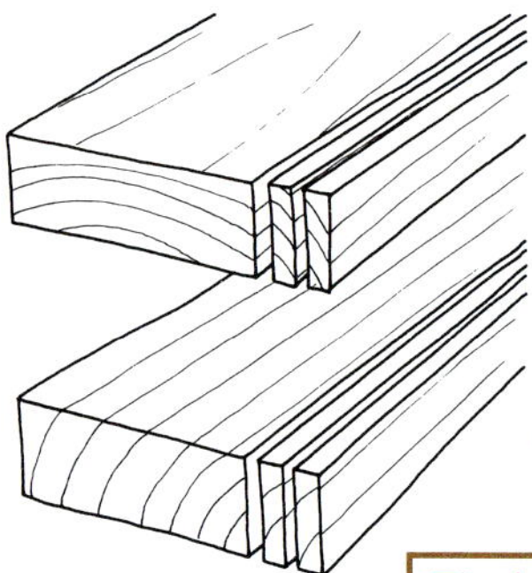

Abb. 35: So unterschiedlich erscheinen Leisten aus Brettern mit stehenden oder liegenden Jahrringen.

Tipp! Wollen Sie mehrere Spiele mit gezinkten Rahmenecken bauen, können Sie auch Bretter in den entsprechenden Rahmenlängen herrichten. Fräsen Sie daran die Zinken und trennen erst dann die Einzelstreifen herunter. Das Hobeln auf die richtige Dicke ist danach jedoch schwierig bis unmöglich!

2. Zinken herstellen

Je nach Möglichkeit werden die Fingerzinken von Hand oder maschinell mit Hilfe der Kreissäge, Hand-Oberfräse oder Tischfräse hergestellt.

Die Teilung der Zinken ist beliebig und hängt – außer von Ihrem persönlichen Geschmack – vom vorhandenen Werkzeug ab. In manchen Fällen wird es sinnvoll sein, die Rahmenhöhe zu verändern, um die Zinkenbreite der Werkzeugbreite anzupassen. In der Zeichnung ist die Breite mit 3 mm angegeben. Andere Maße sind jedoch möglich. Eventuell müssen Sie, um ein 4 mm Nutwerkzeug einsetzen zu können, die Holzbreite auf 20 mm reduzieren, damit fünf Abstände von je 4 mm entstehen.

Wichtig! Die Zahl der Zinken sollte immer ungerade sein.

Die Möglichkeiten, Fingerzinken an der Kreissäge oder manuell herzustellen, werden in der Anleitung zum Mühle-Steckspiel (siehe Seite 18) beschrieben; daher wird hier eine weitere Möglichkeit erläutert.

Fingerzinken an der Tischfräsmaschine oder Hand-Oberfräse herstellen
Wollen Sie die Hand-Oberfräse einsetzen, benötigen Sie einen entsprechenden Arbeitstisch mit Anschlag, der es ermöglicht, die Maschine wie eine Tischfräsmaschine einzusetzen (Abb. 36). Bei der Werkzeugwahl sollten Sie berücksichtigen, dass der Fräser keine Vorschneider hat. Diese erzeugen am Zinkengrund Kerben, die später sichtbar sind.

Bei den Längsseiten läuft der obere und damit automatisch auch der untere Zinken durch. Fräsen Sie mit einem passenden Nutfräser (3 mm) den ersten Zinken an. Haben alle Teile exakt die gleiche Breite, können Sie das Rahmen-

Abb. 36: Nachschiebeholz, Vorsatzbrett und Bogen-Druckfeder richtig eingesetzt.

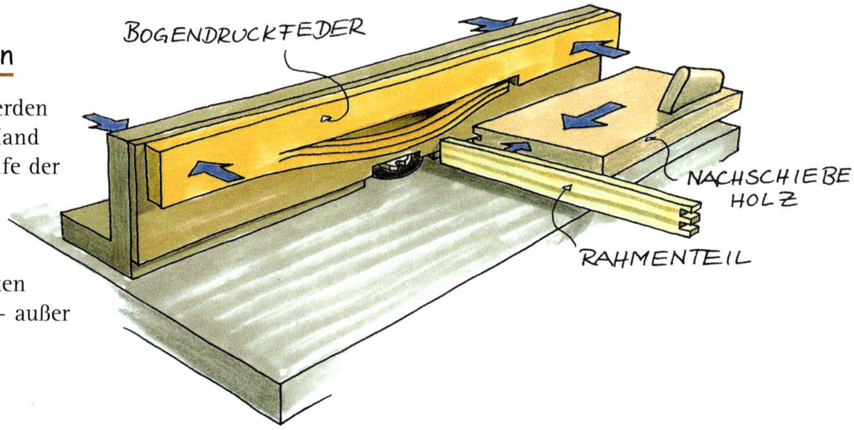

teil um 180° drehen und den zweiten Zinken fräsen. Sind jedoch Toleranzen zu erwarten, heben Sie den Fräser nach dem ersten Durchgang um genau 6 mm (doppelte Schneidenbreite) an. Dann legen Sie bei jedem Teil immer dieselbe Seite auf, wodurch sich bestehende Ungenauigkeiten in den Leistenbreiten nicht auf die Passgenauigkeit der Zinken auswirken.

So arbeiten Sie sicher
Für sicheres und präzises Arbeiten muss ein durchgehender Anschlag geschaffen und der Fräser so gut wie möglich verdeckt werden. Ein so genanntes Vorsatzbrett leistet Ihnen hier gute Dienste. Dies ist ein 8-10 mm dickes Massivholzbrett, das Sie so aussägen oder einfräsen und mit (Exzenter-) Zwingen sichern, dass immer der jeweils oberste Zinken anläuft. Mit einem Nachschiebeholz und einer von oben wirkender Bogendruckfeder können Sie die Rahmenteile sicher am Anschlag führen. Die Herstellung und der Einsatz der Bogendruckfeder werden bei der Farbigen Steckplastik beschrieben (siehe Seite 147).

Einen großen Nachteil müssen Sie bei der Zinkenfertigung mit der Fräsmaschine allerdings berücksichtigen: Die Passgenauigkeit der Verbindung können Sie erst prüfen, wenn alle Teile gefräst sind.

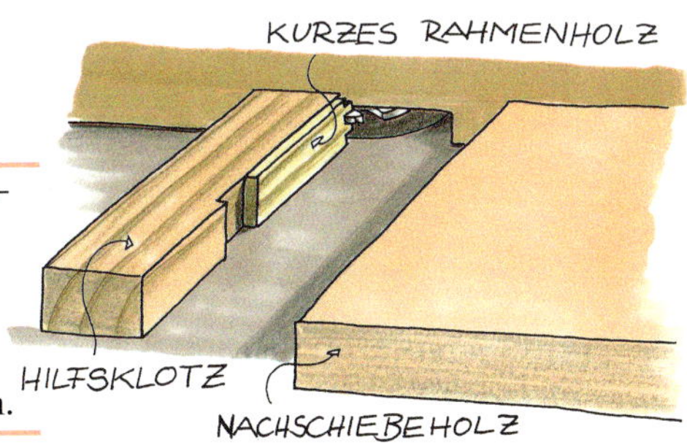

Abb. 37: Der einfache Hilfsklotz mit Schleifpapier ermöglicht Ihnen sicheres Arbeiten.

> Besondere Vorsicht ist beim Fräsen der kurzen Leisten (164 mm und kleiner) geboten. Damit die Hände nicht so dicht ans Werkzeug müssen, sollten Sie einen mit grobem Schleifpapier beklebten Hilfsklotz verwenden (siehe Abb. 37). Er gewährleistet Ihnen sicheres Handhaben der kleinen Teile.

3. Schleifen und verleimen

Vor dem Verleimen müssen Sie die Rahmenteile zumindest auf den Innenseiten fertig verputzen. Wichtig ist, dass alle Rahmen nach dem Verleimen winkeltreu und nicht windschief sind. Die Wirkung auf das Gesamtbild wäre folgenschwer. Daher müssen die Zinken korrekt gearbeitet sein. Sie müssen die Ecken ohne Zwingen mit Leim haltbar zusammendrücken können.

Verleimen Sie die Rahmen auf Gehrung, wählen Sie an Stelle der üblichen Zwingen Klebestreifen als Druckmittel. Dazu legen Sie die Teile eines Rahmens mit der Innenseite so auf die Arbeitsunterlage, dass die jeweils zueinander gehörenden Enden zusammenstoßen. Überkleben Sie diese Stoßstellen mit einem Stück Klebestreifen und drehen Sie den nun langen Streifen behutsam auf die Außenseite. Jetzt beleimen Sie die Gehrungen und falten den Rahmen zusammen. (siehe auch Beschreibung Domino, Seite 13).

Richtig haltbar, vor allem aber dekorativ werden die Gehrungsecken durch nachträgliches Einleimen einer Fremdfeder. Die erforderliche Nut können Sie einfach an der Kreissäge herstellen: Sägen Sie einen Holzklotz wie in Abb. 38a dargestellt, aus. Zusammen mit der eingelegten Rahmenecke schieben Sie ihn so am Parallelanschlag vor, dass beim Sägen der Schlitz für die Feder entsteht (38b). Das Wenden des Rah-

Abb. 38: Mit einer einfachen Vorrichtung können Sie die Nuten problemlos an der Kreissäge herstellen.

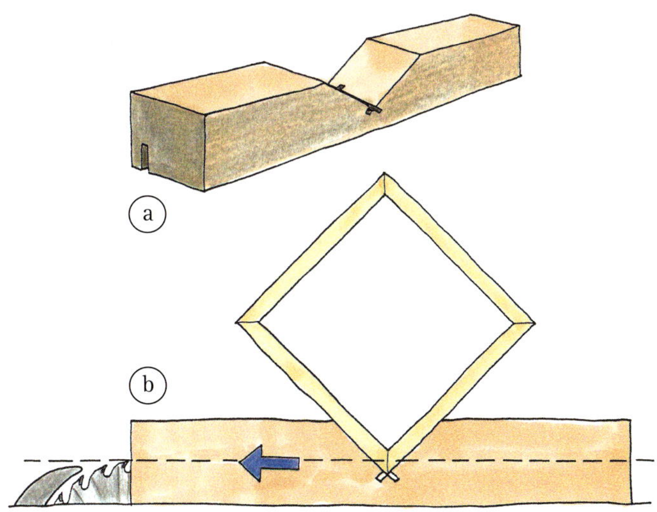

mens ermöglicht Ihnen schnelles Einbringen symmetrischer Schlitze. Sägen Sie die eingeleimten Federn mit der Feinsäge bündig ab und verschleifen Sie diese anschließend.

Entfernen Sie eventuell austretenden Leim nicht sofort. Nach wenigen Minuten bildet sich eine Haut; der Leim lässt sich nun mit einem Stecheisen leicht entfernen. Eventuell müssen Sie mit einem feuchten Tuch nachwischen.

4. Rahmen für den Trägerkasten herstellen

Der Trägerkasten (12) ist ein Rahmen, der ebenso wie die Schieberahmen hergestellt werden kann, aber einen stumpf untergeleimten Boden besitzt.

5. Furnierplatte und Furnier herrichten

In der Konstruktionszeichnung sind zwei Bodenvarianten vorgeschlagen: Der Boden kann mit Anleimer versehen und anschließend furniert werden, alternativ kann eine rohe Furnierplatte ohne Anleimer verwendet werden. Die erste Variante ist sicherlich die edlere, zumal Sie die Möglichkeit haben, den Boden mit derselben Holzart zu furnieren, die Sie für die Rahmen gewählt haben.

Auch eine weiße Bodenplatte ist denkbar. Ob Ihnen die Wirkung gefällt oder nicht, können Sie ganz einfach mit einem untergelegten weißen Blatt prüfen.

Das Furnier sollten Sie sehr schlicht wählen, da gefladertes oder geflammtes Furnier in Verbindung mit den aufliegenden Schieberahmen unruhig wirkt.

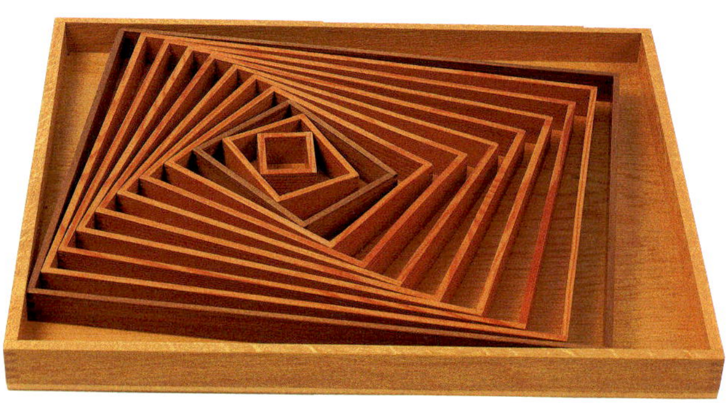

6. Anleimer herrichten, anleimen und bündig arbeiten

Richten Sie die Anleimer 0,5 mm dicker als die Trägerplatte und etwa 3,5 mm breit her und leimen Sie sie auf Gehrung um. Auch hier reicht es, wenn Sie statt mit Zwingen mit Klebeband arbeiten. Nach dem Aushärten des Leimes arbeiten Sie die Überstände vorsichtig mit schräg zur Fläche gestelltem Putzhobel bei.

Tipp! Um die Gefahr des Ausreißens an den besonders gefährdeten Ecken zu minimieren, sollten Sie dort den fein eingestellten Putzhobel kreisend führen.

Er darf nicht nach außen abkippen, damit die Anleimer nicht schräg gehobelt werden. Nur mit der Furnierplatte ebene und rechtwinklige Anleimer gewährleisten, dass das anschließend aufgeleimte Furnier auch an den Kanten gut mit dem Trägermaterial verklebt.

7. Furnieren und verleimen

Nachdem Sie das Furnier aufgeleimt, die Überstände mit dem Stecheisen beigearbeitet und die Flächen geschliffen haben, leimen Sie den Boden unter den Rahmen. Hobeln Sie anschließend auch hier die Überstände vorsichtig bei.

8. Schleifen und Oberfläche behandeln

Schleifen Sie, wo nötig, die Flächen nach und nehmen Sie den Kanten die Schärfe. Achten Sie darauf, dass alle Ecken und Kanten auch nach dem Verputzen noch eckig sein sollen! Danach behandeln Sie die Oberfläche nach Bedarf.

Holzweg

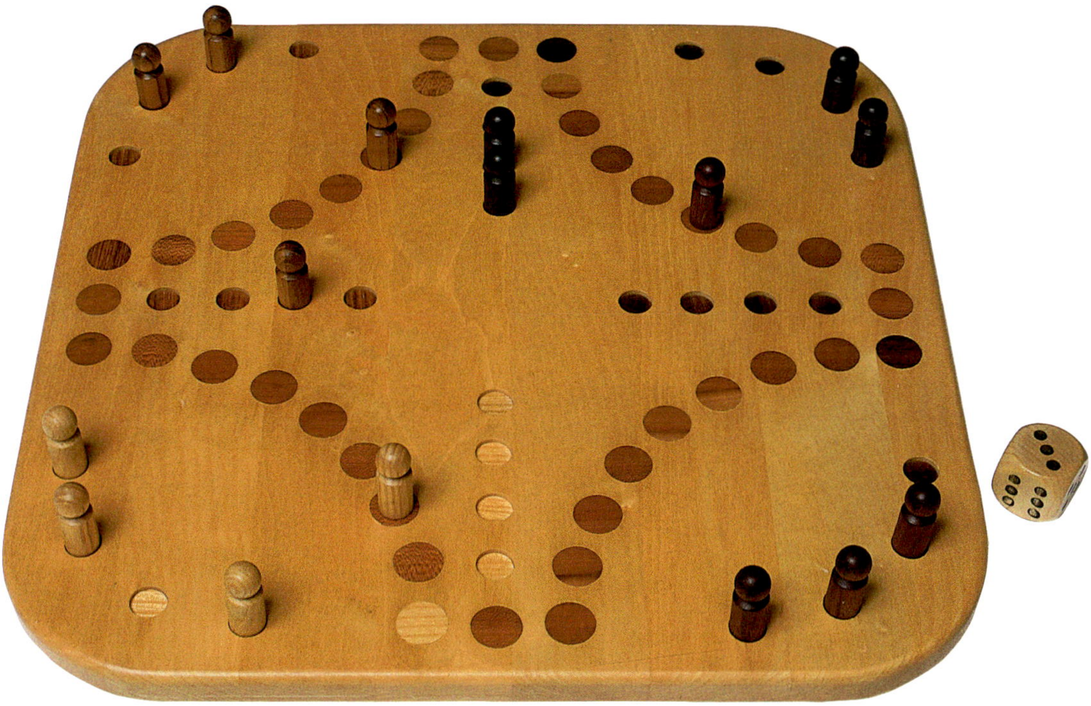

Holzweg ist ein pfiffiges Brettspiel für vier Personen beinahe jeden Alters und wird nach den Regeln des klassischen Mensch-ärgere-Dich-nicht® gespielt.

Die komplette Ausstattung besteht aus einem Spielbrett, 16 Figuren aus vier verschiedenen Holzarten und einem Würfel. Park- und Zielplätze sind 2 mm tiefer als das Spielfeldniveau. Das erleichtert besonders Kindern das richtige Abstellen der Figuren und fördert gleichzeitig die Feinmotorik. Damit auch die nicht am Spiel beteiligen Figuren ihren Platz haben, gehört ein schlichter Aufbewahrungsbehälter dazu.

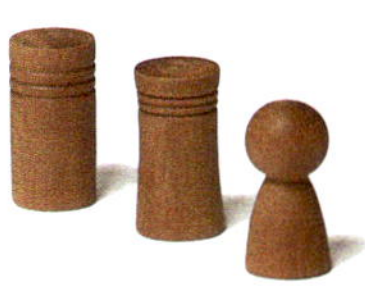

Nach der Partie wird dieses Spiel nicht in einem Schrank versteckt, sondern wegen der guten Gestaltung stolz präsentiert. Als Blickfang lädt es ständig zum Spiel ein. Austoben und Nachsicht üben kann man beiläufig ebenso lernen wie Gewinnen und – meist schwieriger – Verlieren. Mogeln ist verboten. Dieses Spiel kann sich geradezu zu einem Kommunikationszentrum entwickeln.

Werkzeuge

Auf jeden Fall benötigen Sie:

- Meterstab
- Bleistift
- Winkel
- Zirkel
- Feinsäge
- Gehrungslade
- Hammer
- Stecheisen (10 mm)
- Feile, Hieb 2 (mittel)
- Putzhobel
- Stichsäge
- Hand-Bohrmaschine
- Bohrer (∅ 4 mm)
- Kunstbohrer (∅ 15, 20 mm)
- Scheibenbohrer (∅ 15, 20 mm)
- 4 Schraubzwingen, (400 mm, mit etwa 170 mm Ausladung)
- Schleifpapier (Körnung 100, 120, 150)

Optimales Arbeiten ermöglichen:

- Kreissäge
- Abricht-Hobelmaschine
- Dicken-Hobelmaschine
- Bandsäge
- Ständer-Bohrmaschine
- Hand-Oberfräse mit
- Kopierfräser (Schneidenlänge 20 mm)
- Viertelstab-Fräser (Radius 10 mm und Anlaufring) oder
- Tischfräse mit entsprechendem Werkzeug
- Drechselbank

Material

Bauteil	Bezeichnung	Stück	Material	Fertigmaß in mm Länge	Breite	Dicke
Spielfläche	Spielfläche	1	Ahorn	400	400	18
Stellplätze	Füllstücke	36	amerik. Kirschbaum		∅ 20	5
Startplatz	Füllstück	1	Wengé		∅ 20	5
Park- und Zielplätze	Füllstücke	8	Wengé		∅ 15	5
Startplatz	Füllstück	1	Esche		∅ 20	5
Park- und Zielplätze	Füllstücke	8	Esche		∅ 15	5
Startplatz	Füllstück	1	Padouk		∅ 20	5
Park- und Zielplätze	Füllstücke	8	Padouk		∅ 15	5
Startplatz	Füllstück	1	Teak		∅ 20	5
Park- und Zielplätze	Füllstücke	8	Teak		∅ 15	5
Figuren	Figuren	4	Wengé	35		∅ 14
	Figuren	4	Esche	35		∅ 14
	Figuren	4	Padouk	35		∅ 14
	Figuren	4	Teak	35		∅ 14
Vorrichtungen	Grundplatten	2	FU	230	230	18
	Anschlagleisten	5	hartes Holz	80	40	10
Aufbewahrungs-Behälter	Seiten	4	Ahorn	130	44	8
	Deckel	1	FU-Birke	130	130	3
	Boden	1	FU-Birke	130	130	3
	Stangenscharnier	1	Stahl	129	6	
Leim						
Öl oder Lack zur Oberflächenbehandlung						

Welches Holz eignet sich?

Bei dem abgebildeten Spiel wurde für die Spielfläche schlichtes Ahornholz und für die Stellplätze amerikanischer Kirschbaum verwendet. Park- und Zielplätze und die dazu gehörenden Startplätze sind passend zu den jeweiligen Spielfiguren mit vier unterschiedlichen Holzarten gestaltet: Wengé, Esche, Padouk und Teak. Die einheimischen Holzarten Ahorn und Esche zu besorgen ist sicherlich nicht schwierig, problematisch kann sich aber die Beschaffung der ausgefallenen Hölzer gestalten. Deshalb hier vorsorglich zwei Alternativen:

1. Alternative: Verwenden Sie für die Spielfläche Esche und für die Stellplätze europäische Eiche. Die übrigen Felder können Sie mit Ahorn, Nussbaum, Kirschbaum und Birne belegen. Ist Ihnen der Kontrast zwischen Esche und Eiche, der unter Lichteinfluss im Laufe der Zeit etwas stärker wird, zu gering, räuchern Sie das fertige Spiel vor der Oberflächenbehandlung einige Stunden mit Salmiakgeist. Danach ist das Eschenholz zwar leicht grünlich, doch wird diese Farbänderung im Laufe der Zeit blasser und verschwindet später ganz.

2. Alternative: Die Basis bildet wieder das Ahornbrett. In dieses lassen Sie ausschließlich Buchen-Querholzplättchen ein. Im Gegensatz zum gezeigten Spiel bohren Sie hier die Startplätze vor den Parklöchern

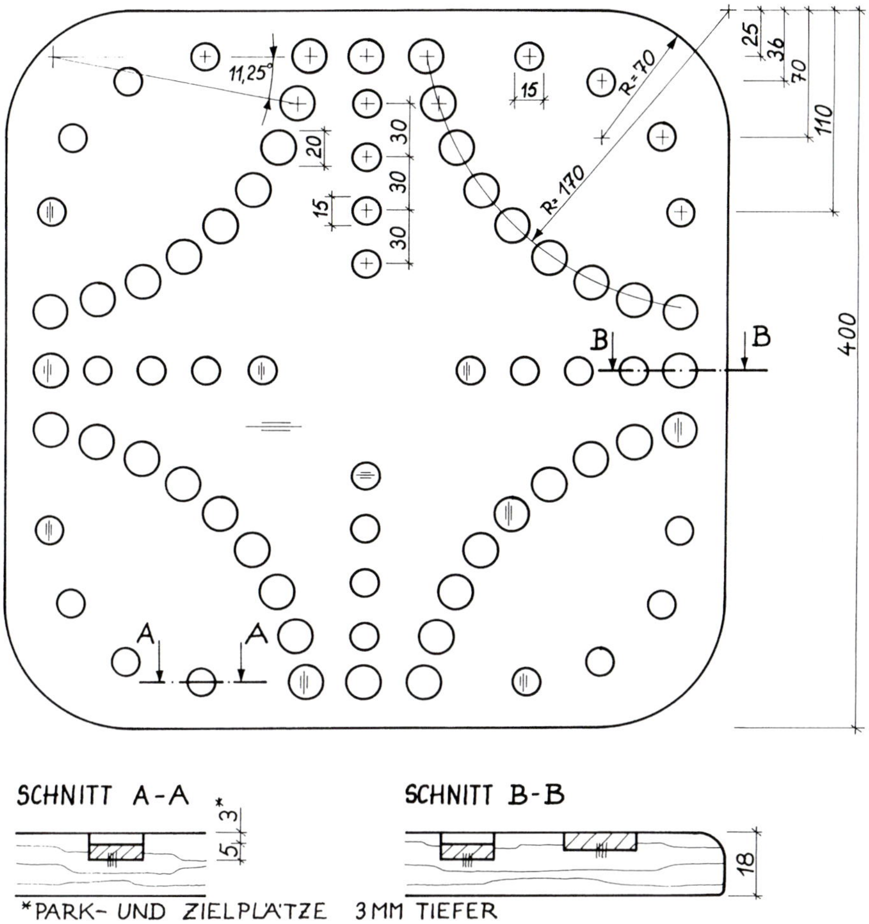

Abb. 39: Konstruktionszeichnung.

ebenso tief wie die Park- und Zielplätze. Die erforderlichen Kontraste erzielen Sie durch Beizen. Lassen Sie alle Füllstücke für Stellplätze, mit Ausnahme der erwähnten Startplätze, flächenbündig ein und verschleifen sie. Beizen Sie die übrigen, bevor Sie diese zu Querholz-Zapfen bohren und ebenfalls einleimen, in den Farben Rot, Gelb, Grün und Blau. Ebenso beizen Sie die Spielfiguren, die Sie von einem Buchenrundstab sägen oder als Rohteile im Bastelladen kaufen können.

Tipp! Verwenden Sie möglichst Lösemittelbeizen. Sie trocknen schnell und lassen das Holz nicht quellen. Tragen Sie Wasserbeizen auf, können sich die Brettchen leicht durch einseitige Feuchtigkeitszufuhr verziehen.

Arbeitsschritte

1. Füllstücke herstellen
2. Spielfläche herstellen
3. Ecken runden
4. Bohrhilfe bauen
5. Bohren der Park-, Ziel- und Stellplätze
6. Füllstücke einleimen
7. Füllstücke beischleifen
8. Kanten profilieren und fertig schleifen
9. Spielfiguren herstellen
10. Aufbewahrungsbehälter bauen

Zeitaufwand
Für den Bau des kompletten Spieles mit Aufbewahrungsbehälter für Würfel und Figuren sollten Sie etwa sieben Stunden veranschlagen.

1. Füllstücke herstellen

Damit die einzelnen Fertigungsschritte reibungslos ineinandergreifen, fertigen Sie zuerst die Füllstücke. Hobeln Sie von der jeweiligen Holzart ein 5 mm dickes Brettchen aus. Die Hölzer für

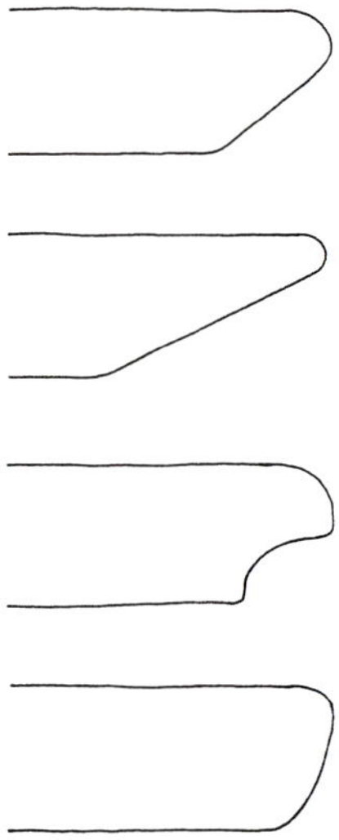

Abb. 40: Alternative Kantengestaltung.

Park- und Zielplätze müssen Sie anschließend schleifen, da dies später nicht mehr so gut möglich ist. Mit einem Scheibenbohrer, oft wird er auch als Stöpselbohrer bezeichnet, bohren Sie nun die erforderlichen Querholzplättchen. Wenn Sie keine derartigen Bohrer haben, können Sie auch kleine Quer- oder Längsholzstäbe drechseln und sie zu Scheiben sägen. Schleifen Sie dann jedoch die Querholzflächen vor dem Abtrennen.

2. Spielfläche herstellen

Verleimen Sie die Spielfläche entweder aus mehreren Streifen Ahorn, hobeln sie anschließend auf Enddicke und formatieren sie dann, oder verwenden Sie Leimholz, das Sie bereits beim Holzhändler oder im Baumarkt auf die passende Größe schneiden lassen. 18 mm sollte das Brett mindestens dick sein. Eine noch dünnere Platte ist dem Gesamteindruck abträglich. Eine dickere Platte bietet Ihnen dagegen die Möglichkeit, die Unterkanten stark zu runden, sie mit einer flachen, breiten Schräge oder einer Hohlkehle zu versehen (siehe Abb. 40). Dadurch ließe sich das Spielfeld besser greifen und aufnehmen.

3. Ecken runden

Mit welchem Verfahren die Ecken des Spielfeldes die in der Fertigungszeichnung angegebene Rundung – oder eine andere – erhalten, hängt unter anderem von Ihren technischen Möglichkeiten ab. Setzen Sie die Stichsäge oder Bandsäge ein, müssen Sie anschließend aufwändig feilen und schleifen, damit die Kanten gleichmäßig und glatt werden.

Das Arbeiten mit einer Hand-Oberfräse oder Tischfräsmaschine mit Bündigfräser erfordert eine Vorrichtung. Zu deren Anfertigung benötigen Sie zwar Zeit, doch gewährleistet sie Ihnen die Präzision für die weitere Bearbeitung der Kante mit dem Viertelstab-Fräser. Ein weiterer Vorteil: Sie können sie, wenn Sie mehrere Spiele bauen, immer wieder einsetzen und dadurch die Fertigungszeit erheblich verkürzen. Haben Sie sich dazu entschlossen, die Ecken rund zu sägen, ist der Zeitpunkt in der Arbeitsfolge unerheblich. Arbeiten Sie dagegen mit der vorgeschlagenen Fräsvorrichtung, muss das Rundsägen vor dem Bohren geschehen, da die Vorrichtung aufgeschraubt wird. Die dadurch entstehenden Schraubenlöcher bohren Sie bei einem späteren Arbeitsschritt wieder aus und platzieren dort Füllstücke.

Fertigung und Einsatz der Fräsvorrichtung

Eine 230 × 230 × 18 mm dicke Buchen-Furnierplatte, meist als Multiplex-Platte bezeichnet, dient als Basis für diese Vorrichtung (Abb. 41). Eine Ecke erhält mit Hilfe der Bandsäge oder Stichsäge den in der Konstruktionszeichnung eingetragenen Viertelkreis mit 70 mm Radius. Glätten Sie diesen so, dass dort später der Anlaufring kopierend arbeiten kann.

Zeichnen Sie anschließend die Mittelpunkte der beiden äußeren Parkplätze auf und durchbohren die Grundplatte hier (∅ 4 mm). Nun schrauben Sie jeweils ans Ende der verlängerten Außenrundung-Schenkel eine Anschlagleiste.

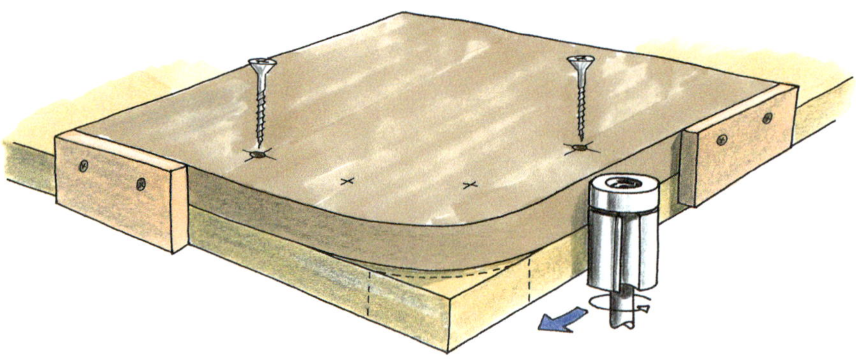

Abb. 41: Vorrichtung zum Runden der Ecken.

Bevor Sie mit Hilfe der jetzt fertigen Vorrichtung und einem Bündigfräser mit Anlaufring die Rundungen fräsen können, müssen Sie die Spielfeldecken grob vorschneiden. Dazu legen Sie die Vorrichtung auf die Brettfläche und zeichnen die Rundung auf. Danach sägen Sie mit etwa 2 mm Maßzugabe die Überstände grob weg.

Legen Sie nun die Vorrichtung auf die Oberseite des Spielfeldes und schrauben Sie sie durch die vorgebohrten Löcher fest. Führen Sie diese Einheit derart am Bündigfräser der Tischfräse vorbei, dass die gewünschte Kontur entsteht. Arbeiten Sie mit der Hand-Oberfräse, drehen Sie die verschraubte Einheit um, spannen sie auf der Arbeitsunterlage fest und fräsen die Rundung kopierend mit dem Bündigfräser.

4. Bohrhilfe bauen

Abhängig von Ihrer Entscheidung, ob Sie die Bohrungen mit einer Hand- oder einer Ständer-Bohrmaschine einbringen wollen, ist es sinnvoll, eine zur Maschine passende Vorrichtung zu bauen.

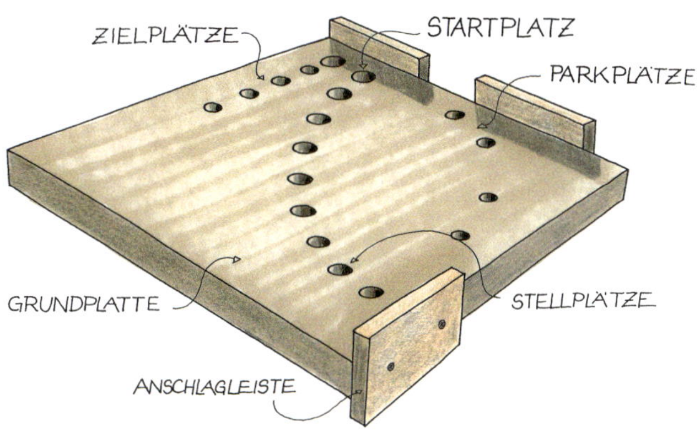

Abb. 42: Bohrvorrichtung.

Bohrschablone für das Arbeiten mit der Hand-Bohrmaschine
Zur Herstellung dieser Wendeschalone (Abb. 42) benötigen Sie eine Grundplatte (230 × 230 mm) und drei kurze Anschlagleisten. Auch hier sollten Sie hochwertige Buchen-Furnierplatte einsetzen. Das ist besonders dann wichtig, wenn Sie mehrere Spiele anfertigen wollen. Zur besseren Führung des Bohrers soll die Platte mindestens 18 mm dick sein.

Zeichnen Sie die Bohrmittelpunkte für Park- und Zielplätze, für vor dem Zielplatz liegende und für auf dem Viertelkreis aufgereihte Stellplätze an. Die jetzt einzubringenden, durchgehenden Bohrungen müssen exakt rechtwinklig zur Plattenoberfläche sein, damit beim später nötigen Wenden der Bohrvorrichtung möglichst minimale Toleranzen auftreten.

Anreißschablone für das Arbeiten mit der Ständer-Bohrmaschine
Für das Bohren mit der Ständer-Bohrmaschine ist das Markieren der Bohrmittelpunkte ausreichend. Es bieten sich mehrere Möglichkeiten an. Sie können ein Viertel des Spielfeldes auf dicken Karton aufzeichnen, die Bohrpunkte mit einem spitzen Gegenstand durchstechen und auf die Spielfläche übertragen.

Etwas aufwändiger ist es, alle Mittelpunkte auf eine Buchen-Furnierplatte mit Spielfeldgröße zu übertragen und dort jeweils einen Nagel einzuschlagen. Alle 72 Nägel müssen Sie so abknipsen, dass sie nur noch etwa 2 mm überstehen. Versehen Sie diese Anreißhilfe noch an zwei Schenkeln mit Anschlagleisten und stülpen Sie sie über die zu bohrende Seite der Brettfläche. Durch leichtes Schlagen mit dem Hammer auf die Vorrichtung erreichen Sie, dass sich alle Mittelpunkte auf der Spielfläche abzeichnen. Die Anschläge ermöglichen Ihnen, wenn erforderlich, nochmaliges präzises Aufsetzen der Anreißhilfe.

> Achtung! Die Bohrungen für Park- und Zielplätze haben 15 mm und die der Stellplätze 20 mm Durchmesser.

Schrauben Sie nun noch die Anschlagleisten an, wie in der Abb. 42 gezeigt. Sie sollen oben und unten gleich weit überstehen.

5. Bohren der Park-, Ziel- und Stellplätze

Legen Sie die Bohrschablone an einer beliebigen Ecke des exakt zugeschnittenen Spielfeldes auf und schlagen Sie sie an den Spielfeldkanten an. Die Abstände zwischen den Leisten geben den nötigen Freiraum für einfaches Festspannen mit Schraubzwingen an den Arbeitsböcken oder auf der Arbeitsauflage. Mit dem jeweiligen Bohrer und einer Bohrtiefen-Begrenzung (Beschreibung beim Einsiedler-Spiel, Seite 9) bohren Sie nun die 8 mm tiefen Löcher der Park- und Zielplätze und die 5 mm tiefen Löcher für die Stellplätze. Diesen Vorgang müssen Sie insgesamt viermal mit jeweils entsprechend aufgelegter Vorrichtung ausführen.

6. Füllstücke einleimen

Beim Einleimen der Füllstücke bieten sich in Bezug auf den Faserverlauf verschiedene Varianten an. Der Faserverlauf kann dem Konturverlauf der großen Rundungen entsprechen, er kann auch abwechselnd quer und längs verlaufen oder es können, wie im abgebildeten Modell, alle Füllstücke quer zum Faserverlauf der Grundfläche angeordnet werden. Ein wahlloser Richtungswechsel ist zu unruhig und scheidet damit aus.

> Wichtig! Besonders in den tiefer gelegenen Plätzen muss mit Leim sehr sparsam umgegangen werden. Quillt er dort heraus, können Sie ihn kaum noch entfernen.

Sind alle Teile präzise gearbeitet, ist kein weiterer Pressdruck erforderlich.

Wenn Sie ganz sicher gehen wollen, dass die Verklebung dauerhaft ist, decken Sie nach dem Einsetzen der Füllstücke die gesamte Fläche mit einer 10 mm dicken Polystyrol-Platte (Styropor) sowie einer Presszulage in Spielfeldgröße ab und verpressen Sie das Ganze mit Schraubzwingen. Die Zwingen müssen Sie von Zeit zu Zeit nachspannen, da das Polystyrol durch den Druck allmählich verdichtet wird und sich die Spannung dadurch etwas abbaut. Achten Sie bei dieser Arbeit darauf, dass Sie das Spielfeld nicht verziehen.

> Achtung! Beim Arbeiten mit Zulagen müssen Sie auf die Zeit achten. Schnell sind fünfzehn oder zwanzig Minuten für Angeben des Leims, Einsetzen der Plättchen und Aufbau der Zulagen verstrichen und damit eventuell auch die offene Zeit des Leimes überschritten.

Hat der Leim abgebunden, werden die Presszulagen abgenommen. Lassen Sie nun das Spiel eine Nacht ruhen, damit durch den Leim eingebrachte Feuchtigkeit entweichen kann. Dabei muss gewährleistet sein, dass Ober- und Unterseite dem Umgebungsklima ausgesetzt sind. Am besten legen Sie die Brettfläche auf schmale, hohe Leisten oder lehnen sie schräg an.

7. Füllstücke beischleifen

Schleifen Sie erst nach dem gründlichen Durchtrocknen die Füllstücke bei und damit die gesamte Brettfläche mit Körnung 100 und 120 grob vor.

8. Kanten profilieren und fertig schleifen

Bevor der letzte Schliff mit Körnung 150 erfolgt, runden Sie die Kanten. Abhängig von Ihrer Werkstattausstattung verwenden Sie dazu entweder einen Handhobel, Feile und Schleifpapier oder die Hand-Oberfräse mit einem entsprechenden Viertelstab-Fräser und Anlaufring. Vielleicht setzen Sie an Stelle der einfachen Rundung einen der in Abbildung 40 gezeigten Profilvorschläge oder eine eigene Idee um. Wofür Sie sich auch entscheiden, beim abschließenden Endschliff sollten Sie darauf achten, dass alle Übergänge glatt und fließend sind.

9. Spielfiguren herstellen

Die Konstruktionszeichnung gibt einige unterschiedliche Formen für Spielfiguren vor, weitere sind denkbar. Die Figuren können Sie entweder drechseln oder von einem Rundstab sägen (siehe auch entsprechende Beschreibung zum Einsiedlerspiel, Seite 9). Sogar gekaufte Spielfiguren können verwendet werden.

Bei der Gestaltung sollten Sie bedenken, dass hohe, schlanke Formen zum Umfallen neigen. Besonders kleine Kin-

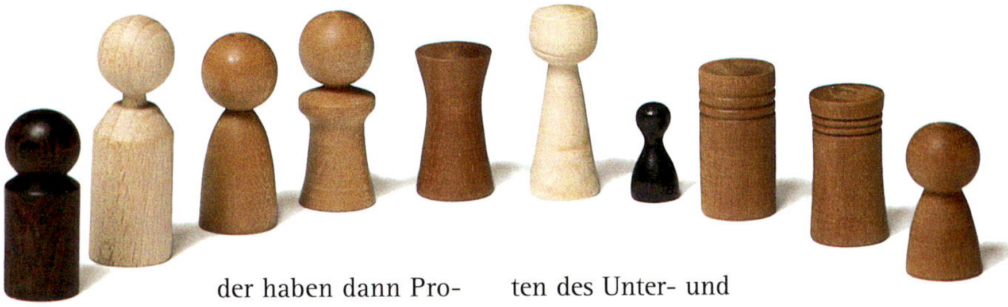

der haben dann Probleme, sie richtig zu platzieren und verlieren schnell den Spaß an diesem Spiel. Abhilfe schaffen Sie mit einem eingeklebten Metallstück, das den Schwerpunkt in den unteren Figurenteil verlagert (etwa eine Bleikugel). Das erleichtert das Spielen und schont die Nerven.

10. Aufbewahrungsbehälter bauen

Sägen Sie vier gleich große Ahornseiten (130 × 44 × 8 mm) auf Gehrung und verleimen Sie diese in Falttechnik (siehe Domino-Spiel Seite 13) zu einem Rahmen. Bekleben Sie diesen Rahmen oben und unten mit 3 mm dicker Birke-Furnierplatte und runden Sie alle Kanten. Damit aus diesem geschlossenen Block ein nutzbarer Behälter wird, trennen Sie ihn an der Kreissäge auf. Der Deckel wird etwa 20 mm hoch. Die Hinterkanten des Unter- und Oberteils erhalten einen kleinen Falz, in welchen Sie nach dem Schleifen und der Oberflächenbehandlung das Stangenscharnier (Klavierband) bündig einlegen.

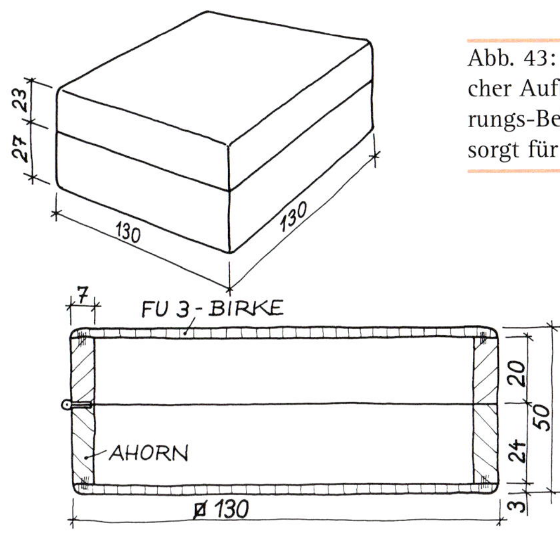

Abb. 43: Ein einfacher Aufbewahrungs-Behälter sorgt für Ordnung.

Spielesammlung

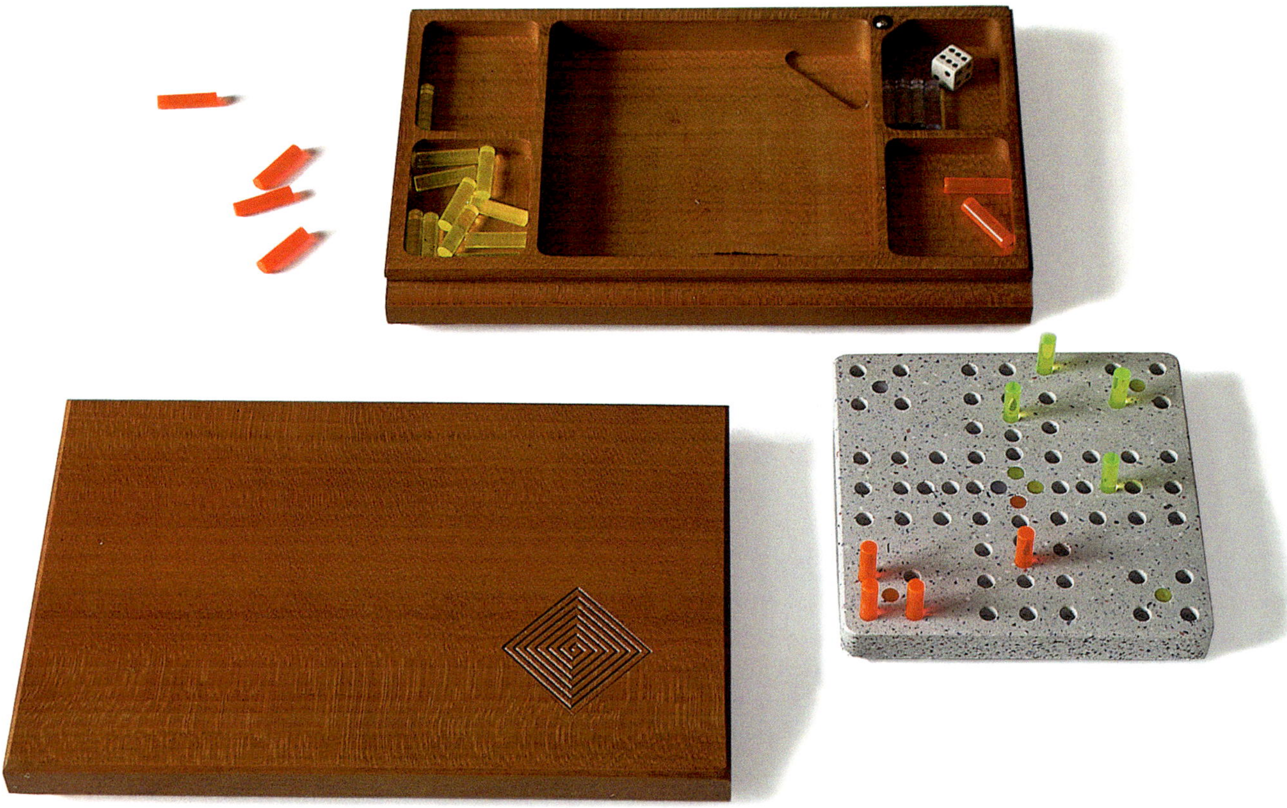

Diese Spielesammlung ist ein Kleinod unter den Spielen. Die Schatulle mit ihrem besonderen Schiebedeckel gibt die Möglichkeit, unterschiedliche Spiele mit Zubehör zu verwahren.

Schon das Öffnen des in einer Nut geführten Deckels ist ein Erlebnis. Eine kleine, gefederte Kugel drückt von innen dagegen und hält ihn in seiner Ruheposition. Durch leichten Druck in Schieberichtung senkt sich die Kugel ab und lässt den Deckel sanft darüber gleiten: Der Blick und Zugriff auf die ausgefeilte Inneneinteilung ist frei.

Außen neben dem im Zentrum liegenden Spielbrett sind je zwei Vertiefungen für Spielsteine in das Unterteil gearbeitet. Eine davon ist so tief, dass auch kleine Würfel Platz haben.

Eine Raffinesse ermöglicht das Wenden der Spielfläche. Durch leichten Druck auf eine bestimmte Ecke des Spielfeldes lässt es sich hochkippen, greifen und herausnehmen. Möglich wird dies durch die dreieckige Senke in einer Ecke des Bodens. Als Spiele sind alle Steckspiele geeignet: Einsiedler, Mühle, Dame, Mensch-ärgere-Dich-nicht® und andere.

Werkzeuge

Auf jeden Fall benötigen Sie:

- Meterstab
- Bleistift
- Winkel
- Feinsäge
- Gehrungslade
- Hammer
- Stecheisen (10 mm)
- Putzhobel
- 2 Schraubzwingen (etwa 200 mm)
- Schleifpapier (Körnung 100, 120, 150)
- Hand-Bohrmaschine
- Bohrer (∅ 4, 4,2, 6, 15 mm)

Optimales Arbeiten ermöglichen:

- Kreissäge
- Abricht-Hobelmaschine
- Dicken-Hobelmaschine
- Ständer-Bohrmaschine
- Hand-Oberfräse mit
- Falzfräser (∅ 8 mm)
- Nutfräser (4 mm Nutbreite)
- Kopierhülse (∅ 11 mm)
- Tischfräse mit
- Falzkopf und Nutfräser (4 mm Nutbreite)

Material

Bauteil	Bezeichnung	Stück	Material	Fertigmaß in mm Länge	Breite	Dicke
Schatulle und Spiele	Deckel	1	Kirschbaum	170	111	4
	Falzleisten	2	Kirschbaum	170	8	8
	Boden	1	Kirschbaum	170	111	17
	Spielfeld	1	Ahorn	88	88	12
	Stecker	26	Rotbuche	17		Ø 4
	Kugelschnäpper	1		6		Ø 6
	Spielwürfel	1		8	8	8
Führungs-Vorrichtung 1	Grundplatte	1	MDF	350	350	16
	Leisten	2	MDF	350	145	16
	Leisten	2	MDF	350	119,5	16
	Anschläge	2	MDF	110	90	16
	Füllstück	1	MDF	92	92	16
	Schlossschrauben	8	Stahl	55		Ø 6
	Unterlegscheiben	8	Stahl	2		Ø 24
Vorrichtung 2	Grundplatte	1	MDF	400	200	16
	Anschlag	1	MDF	400	50	16
Leim						
Öl oder Lack zur Oberflächenbehandlung						

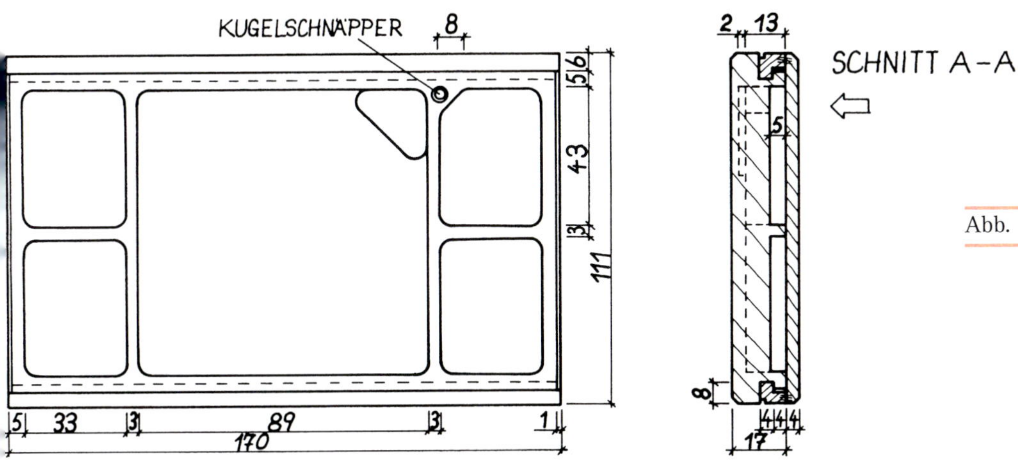

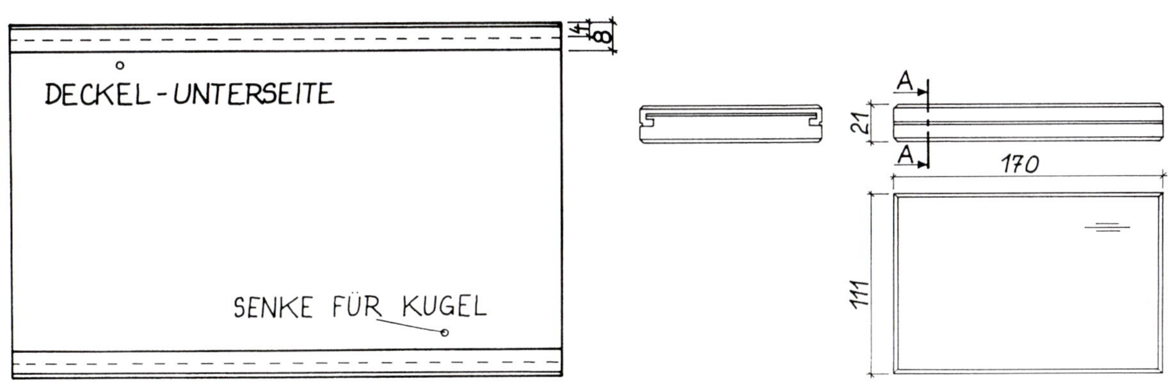

Abb. 44: Konstruktionszeichnung.

Zeitaufwand
Mit einer Bearbeitungszeit von acht bis zehn Stunden müssen Sie, abhängig von Ihrer technischen Ausstattung, rechnen.

Welches Holz eignet sich?

Neben den in der Materialliste genannten Holzarten bieten sich auch Kirschbaum, Birnbaum, Eiche und verschiedene Exoten an. Bei der Auswahl müssen Sie bedenken, dass die Wandungen zwischen den einzelnen Vertiefungen sehr dünn sind und bei Hölzern mit zu geringer Festigkeit bei der Bearbeitung wegbrechen können.

Arbeitsschritte

1. Unterteil aushobeln und zuschneiden
2. Führungsvorrichtung für Spielfeld-Ausfräsung bauen
3. Vertiefung für Spielfeld fräsen
4. Dreieckige Senke fräsen
5. Fräsvorrichtung für Spielstein-Ablagen bauen und Vertiefungen fräsen
6. Vertiefungen für Spielstein-Ablagen fräsen
7. Bohrungen für Kugelschnäpper einbringen
8. Unterteil nuten und fälzen
9. Deckel zuschneiden
10. Falzleisten herstellen und anleimen
11. Deckel auf Endmaß sägen, verputzen und fälzen
12. Deckel einpassen und Senkung bohren
13. Deckel und Unterteil fasen und schleifen
14. Spielfeld herrichten und vorbereiten
15. Holzweg-Spiel herstellen
16. Mühlespiel herstellen

1. Unterteil aushobeln und zuschneiden

Die kleine, ausgehobelte und auf Endmaß gesägte Kirschbaumfläche erhält alle nötigen Vertiefungen, anschließend die Bohrung für den Kugelschnäpper und erst zum Schluss die Fälze und Nuten.

Bearbeiten Sie zuerst die große, quadratische Vertiefung im Zentrum. Sie können das Material mit Hammer und Stecheisen oder mit einem Nutfräser abtragen. Für welche Zerspanungsart Sie sich auch entscheiden, Vorbohren mit einem Kunst- oder Forstnerbohrer erleichtert Ihnen das Arbeiten erheblich. Das Ausstemmen mit einem Stecheisen ist in der Beschreibung zum Einsiedlerspiel Seite 8 ausgeführt. Für exaktes Arbeiten mit der Hand-Oberfräse ist es vorteilhaft, eine entsprechende Führungsvorrichtung zu bauen.

2. Führungsvorrichtung für Spielfeld-Ausfräsung

Die Vorrichtung ist zum Arbeiten mit einem 8 mm Nutfräser und einer Kopierhülse mit 11 mm Durchmesser ausgelegt. Schon für ein Einzelstück lohnt sich der Bau dieser Vorrichtung. Besonders sinnvoll ist sie aber, wenn Sie mehrere Spiele anfertigen wollen. Sie ermöglicht es Ihnen, durch verstellbare Anschläge schnell und einfach auf Maßabweichungen zu reagieren und gewährleistet zudem reproduzierbare Arbeitsergebnisse.

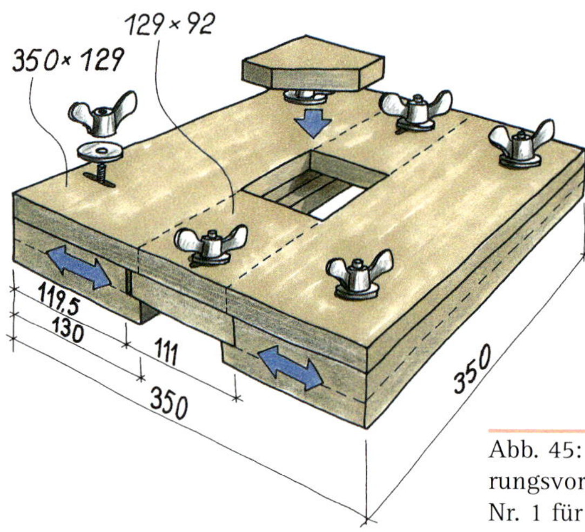

Abb. 45: Führungsvorrichtung Nr. 1 für Spielfeld-Ausfräsung.

Die Mitte der Grundplatte erhält einen genauen, quadratischen Durchbruch mit 92 mm Kantenlänge. Diesen können Sie rationell und mit der erforderlichen Präzision herstellen, wenn Sie die Grundplatte aus Einzelteilen zusammensetzen.

Verleimen Sie zwei lange Streifen (350 × 129 × 16 mm) und zwei kurze (129 × 92 × 16 mm) so miteinander, dass durchgehende Außenkanten mit 350 mm Länge entstehen.

> **Tipp!** Zum Fräsen der Senke müssen Sie die Plattenöffnung wieder teilweise verschließen. Schon jetzt sollten Sie das nötige Füllstück zuschneiden, beim Verleimen trocken beilegen und anschließend wieder herausdrücken. So wird es ganz genau.

Das Unterteil des Spielebehälters wird durch zwei gefälzte Leisten positioniert und von unten gegen die Grundplatte gespannt. Seitliches Verrutschen verhindern zwei weitere Anschläge. Verleimen Sie die langen Falzleisten aus je einem schmalen und einem breiten Streifen Holzwerkstoff-Platte, die Sie in der Standarddicke 16 mm erhalten. Bauen Sie die kurzen Anschläge aus demselben oder dünnerem Material.

Damit Sie die Anschläge exakt positionieren können, werden sie mit Schlossschrauben lösbar an der Grundplatte montiert. Die Köpfe der Schlossschrauben erfordern Senkbohrungen. Diese müssen Sie vor den Durchgangsbohrungen einbringen, damit die Bohrerspitze noch Material zur Führung hat.

Danach spannen Sie die Anschläge mit Zwingen unter die Grundplatte und bohren die Durchgangslöcher. Arbeiten Sie anschließend die Bohrungen in der Platte oder in den Anschlägen zu Langlöchern aus.

3. Vertiefung für Spielfeld fräsen

Nach dem Zusammenbau der Vorrichtung mit Schlossschrauben, Flügelmuttern und Unterlegscheiben legen Sie das Behälterunterteil ein, verspannen und fräsen es.

4. Dreieckige Senke fräsen

Zum Herstellen der dreieckigen Senke belassen Sie das Werkstück unverändert in der Vorrichtung – so wird die Fräsung sehr genau. Die zum Führen der Kopierhülse benutzte Öffnung verschließen Sie mit dem erwähnten Füllstück, das an einer Ecke eine Schräge erhält (siehe Abb. 45). Die kurzen Schenkel dieser Schräge sind 31 mm lang. Stellen Sie das Werkzeug 2 mm tiefer und fräsen Sie dann die Senke.

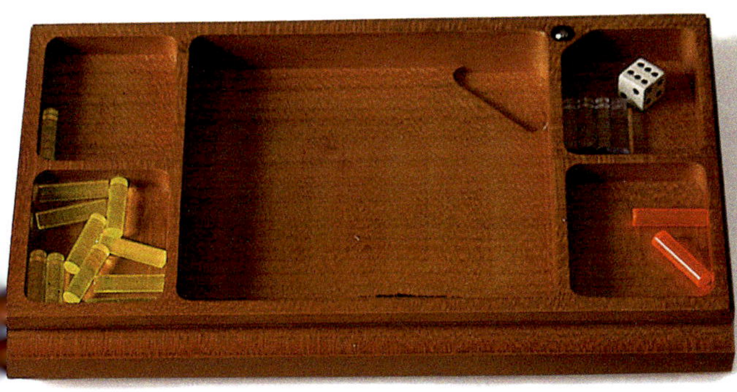

Variante:
Stören Sie die Flügelmuttern auf der Vorrichtungs-Oberseite, können Sie das System auch auf andere Weise zusammenstellen. Dazu versenken Sie die Schraubenköpfe auf der Oberseite der Vorrichtung und bringen Sie die Flügelmuttern auf der Unterseite an. Die Handhabung der Vorrichtung wird dadurch jedoch schwieriger.

5. Fräsvorrichtung für Spielstein-Ablagen bauen

Auch die Maße dieser Vorrichtung sind auf einen 8-mm-Nutfräser mit einer 11-mm-Kopierhülse abgestimmt. Die Größe der Grundplatte ist so bemessen, dass die Hand-Oberfräse sicher steht. Die Vorrichtungs-Grundplatte erhält zwei Ausschnitte: Einen rechteckigen für die Fräsung der drei gleichen Vertiefungen und einen mit abgeschrägter Ecke. Diese Ecke ist erforderlich, damit ausreichend Material für die Kugelschnäpper-Bohrung im Unterteil bleibt. Leimen Sie die Grundplatte wieder nach dem Baukastenprinzip zusammen. Die Einzelteile sind in der Abbildung 46 gestrichelt angegeben.

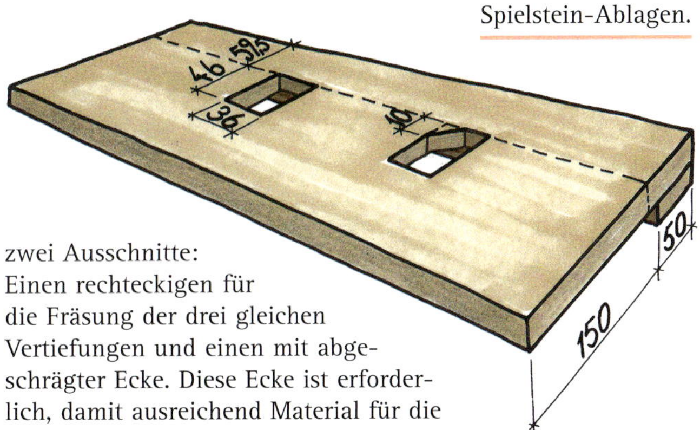

Abb. 46: Fräsvorrichtung Nr. 2 für Spielstein-Ablagen.

6. Vertiefungen für Spielstein-Ablagen fräsen

Spannen Sie das Werkstück während der Bearbeitung zwischen die Bankhaken der Hobelbank und die Vorrichtung in der jeweils benötigten Position darüber. Diese Einheit sichern Sie nun so mit Schraubzwingen, dass Ihnen ausreichend Bewegungsraum für die Bearbeitung mit der Hand-Oberfräse bleibt.

> Nicht vergessen! Die Ablage mit der Schräge müssen Sie, damit ein kleiner Würfel aufgenommen werden kann, tiefer als die anderen fräsen.

Variante
Statt der gefrästen Vertiefungen für die Spielstein-Unterbringung reichen auch entsprechend große Bohrungen. Dazu sollten Sie einen Bohrer ohne Zentrierspitze einsetzen, damit diese kein hässliches Loch hinterlässt. Damit der Bohrer beim Aufsetzen nicht verläuft, durchbohren Sie ein Brett, positionieren es auf dem Werkstück und spannen es fest. Jetzt hat der Bohrer die notwendige Führung. Müssen Sie einen Bohrer mit Zentrierspitze einsetzen, sollten Sie den Grund des Bohrloches mit Filz auskleben.

7. Bohrung für den Kugelschnäpper einbringen

Sind alle Vertiefungen gefräst, bringen Sie die Bohrung für den Kugelschnäpper ein. Sie müssen ihn sehr genau positionieren, da nur wenig umgebendes Holz vorhanden ist: Nach außen wird die Bohrung durch die Führungsnut begrenzt, nach innen durch die Vertiefungen für Spielfeld und Spielsteine.

8. Unterteil nuten und fälzen

Fräsen Sie nun den kleinen Schattenfalz, den äußeren Falz und die Führungsnut für den Deckel. Das Unterteil haben Sie damit – bis auf die umlaufende Fase und das Verputzen (Arbeitsschritt 13) – fertig bearbeitet.

9. Deckel zuschneiden

Der Deckel besteht aus einer dünnen Kirschbaumplatte und zwei seitlich untergeleimten Falzleisten. Richten Sie die kleine, dünne Massivholzfläche 10 bis 20 mm länger, aber lediglich 0,5 mm breiter als in der Materialliste angegeben her. Daraus ergeben sich Vorteile bei der weiteren Bearbeitung.

10. Falzleisten herstellen und anleimen

Damit Sie die kleinen Falzleisten sinnvoll herstellen können, richten Sie einen Holzstreifen mit etwa 400 × 50 × 8 mm her. Dieser lässt sich sicher und genau mit der Fräse oder Kreissäge fälzen. Da das Unterteil schon genutet ist, können Sie die Passung nun einfach prüfen und nötigenfalls korrigieren (siehe Abb. 47).

Erst danach trennen Sie den Winkel in der benötigten Breite und Länge ab und leimen ihn dann unter die Deckplatte.

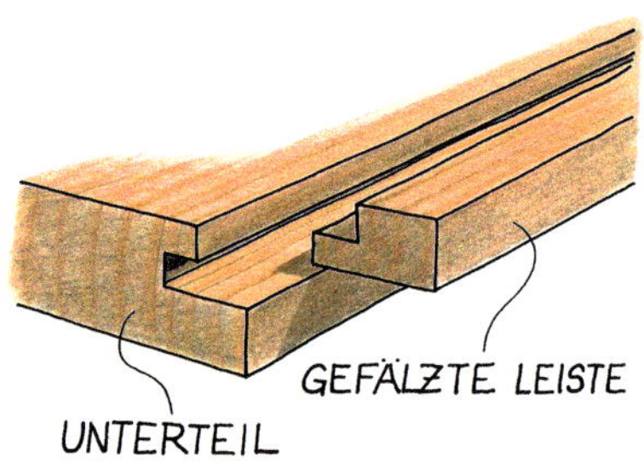

Abb. 47:
So können Sie die Passung der Falzleiste vor dem Anleimen prüfen.

11. Deckel auf Endmaß sägen, verputzen und fälzen

Längen Sie den Deckel mit den angeleimten Falzleisten auf genaues Maß ab, verputzen Sie die äußere Leimfuge und fräsen oder sägen Sie die kleinen seitlichen Fälze.

12. Deckel einpassen und Senkung bohren

Wenn erforderlich, schleifen Sie den Deckel an der Falzleiste, bis er gut in der Führung gleitet. Auch die Oberseite des Unterteils sollten Sie jetzt schleifen, da Sie nun den Kugelschnäpper dauerhaft einstecken müssen, damit Sie die Position der Kugel auf die Innenseite des Deckels übertragen können. Dort setzen Sie einen 5-mm-Bohrer mit Dachspitze so an, dass eine leichte Senkung entsteht. Die Kugel soll nach dem Aufschieben des Deckels ständig leicht eingedrückt sein.

13. Deckel und Unterteil fasen und schleifen

Nach dem anschließenden Fasen des Deckels und des Unterteiles schleifen Sie alle Flächen gründlich mit Schleifpapier, Körnung 150. Dabei sollen Sie Ecken und Kanten aber nicht runden, sondern ihnen lediglich die Schärfe nehmen.

Damit alle Kanten bündig werden, schleifen Sie die Querholzseiten bei geschlossenem Deckel.

14. Spielfeld herrichten und vorbereiten

Hobeln Sie das Spielfeld aus, schneiden Sie es zu und zeichnen Sie die Bohrungen für die Stecker auf. Als Stecker bieten sich Buchenrundstäbe mit 4 mm Durchmesser an.

Erst zum Schluss fasen Sie die Spielfeldkanten und schleifen alles mit Körnung 150.

Nicht vergessen!
Die Eckenrundungen der Spielfläche müssen Sie denen der Vertiefung anpassen.

15. Holzweg herstellen

Damit die Stecker genügend Spiel haben, bohren Sie die Löcher 0,2 mm größer als den Steckerdurchmesser. Lediglich die Bohrungen, in die farbige Stecker für Platzmarkierungen geleimt werden, erhalten den genauen Durchmesser. Die Bohrtiefe ist, wenn beide Seiten des Spielfeldes Bohrungen erhalten, auf 6 mm begrenzt. Nur wenn Sie die Gefahr ausschließen können, dass sich gegenüberliegende Bohrungen treffen, dürfen Sie auch tiefer bohren.

Stecker, die Park- und Zielplätze markieren, sollten Sie vor dem Einleimen farbig beizen, da späteres Beizen zum Verlaufen führt und das Spielfeld verdirbt.

Lassen Sie die Stecker flächenbündig ein, müssen Sie vor dem Leimen die Fläche schleifen. Setzen Sie sie etwas tiefer, können Sie auch nachträglich schleifen.

Die Abbildung auf Seite 50 zeigt ein Holzweg-Spielfeld aus Polymerwerkstoff mit farbigen Acrylglas-Steckern. Diese Werkstoffe belegen, dass nicht alles aus Holz sein muss, sie sind jedoch schwierig zu bekommen.

16. Mühle-Spiel herstellen

Zeichnen Sie die Steckplätze auf und bohren Sie mit 0,2 mm Übermaß die Löcher für die Stecker. Eingefräste Verbindungslinien sind ein dauerhaftes und optisch ansprechendes gestalterisches Element. Dazu eignet sich die Hand-Oberfräse mit V-Nut- oder Schriftfräser. Sollen die Verbindungslinien lediglich aufgezeichnet werden, muss das nach dem Schleifen geschehen.

Verwenden Sie zum dauerhaften Aufzeichnen Tusche. Filzschreiber sind dazu ungeeignet, da die Farben nicht lichtecht sind.

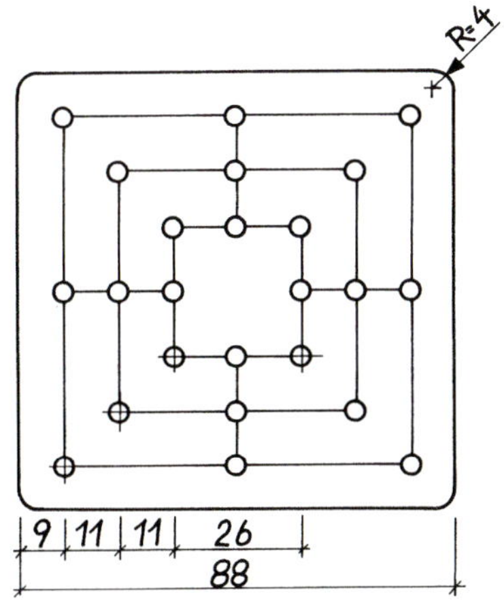

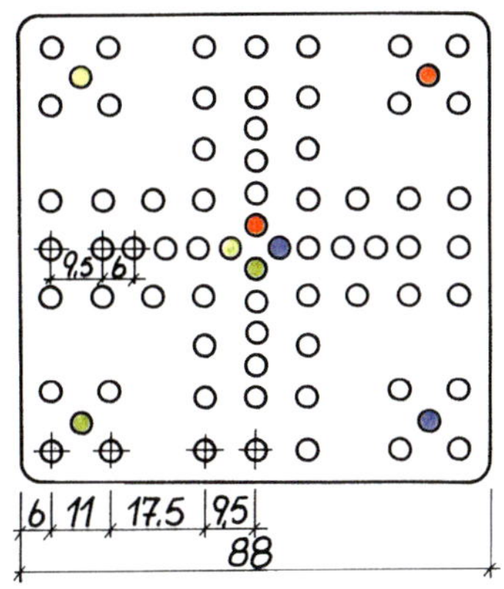

Abb. 48: Holzweg und Mühlespiele herstellen.

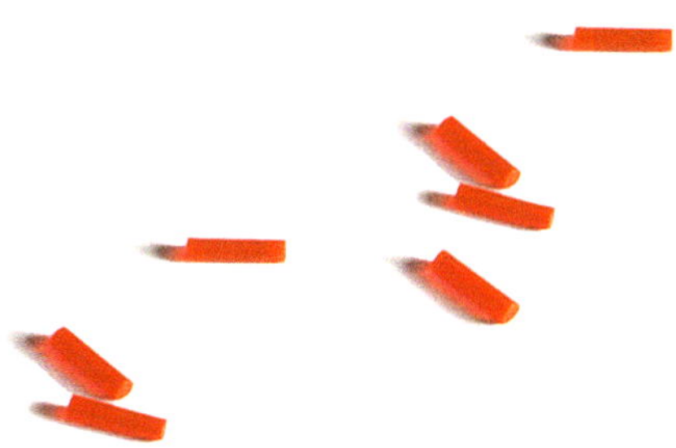

Mikado

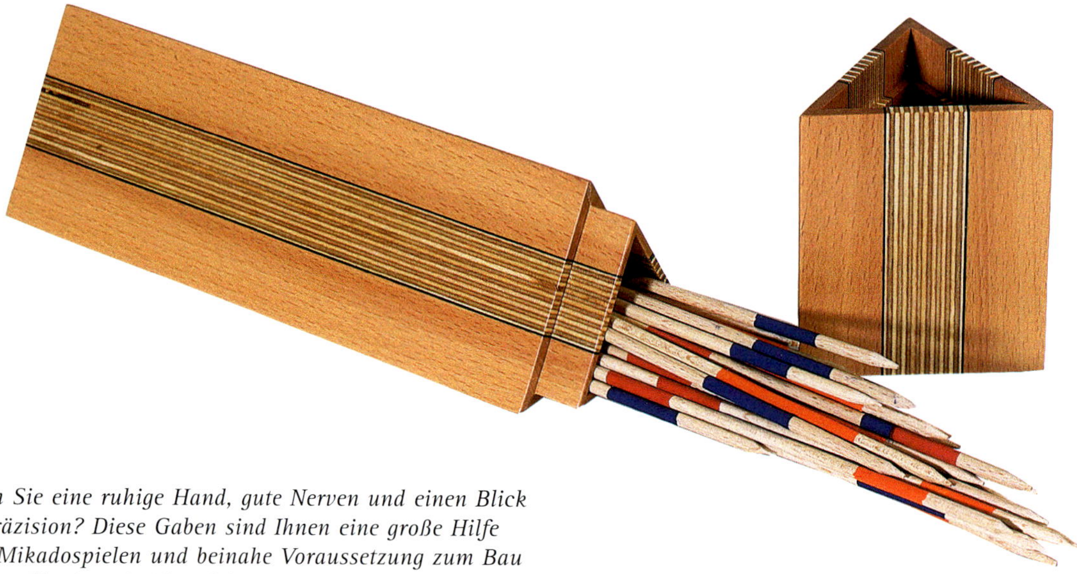

Haben Sie eine ruhige Hand, gute Nerven und einen Blick für Präzision? Diese Gaben sind Ihnen eine große Hilfe beim Mikadospielen und beinahe Voraussetzung zum Bau dieser exklusiven Spielausführung.

Ein dreieckiger Behälter, bestehend aus Köcher und Deckel, hält die 41 Spielstäbe und den Mikado beisammen. Deckel und Köcher sind so exakt gefälzt, dass sie sich einfach zusammenstecken lassen. Die Seiten haben durch den ungewöhnlichen Einsatz eines Furnierplatten-Streifens eine ausgeprägte schmückende Längszeichnung.

Wollen Sie den Behälter schlichter und ruhiger gestalten, verwenden Sie für die Seiten ausschließlich Brettchen einer Holzart. Sie erleichtern sich dadurch die Arbeit und reduzieren die Bauzeit. Durch Ändern der Köcherkonstruktion können Sie die Bauzeit und den (hohen) Schwierigkeitsgrad des Werkstückes stark reduzieren, ohne das Aussehen des Behälters wesentlich zu verändern. Statt des aufsteckbaren Deckels lassen Sie den Köcher länger und verwenden ein einsteckbares Dreieck als Verschlussstopfen.

Material

Bauteil	Bezeichnung	Stück	Material	Fertigmaß in mm Länge	Breite	Dicke
Köcherseite	Leiste	6	Rotbuche	233	23	7
	Leiste	3	FU-Birke	233	25	7
Deckelseite	Leiste	6	Rotbuche	90	23	7
	Leiste	3	FU-Birke	90	25	7
Endstücke	Endstück	2	FU-Birke	61	52,5	16
Spielstäbe	Spielstäbe	41	Rotbuche	245		∅ 4
Leim						
Öl oder Lack zur Oberflächenbehandlung						
Markierungsfarben: Rot, Blau, Gelb						

Werkzeuge

Auf jeden Fall benötigen Sie:

- Meterstab
- Bleistift
- Anspitzer
- Winkel
- Feinsäge
- Hand-Oberfräse
- 30°-Fräser
- Falzfräser (Schneidenlänge mindestens 25 mm)
- 5 bis 6 kleine (Klemm-)Zwingen
- Klebeband
- Schleifpapier (Körnung 120)

Optimales Arbeiten ermöglichen:

- Akku-Bohrmaschine
- Abricht-Hobelmaschine
- Dicken-Hobelmaschine
- Tischfräse
- Tischkreissäge
- Hand-Schleifmaschine

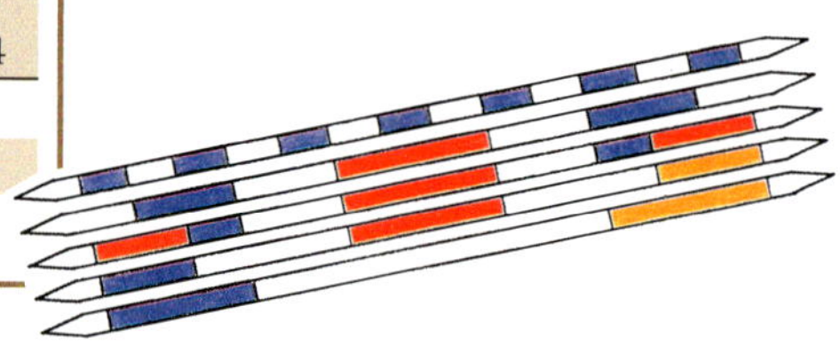

Zeitaufwand
Je nach Gestaltung benötigen Sie vier bis sechs Stunden.

Welches Holz eignet sich?

Grundsätzlich können Sie den Behälter aus jeder Holzart herstellen. Die Gestaltung der Seiten lässt außer der nachfolgend beschriebenen Möglichkeit noch viele Variationen zu. Verwenden Sie für die Seiten Holz mit interessanter Maserung oder (Ver-)Färbung, oder verleimen Sie Streifen unterschiedlicher Holzarten. Sie können das Gehäuse auch aus Furnierplatte herstellen und die Oberfläche vor dem Lackieren mit einem Tuschefüller oder einem lichtechten Filzschreiber mit grafischen Mustern gestalten.

Eine feine Furnierplatten-Variante
Vielleicht gefällt Ihnen ein gebeizter Behälter aus Furnierplatte am besten. Dann sollten Sie überlegen, ob Sie für Deckel und Köcher verschiedene Farben verwenden und ob Sie die Oberfläche nach dem Beizen, jedoch vor dem Lackieren, zusätzlich grafisch bearbeiten wollen.

Arbeitsschritte

Köcher und Deckel:
1. Zuschneiden und aushobeln
2. Seitenteile verleimen
3. Innenseiten schleifen
4. Schräge an Längskanten fräsen
5. Ablängen
6. Fälzen
7. Verleimen
8. Endstücke sägen und einpassen
9. Endstücke einleimen
10. Verputzen
11. Oberfläche behandeln

Spielstäbe:

12. Stäbe ablängen und anspitzen
13. Stäbe markieren

1. Zuschneiden und aushobeln

Richten Sie die Buchenleisten in der angegebenen Breite und Dicke her, jedoch mit etwa 350 mm Länge. Sägen Sie dann von einer 25 mm dicken Furnierplatte guter Qualität 7 mm dicke Streifen mit der gleichen Länge. Legen

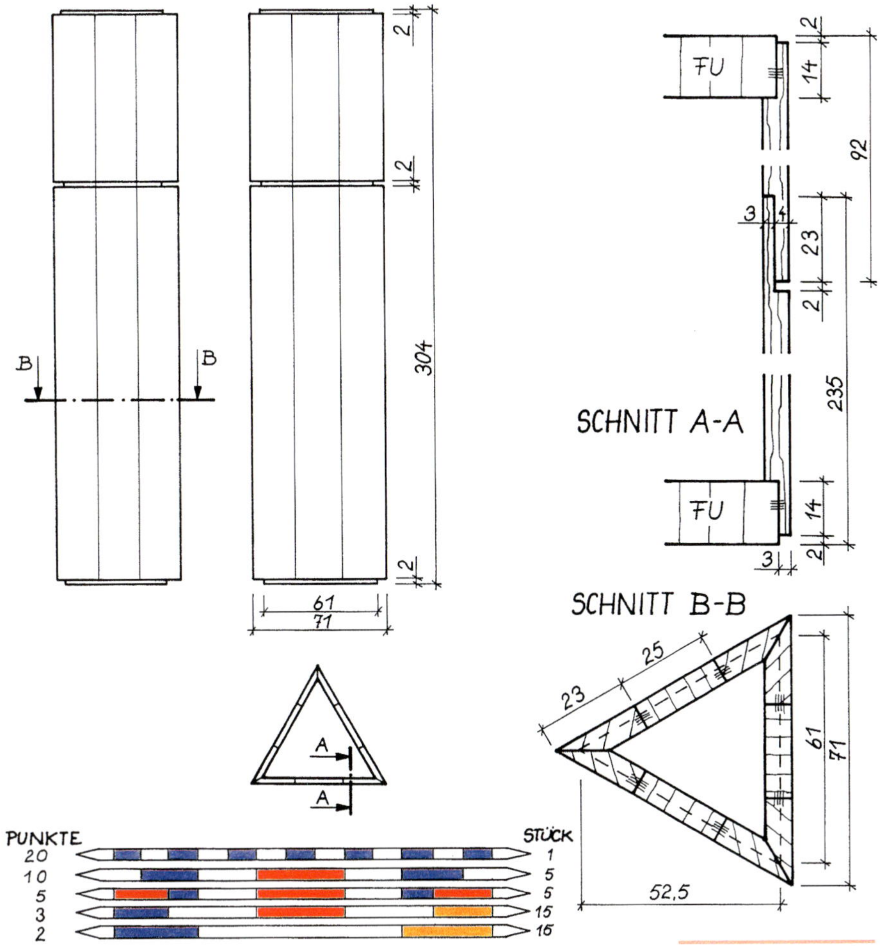

Abb. 49: Konstruktionszeichnung.

Sie diese flach, erkennen Sie viele schmale Holzstreifen – das charakteristische Multiplexmuster. Achten Sie darauf, dass alle Streifen die gleiche Dicke haben.

Auch die Endstücke, die als Abschluss in Deckel und Köcher geleimt werden, sollen das Streifenmuster haben und müssen daher entsprechend zugeschnitten und verleimt werden. Sägen Sie dazu drei Streifen mit 350 × 16 mm von einer 25 mm dicken Furnierplatte. Wenn Sie diese Streifen mit den schlichten Seiten aneinander legen, so erhalten Sie eine Fläche mit dem gewünschten Streifenmuster.

Richten Sie vorsichtshalber zusätzliches Holz für zwei bis drei Probeseiten.

> Tipp! Sägen Sie alle Furnierplatten-Streifen so dick, dass Sie diese nicht mehr hobeln müssen. Zum einen verlieren beim Hobeln selbst Hartmetall-Messer schnell ihre Schärfe, zum anderen bricht das Querholz beim Hobeln sehr leicht aus und macht die Leisten rau oder sogar unbrauchbar.

2. Seitenteile verleimen

Jeweils zwei Buchenstreifen und ein Furnierplatten-Streifen werden zu kleinen Brettchen verleimt. Die zu verleimenden Streifen haben schon die endgültige Dicke, und drei von ihnen nebeneinander gelegt ergeben die endgültige Breite. Die Teile müssen nach dem Verleimen parallel und eben sein, daher müssen Sie auch hier sehr sorgfältig arbeiten.

Um dieses Ziel schnell und sicher zu erreichen, bauen Sie folgende Verleimhilfe (siehe Abb. 50): Schrauben Sie auf eine Grundplatte (370 × 157 × 19 mm) aus beschichteter Spanplatte zwei an den Längskanten bündig abschließende, 40 mm breite und etwa 7 mm dicke Anschlagleisten. Legen Sie drei beleimte Leisten mit der späteren Innenseite nach oben so in die Vorrichtung ein, dass sie an einer Anschlagleiste anliegen, und richten Sie die Enden bündig aus. Decken Sie nun die zu verleimenden Holzleisten mit einem weiteren Streifen (370 × 60 × 19 mm) beschichteter Spanplatte ab. Diesen fixieren Sie leicht (!) mit zwei bis drei Schraubzwingen. Jetzt drücken Sie kleine, schlanke Weichholzkeile in den zwischen Seite und Anschlag verbleibenden Spalt. Erst jetzt sollten Sie die Schraubzwingen fest anziehen. Verfahren Sie so, bis Sie alle Brettchen verleimt haben. Verleimen Sie im gleichen Verfahren auch die drei Streifen Furnierplatte, aus denen die Endstücke geschnitten werden. Eventuell müssen Sie einen dieser Streifen schmaler schneiden, damit er in die Verleimhilfe passt (Abb. 50).

3. Innenflächen schleifen

Vor der weiteren Bearbeitung entfernen Sie überstehende Leimreste und schleifen die Innenflächen der Seitenteile. Achten Sie unbedingt darauf, dass die Teile dabei eben bleiben.

4. Schräge an Längskanten fräsen

Rüsten Sie Ihre Hand-Oberfräse mit einem 30°-Fräser, der mindestens 14 mm Schneidenlänge hat.

> Tipp! Verwenden Sie möglichst Oberfräser mit mindestens 8 mm Schaftdurchmesser (statt 6 mm), da diese ruhiger laufen und höherer Belastung stand halten.

Anschließend versehen Sie die Fräse mit einem Winkelanschlag (siehe Abb. 51). Jetzt stellen Sie den Fräser so ein, dass Sie die gewünschte Schräge an die Längskanten der Seiten fräsen können. Die Werkstücke werden mit der Innenseite gegen den durchgehenden Anschlag gelegt und seitlich von einer Druckfeder angedrückt (Abb. 52). Mit einem speziellen Nachschiebeholz können Sie sich das Vorschieben der schlecht zu greifenden Teile erleichtern.

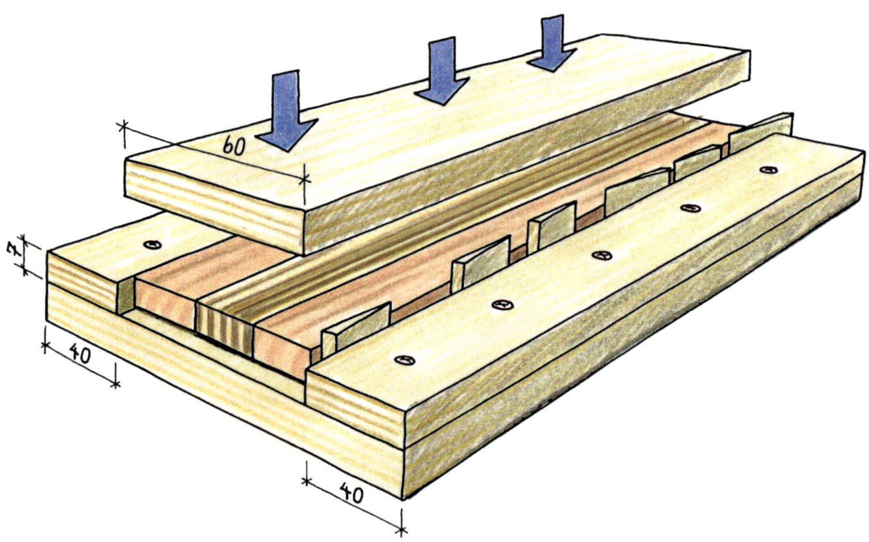

Abb. 50: Mit dieser Verleimhilfe erzielen Sie beste Ergebnisse.

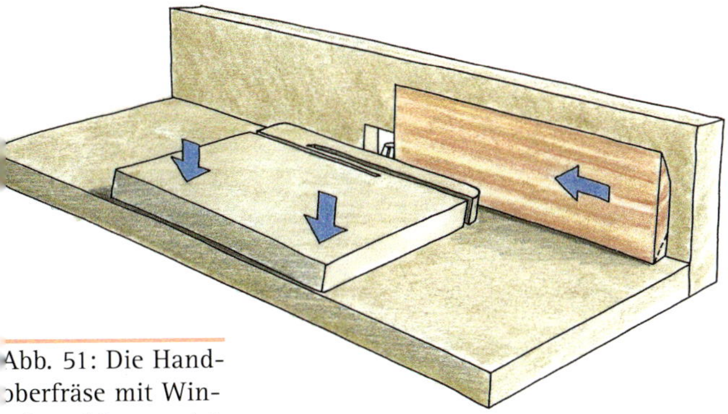

Abb. 51: Die Handoberfräse mit Winkelanschlag ersetzt eine Tischfräse.

Sie haben Fräse und Anschlag richtig eingestellt, wenn noch etwa 0,3 mm der ursprünglichen Kante als Auflage verbleiben.

Nehmen Sie sich ausreichend Zeit für diese Einstellarbeiten und das Probefräsen. Eine präzise Gehrung ist eine der Grundlagen für das Gelingen Ihrer Arbeit.

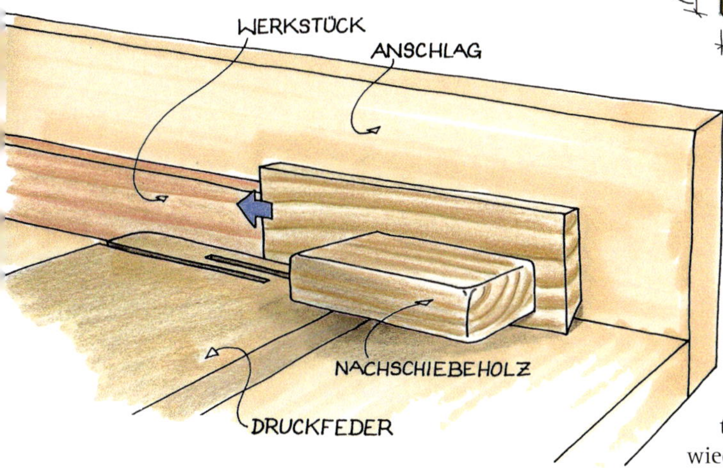

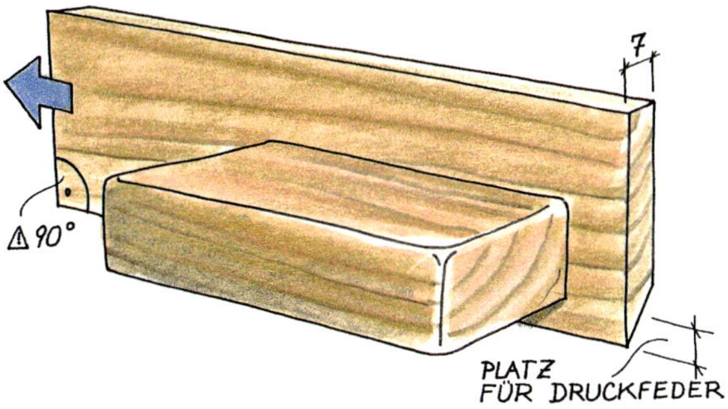

Abb. 52: Das spezielle Nachschiebeholz erleichtert Ihnen das Vorschieben der Teile.

Bau einer Druckfeder

Die Druckfeder können Sie für sehr viele Fräsarbeiten einsetzen. Sie bietet Ihnen Sicherheit, fängt einen Teil der beim Fräsen entstehenden Vibrationen auf und drückt das Werkstück gegen den Anschlag.

Nehmen Sie eine 16 oder 19 mm dicke MDF-Platte (oder Massivholz) und sägen Sie diese ein, wie in Abb. 53 gezeigt. Wenn Sie die Oberfräse häufig wie eine Tischfräse einsetzen (also mit Winkelanschlag), sägen Sie zusätzlich zwei Führungsschlitze ein und fixieren Sie die Druckfeder nach dem Einstellen mit zwei Flügelmuttern. Im anderen Fall spannen Sie sie mit Schraubzwingen auf dem Frästisch fest.

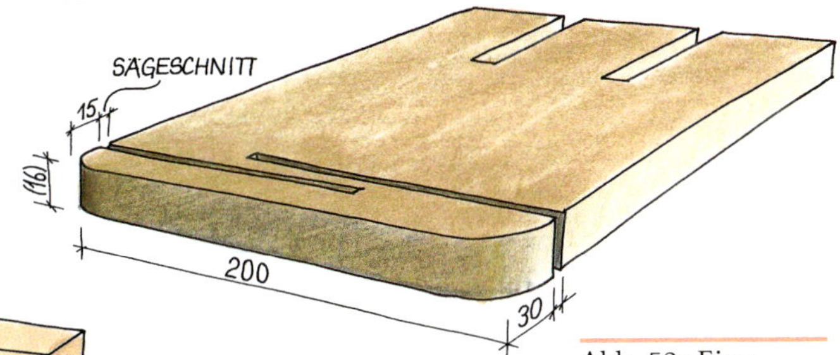

Abb. 53: Eine Druckfeder ist eine unverzichtbare Führungs- und Schutzeinrichtung.

5. Ablängen

Sägen Sie mit einem feinzahnigen Sägeblatt alle Teile auf die in der Materialliste angegebenen Längen. Kennzeichnen Sie die jeweils zu einer Seite gehörenden Teile so, dass nach dem späteren Verleimen Deckelseite Nr. 1 wieder zu Köcherseite Nr. 1 kommt, damit ein durchgehendes Holzbild entsteht.

6. Fälzen

In der Zeichnung finden Sie die Maßangaben zu den drei unterschiedlichen Fälzen. Der Deckel- und der Bodenfalz haben die gleiche Größe. Die verbleibende Wandung ist aus gestalterischen Gründen bei allen Fälzen nur 3 mm dick.

Benutzen Sie für die Fräsung wieder die Oberfräse mit dem in Abb. 51 gezeigten Winkelanschlag. Für ein gutes Ergebnis dieser Fräsarbeiten sollten Sie einen sehr scharfen Fräser einsetzen.

Stellen Sie den Fräser zuerst auf die erforderliche Falzhöhe, dann den Winkelanschlag auf die geforderte Tiefe ein. Verwenden Sie wieder die Druckfeder und ein Nachschiebeholz und schieben das Werkstück nur langsam vor. Dadurch schwingen die Wandungen weniger und Ihr Fräsergebnis wird exakter.

Tipp! Je größer der Fräserdurchmesser ist, desto besser wird das Fräsergebnis.

7. Verleimen

Schleifen Sie alle Kanten und Flächen, die Sie nach dem Verleimen nicht oder nur mühsam erreichen können. Dies sind die später sichtbaren Falz-Innenflächen des Deckels und alle Innenkanten an Deckel und Köcher, die nach dem Verleimen sichtbar bleiben.

Denken Sie daran, die Brettchen für Deckel und Köcher in der richtigen Reihenfolge zu verleimen, damit ein zusammenhängendes Holzbild entsteht (vgl. Arbeitsschritt 5).

Verleimen Sie wieder mit der Falttechnik, wie beim Domino beschrieben. Die Seitenteile dürfen nach dem Zusammenfalten keinen Versatz an den Stoßstellen des Querholzes haben. Das können Sie gewährleisten, wenn Sie die Teile zum Bekleben mit dem Klebestreifen nebeneinander und gleichzeitig mit der schmalen Seite gegen einen Anschlag legen (siehe Abb. 54).

8. Endstücke sägen und einpassen

Schauen Sie auf die Enden Ihrer verleimten Teile, so sehen Sie gleichschenkelige Dreiecke. Messen Sie die Höhe und sägen Sie den in Arbeitsschritt 2 verleimten Furnierplattenstreifen auf dieses Maß (Streifenbreite). Von diesem Streifen können Sie nun die Dreiecke sägen. Er ist lang genug um einige Probeschnitte auszuführen.

9. Endstücke einleimen

Bevor Sie die Endstücke einleimen, schleifen Sie die beiden dreieckigen Flächen und brechen leicht die Längskanten. Die umlaufenden Kantenflächen sollten Sie nicht verputzen, da sie später nicht mehr sichtbar und schon eingepasst sind. Verputzen Sie die Querholzkanten von Deckel und Köcher vor dem Einleimen der Endstücke, da sie danach schlecht zugänglich sind.

Achtung! Geben Sie den Leim nur an den Falzinnenkanten an, nicht an den einzuleimenden Dreiecken. Dadurch verhindern Sie Leimaustritt im von außen sichtbaren Bereich.

10. Verputzen

Versuchen Sie jetzt, Deckel und Köcher zusammenzustecken. Ist die Passung zu eng, arbeiten Sie die Fälze des Köchers vorsichtig nach. Leimen Sie dazu Schleifpapier, Körnung 120, auf ein kleines Stück Spanplatte oder Massivholz und arbeiten Sie mit diesem geraden und stabilen Schleifklotz. Achten Sie darauf, dass die Fläche nicht rund wird!

Nach diesem Arbeitsschritt stecken Sie Deckel und Köcher so ineinander, dass die Maserung wieder zusammenpasst und schleifen die gesamten Flä-

Abb. 54: Mit einem einfachen Anschlag richten Sie die Teile winkelig und am Ende bündig aus.

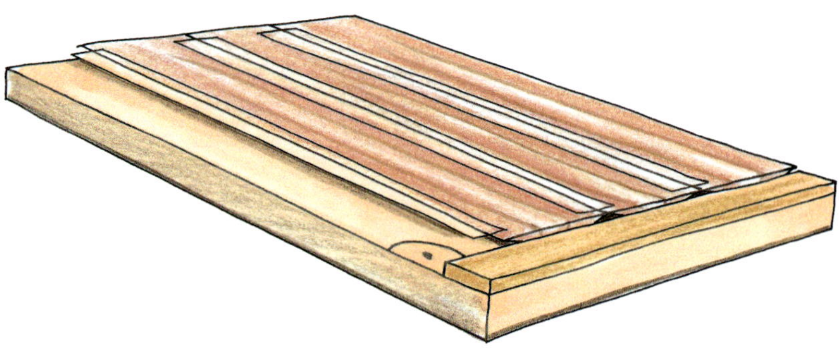

chen. Brechen Sie abschließend alle Kanten nur so stark, dass ihnen die Schärfe genommen ist.

Tipp! Sind die äußeren Fugen nicht ganz dicht geworden, reiben Sie mit mäßigem Druck mit der Breitbahn des Hammers darüber. Dadurch stauchen Sie das Holz und quetschen die Fugen dicht.

11. Oberfläche behandeln

Wollen Sie Ihr Werkstück lackieren, so erreichen Sie den Innenraum nur, indem Sie ihn einmal mit Lack füllen und den Überschuss wieder ausgießen. Schleifen Sie die Grundierung in diesem Bereich mit um eine Leiste gewickeltem Schleifpapier.

Verfahren Sie dementsprechend bei der Oberflächenbehandlung mit Öl. Wickeln Sie ein Tuch um einen Stab und wischen Sie damit das überschüssige Öl im Innenraum ab.

12. Spielstäbe ablängen und anspitzen

Kaufen Sie im Baumarkt mindestens elf möglichst gerade, einen Meter lange Rotbuche-Rundstäbe mit 4 mm Durchmesser. Sägen Sie daraus die 41 Spielstäbe und spitzen Sie diese mit einem kräftigen und scharfen Anspitzer. Da Rotbuche härter als das üblicherweise für Bleistifte verwendete Zedernholz ist, sollten Sie in einen stabilen Anspitzer investieren. (Vielleicht machen Sie die ersten Versuche mit einem Anspitzer ihrer Kinder.) Falls erforderlich, schleifen Sie die Spitzen leicht nach.

Setzen Sie zum Anspitzen die Akku-Bohrmaschine ein. Nach wenigen Versuchen werden Sie mindestens zweierlei feststellen:

1) Sie können den Grad der Spitzenschräge variieren.
2) Sie müssen rechtzeitig aufhören, damit die Spitzen nicht unansehnlich werden.

13. Spielstäbe markieren

Falls Ihre Kinder angeboten haben, Sie beim Bauen des Mikadospiels zu unterstützen, ist nun der richtige Zeitpunkt gekommen. Sie können sich jetzt einbringen, indem sie die Spielstäbe abkleben und farbig markieren. Diese Arbeit erfordert von den Kindern allerdings noch bessere Nerven als das Mikadospielen selbst.

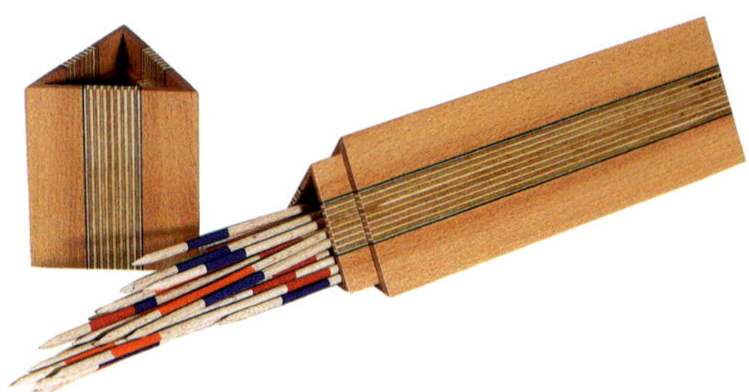

Schach

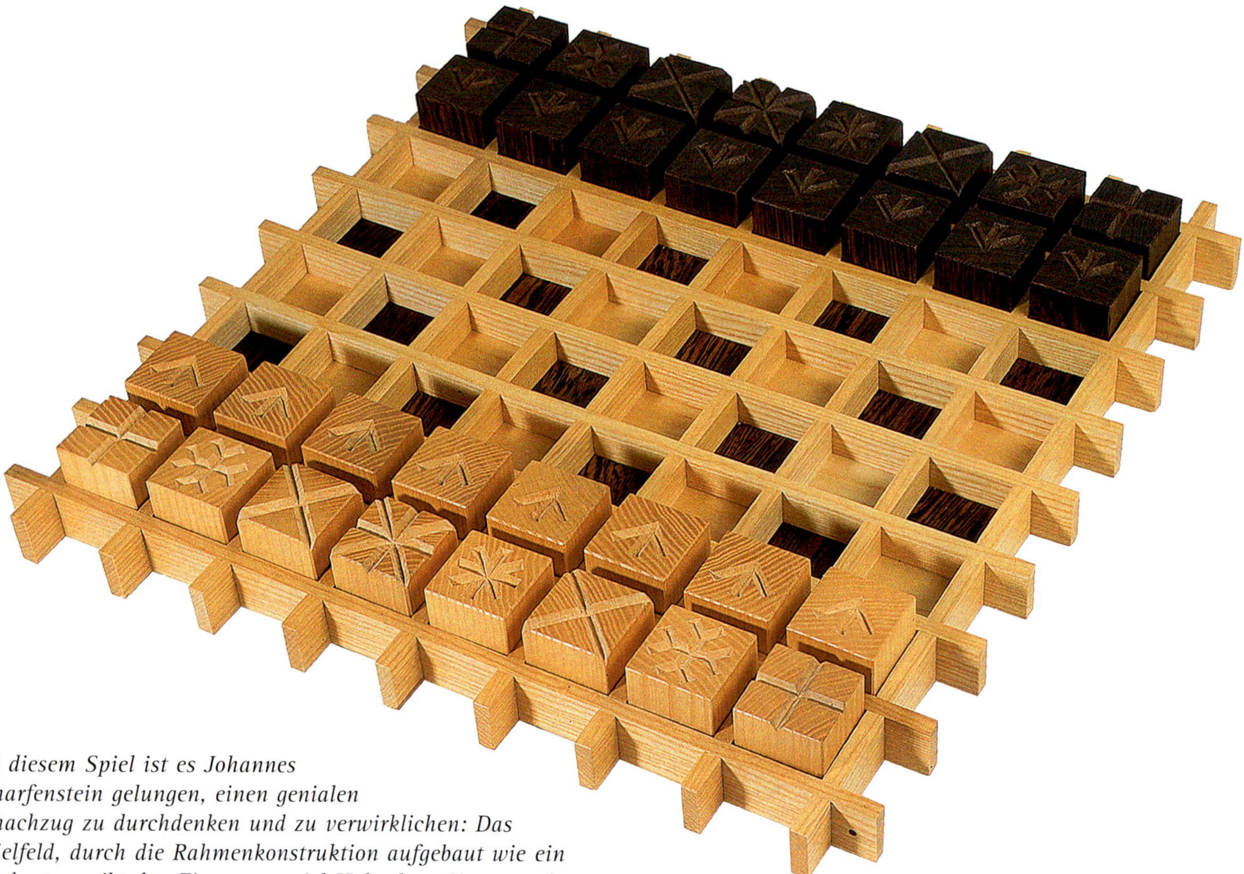

Bei diesem Spiel ist es Johannes Scharfenstein gelungen, einen genialen Schachzug zu durchdenken und zu verwirklichen: Das Spielfeld, durch die Rahmenkonstruktion aufgebaut wie ein Setzkasten, gibt den Figuren so viel Halt, dass Sie es auch als Plastik an eine Wand hängen können.

Die Figuren, Würfel mit 50 mm Kantenlänge, sind mit eindeutigen Symbolen beschnitzt, die den Zug der Figur zeigen. Sie sind bei dem abgebildeten und beschriebenen Spiel etwa 3 mm tief eingeschnitzt. Kontrastfarbig furnierte Felder verschließen die Bodenöffnungen und bilden dadurch das eigentliche Spielfeld. Da Vorder- und Rückseite das gleiche Muster haben, können Sie dieses Spiel auch als Damespiel benutzen. Ein reines Damespiel entsteht, wenn sie die Symbole auf den Figuren weglassen.

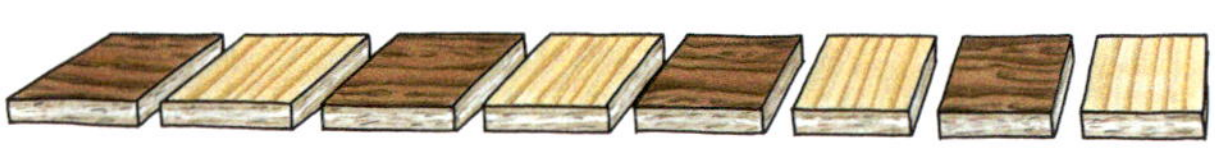

Werkzeuge

Auf jeden Fall benötigen Sie:

- Meterstab
- Bleistift
- Winkel
- Hammer
- Stecheisen (10 mm)
- Kreissäge
- Hand-Oberfräse
- Nutfräser (∅ 10 × 20 mm)
- Cuttermesser
- 8 Schraubzwingen (140 mm Ausladung oder mehr)
- Schleifpapier (Körnung 120, 240)
- Leimspachtel

Optimales Arbeiten ermöglichen:

- Messschieber
- Furniersäge
- Abricht-Hobelmaschine
- Dicken-Hobelmaschine
- Delta- oder Exzenterschleifer
- Spritzpistole

Material

Bauteil	Bezeichnung	Stück	Material	Fertigmaß in mm		
				Länge	Breite	Dicke
Rasterrahmen	Stege	18	Esche	548	35	10
Figuren	Figuren, "weiß"	16	Esche	50	50	50
	Figuren, "schwarz"	16	Wengé	50	50	50
Feld	Trägermaterial	64	FPY	51	51	10
	Furnier, "weiß"	64	Esche	51	51	0,8
	Furnier, "schwarz"	64	Wengé	51	51	0,8
Holzleim und Lackleim						
Öl oder Lack zur Oberflächenbehandlung						

Welches Holz eignet sich?

Zwar sprechen Schachspieler von weißen und schwarzen Feldern und Figuren, doch meinen sie damit lediglich einen eindeutigen Farbkontrast, der im beschriebenen Spiel durch Esche und Wengé erzeugt wird. Gute Kontraste erzielen Sie auch mit folgenden Paarungen: Ahorn – Nussbaum, Ahorn – Kirschbaum und Ahorn – Zwetschge. Schreinern Sie alles aus derselben Holzart und beizen Sie anschließend die entsprechenden Teile dunkel, erreichen Sie ebenfalls den nötigen Kontrast.

Bedenken Sie bei Ihrer Farbwahl, dass Schachspieler während einer Partie lange und konzentriert auf das Schachbrett schauen. Ziehen Sie daher einen für das Auge angenehmen Braunton dem harten Schwarz oder einem reinen Farbton (beispielsweise rot, grün, blau) vor.

Zeitaufwand
Lassen Sie sich auf diese Partie ein, müssen Sie mit etwa 15 Stunden Fertigungszeit rechnen.

Arbeitsschritte

Rasterrahmen
1. aushobeln und zuschneiden
2. Schlitze für Überblattungen fräsen
3. schleifen und auftrennen
4. hobeln und schleifen
5. lackieren
6. verleimen

Felder
7. Trägermaterial furnieren
8. schleifen und lackieren
9. formatieren
10. Felder einleimen

Figuren
11. aushobeln und ablängen
12. Symbole schnitzen
13. schleifen und fasen
14. lackieren und Filz unterkleben

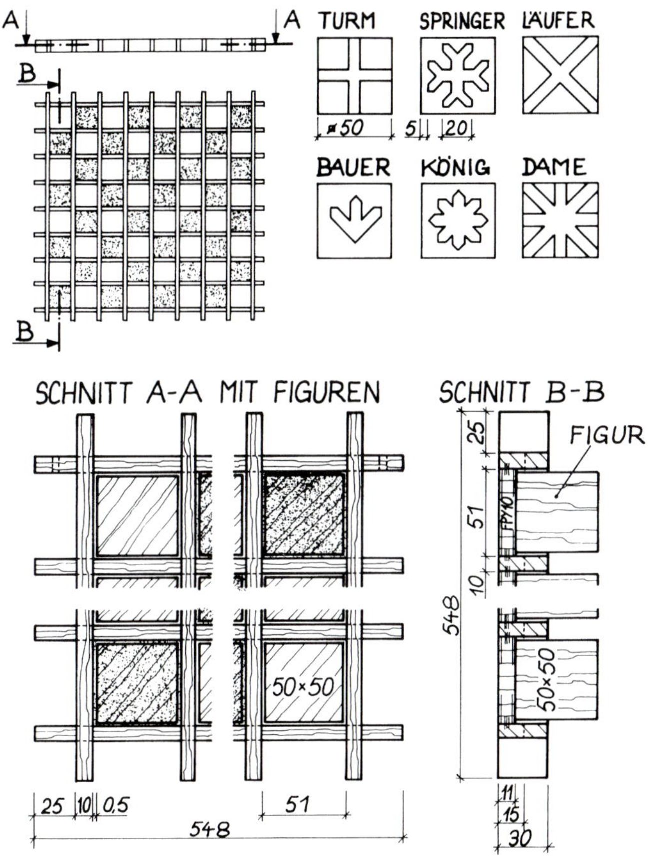

Abb. 55: Konstruktionszeichnung.

Anfertigen des Rasterrahmens

Überblattungen bilden die Kreuzungspunkte der Rahmenleisten. Eine Möglichkeit, diese stabile Verbindung herzustellen, finden Sie beim Mühlespiel auf Seite 20 beschrieben. Bei der gleichmäßigen Rastereinteilung dieses Schachspiels bietet sich eine weitere Möglichkeit an.

Bevor Sie sich in die Arbeit stürzen, noch ein wichtiger Hinweis zum Holzeinkauf und zur Holzauswahl. Da Sie die Leisten bei dieser Variante nicht von mehreren dünnen Brettern, sondern von einem dicken Brett schneiden, bestimmen Sie schon beim Holzeinkauf die Struktur der Rahmenleisten. Wählen Sie Bretter mit stehenden Jahrringen, sind die Leisten auf der breiten Seite gefladert. Sägen Sie die Leisten von Brettern mit engen, liegenden Jahrringen, erhalten Sie Leisten mit einer feinen Längszeichnung auf der breiten Seite. Diese sollten Sie vorziehen, da sie edler wirken (siehe Abb. 56).

Abb. 56: Die Zeichnung der Leisten ist bei stehenden und liegenden Jahrringen verschieden.

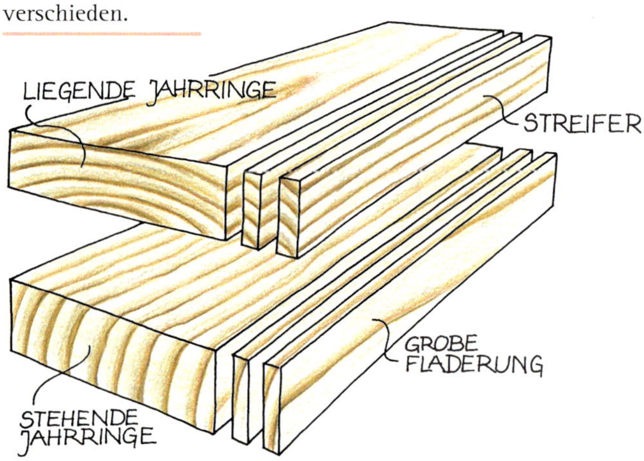

1. Aushobeln und Zuschneiden

Fertigen Sie ein Brett mit 548 mm Länge (Endmaß), etwa 300 mm Breite und 35 mm Dicke an. Achten Sie darauf, dass es rundum winklig ist, damit bei der weiteren Bearbeitung keine Maßtoleranzen auftreten.

2. Schlitze für Überblattungen fräsen

Da alle Rahmenleisten gleich sind, erhält das Brett quer zur Faser Nuten in den jeweiligen Rasterabständen. Erst danach schneiden Sie davon die Leisten. Führen Sie die Nutarbeiten besonders sorgfältig aus, damit später alle Rasteröffnungen gleich groß werden und Sie die Spielfelder nicht aufwändig einpassen müssen. Die erforderliche Genauigkeit erreichen Sie mit einer selbst gebauten Führungsvorrichtung.

Die Führungsvorrichtung

Sie besteht aus einer 16 mm dicken Grundplatte, einer 10 mm dicken Deckplatte, einem ebenfalls 10 mm dicken Streifen, der die sichere Auflage des Werkstückes ermöglicht, sowie einem verstellbaren Winkelanschlag (siehe Abb. 57).

Schneiden Sie die 16 mm dicke Grundplatte (600 × 600 mm) zu und bohren Sie ins Zentrum ein durchgehendes Loch mit etwa 30 mm Durchmesser. Montieren Sie anschließend die

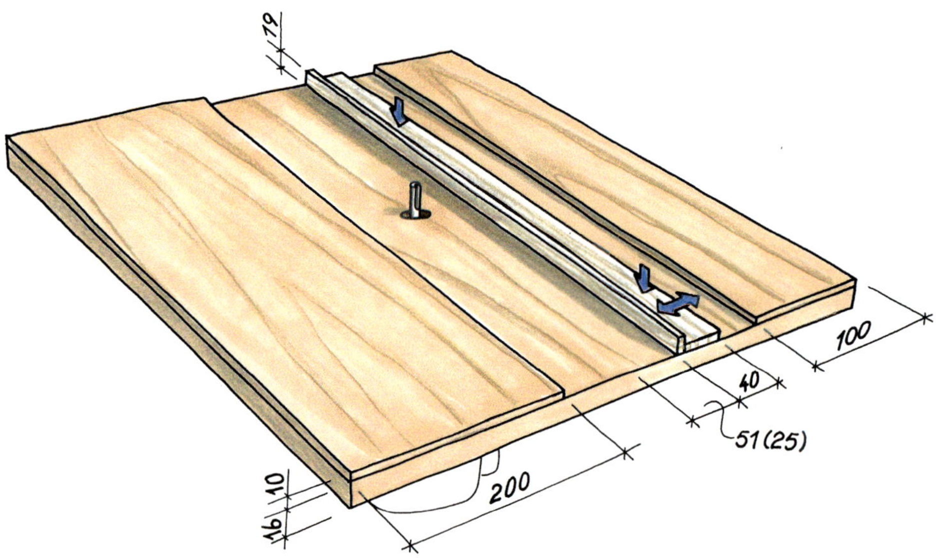

Abb. 57: Die einfache Führungsvorrichtung bringt die erforderliche Genauigkeit.

Hand-Oberfräse so unter der Grundplatte, dass der Nutfräser 19 mm über das Plattenniveau hinausragt. Schrauben Sie danach eine 200 mm breite, 10 mm dicke und ebenfalls 600 mm lange Deckplatte auf, die mit dem linken Plattenrand bündig abschließt. Auf die rechte, freie Fläche schrauben Sie, mit dem rechten Rand abschließend, einen Streifen mit gleicher Dicke, jedoch nur 100 mm Breite. Dazwischen montieren Sie den verleimten, 600 mm langen Führungswinkel mit einem 19 mm breiten und einem 40 mm breiten Schenkel.

Positionieren Sie diesen Winkel für die erste Fräsung so, dass er 25 mm Abstand zum Schneidenflugkreis hat. Legen Sie nun eine Querholzseite an diesen Anschlag und fräsen Sie die erste, äußere Nut (Abb. 58a). Damit der Fräser nicht zu stark vibriert und dadurch die Nut unsauber wird, schieben Sie behutsam vor. Es ist sinnvoll, zuerst an einem Probestück die Arbeit zu üben. Jetzt stellen Sie den Fräser auf Endtiefe ein (das ist die halbe Holzbreite) und fräsen erneut.

Richten Sie nach dieser Fräsung den Anschlag auf das Rastermaß (51 mm) ein und fräsen Sie alle übrigen Nuten mit dieser Einstellung (Abb. 58b). Der Anschlagschenkel gleitet dabei in der jeweils zuletzt gefrästen Nut (siehe Abb. 58b). Auch hier sollten Sie die Endtiefe in zwei Arbeitsschritten erreichen.

Wichtig! Halten Sie den Wert 51 mm exakt ein! Genaues Prüfen lohnt sich, da alle weiteren Fräsungen mit dieser Einstellung vorgenommen werden.

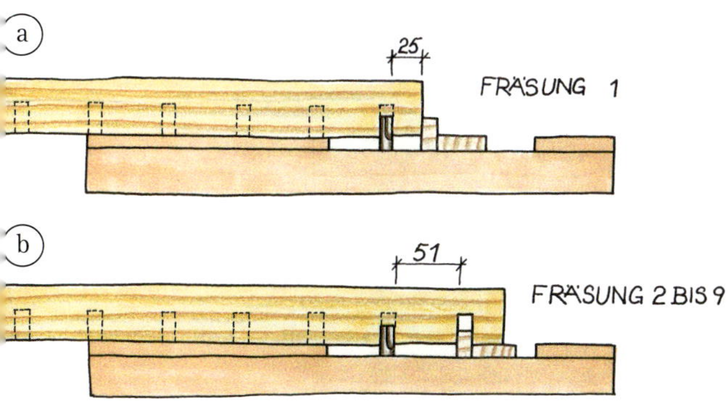

Abb. 58: Im ersten Arbeisschritt liegt die Querholzkante am Anschlag, bei allen weiteren gleitet der Anschlag in der zuletzt gefrästen Nut.

3. Platte schleifen und in Streifen sägen

Schleifen Sie die Ober- und Unterseite, bevor Sie die Platte in 12 bis 13 mm breite Streifen schneiden. Verschieben Sie diesen Arbeitsgang nicht auf einen späteren Zeitpunkt, denn die schmalen Kanten der fertigen Leisten lassen sich nachher schlechter und nur mit weitaus höherem Zeitaufwand exakt winklig schleifen.

Kennzeichnen Sie eine Querholzseite der äußeren Nut mit einem Bleistiftstrich, erleichtert Ihnen das den späteren Zusammenbau des Rasters erheblich.

Trennen Sie nun mit einem Zuschnitt-Sägeblatt (wenig Zähne) die Streifen herunter. Verwenden Sie dabei zu Ihrer Sicherheit zum Vorschieben einen Schiebestock oder ein Nachschiebeholz.

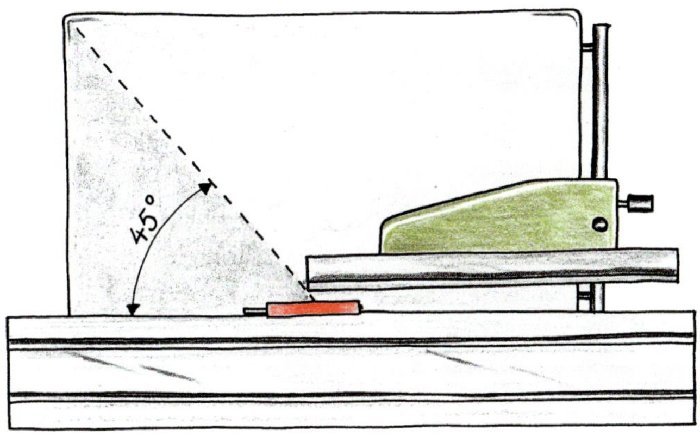

Abb. 59: Wenn Sie den Parallelanschlag auf eine 45°-Linie zurückziehen, arbeiten Sie sicherer und effizienter.

Tipp! Ziehen Sie den Parallelanschlag der Kreissäge so weit zurück, dass dessen Ende auf einer (gedachten) 45° Linie, gerechnet vom Sägeblatt-Mittelpunkt, steht (siehe Abb. 59). Sie werden feststellen, dass sich die Leisten nicht zwischen Parallelanschlag und Sägeblatt klemmen.

4. Auf Enddicke hobeln und schleifen

Hobeln Sie die Leisten mit der Dicken-Hobelmaschine so aus, dass sie beim Zusammenstecken straff ineinander greifen. Durch das anschließende

Schleifen (Körnung 120) entsteht die erforderliche Passgenauigkeit.

5. Leisten lackieren

Tragen Sie den Lack dünn auf, damit Sie die Teile noch gut zusammenfügen können.

Tipp! Finden Sie nach dem Endlackieren noch raue Stellen, glätten Sie diese mit der Rückseite des Lackschleifpapiers.

6. Rahmen verleimen

Sie müssen nun 64 Verbindungsstellen zügig beleimen und zusammenfügen, ohne dabei die offene Zeit des Leimes zu überschreiten. Bereiten Sie daher das Verleimen sorgfältig vor indem Sie alle Zutaten griffbereit legen: Lackleim, Leimspachtel, acht bis zehn Schraubzwingen, Lappen zum schnellen Reinigen der Finger und zwei stabile Zulageplatten in Spielfeldgröße.

Legen Sie alle Leisten mit den Schlitzen nach oben auf eine der beiden Zulageplatten nebeneinander, dass alle in Arbeitsschritt 3 mit Bleistift markierten Stellen in eine Richtung weisen. Tragen Sie nun am Querholz sparsam Leim auf und stecken Sie das Raster zusammen. Legen Sie die zweite Zulageplatte auf und schlagen Sie vorsichtig mit einem Hammer die Verbindungen ineinander. Zum Schluss verspannen Sie das ganze mit Schraubzwingen und hoffen, dass alle Fugen dicht und die Brüstungen bündig werden.

Eine etwas rustikale, aber durchaus brauchbare Alternative zu den Zwingen ist ein Wagenheber. Legen Sie den Rahmen wie beschrieben zwischen die beiden Zulageplatten, jedoch auf den Fußboden oder die stabile (!) Werk- oder Hobelbank. Stellen Sie mittig auf die Platte einen Wagenheber und überbrücken die verbleibende Distanz zur Werkstattdecke mit einem Kantholz. Beim anschließenden Drücken sollten Sie darauf achten, dass Sie Ihre Werkbank nicht ruinieren oder die Werkstattdecke anheben. Bei dieser Methode sollten Sie zur besseren Druckverteilung eine dickere Deckplatte oder entsprechend positionierte Zulagehölzer verwenden.

Felder herstellen

7. Trägermaterial furnieren

Es wäre eine zeitraubende Arbeit, wollten Sie jedes Feld einzeln zuschneiden und furnieren. Daher furnieren Sie erst große Flächen. Die Größe hängt von der Schraubzwingen-Ausstattung Ihrer Werkstatt und von der jeweiligen Furnierbreite ab. Die Ober- und Unterseite erhalten unterschiedliche Furniere – in diesem Fall Esche und Wengé.

Achten Sie beim Furnierkauf darauf, dass Sie möglichst breite (120 oder 180 mm), schlichte Ware wählen, sogenannte Streifer. Geflammtes Furnier, das der Schreiner auch gefladert oder blumig nennt, wirkt auf den kleinen Flächen zu monoton.

In der Arbeitsanleitung zum Tangram ist in Arbeitsschritt 3 (Seite 29) das Furnieren ausführlich beschrieben.

So können Sie das Furnieren umgehen:
Beizen Sie eine Furnierplatte von einer Seite. Wenn Sie Wasserbeize verwenden, müssen Sie die andere Seite mit Wasser befeuchten, damit sich die Platte nicht verzieht. Verwenden Sie Lösemittelbeize, ist dies nicht erforderlich.

8. Schleifen und Lackieren

Nachdem der Leim ausgehärtet ist, schleifen Sie die Flächen gründlich mit 120-er Schleifpapier und entstauben Sie sie mit einer Borstenbürste. Jetzt können beide Seiten lackiert werden.

Tipp! Die Furnierüberstände lassen sich leicht entfernen, wenn Sie die Kanten mit grobem Schleifpapier oder einer Feile fasen.

9. Felder formatieren

Schneiden Sie die lackierten Flächen zuerst **quer zum Faserverlauf** in 51 mm breite Streifen. Prüfen Sie die Passgenauigkeit der Breite, indem Sie den ersten oder einen Musterstreifen in mehrere Felder des Rasterrahmens halten.

Achten Sie darauf, dass Sie die Reihenfolge der Streifen nicht vertauschen, damit das Furnierbild erhalten bleibt. Danach kürzen Sie die Streifen auf 51 mm. Die Felder sind fertig.

Verwenden Sie zum Zuschneiden der Felder ein feinzahniges Sägeblatt, das Sie nur etwa 30 mm aus dem Sägetisch schauen lassen. Entstehen dennoch zu starke Ausrisse an der Werkstück-Oberseite, stellen Sie den Sägeblattüberstand höher ein. Sind die Ausrisse an der Werkstück-Unterseite größer, senken Sie das Sägeblatt weiter ab. Erzielen Sie weder mit der einen noch mit der anderen Einstellung zufriedenstellende Ergebnisse, überkleben Sie im Bereich der Schnittfuge das Werkstück mit einem Klebestreifen, den Sie mit dem Fingernagel festreiben.

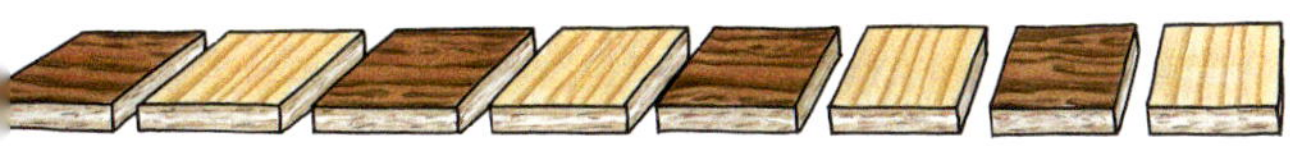

Abb. 60: Faserverlauf und Farbe wechseln von Feld zu Feld.

10. Felder einleimen

Prüfen Sie vor dem Einleimen, ob das jeweilige Feld auch tatsächlich in das vorgesehene Raster passt. Eventuell müssen Sie die Feinabstimmung mit dem Schleifklotz vornehmen. Passen Sie immer nur je eine Reihe, also acht Felder ein und geben an den Feldkanten Lackleim an. Diese Felder legen Sie in der richtigen Reihenfolge nebeneinander und wechseln von Feld zu Feld den Faserverlauf um 90° (siehe Abb. 60). Achten Sie darauf, das fortlaufende Furnierbild zu erhalten, und beginnen Sie in der ersten Reihe links unten mit einem dunklen Feld.

Figuren herstellen

11. Figuren aushobeln und ablängen

Hobeln Sie für die beiden Spielfarben je eine quadratische Kantel mit 50 mm Kantenlänge und etwa 1000 mm Gesamtlänge aus. Schleifen Sie diese gründlich, bevor Sie davon die Figuren schneiden, da die Werkstücke jetzt noch groß und somit gut handhabbar sind.

Stellen Sie den Parallelanschlag der Kreissäge auf 50 mm und ziehen Sie das Lineal so weit zurück, dass die Vorderkante 30 bis 50 mm vor dem Sägeblatt steht. Legen Sie anschließend ein etwa 20 mm dickes und 90 mm breites Brett mit der breiten Seite gegen den Winkelanschlag und schieben Sie es nach rechts, bis es an den Parallelanschlag reicht. Danach spannen Sie es fest. Mit dem auf 70 mm Schnitthöhe eingestellten Sägeblatt können Sie nun die Figuren ablängen und mit dem durchgehenden Brett in den sicheren Bereich hinter das Sägeblatt transportieren (Abb. 61). Erst danach ziehen Sie den Schiebeschlitten wieder zurück. Die Kanteln sind so lang, dass ein Rest

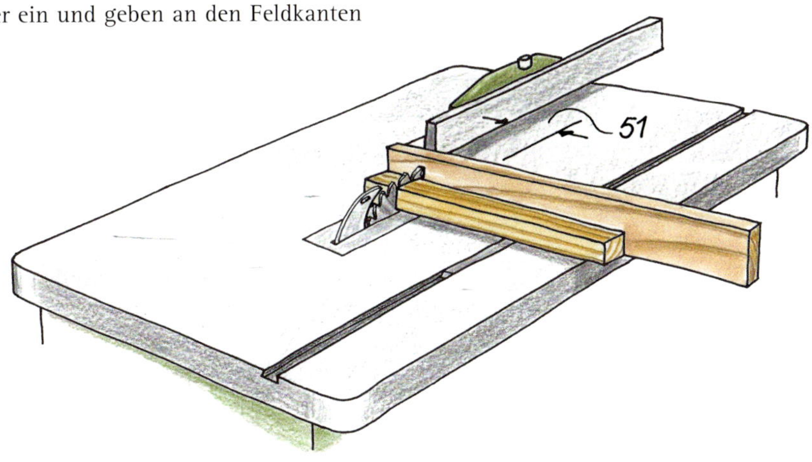

Abb. 61: Mit dem Zusatzbrett am Anschlag arbeiten Sie sicher und mit weniger Ausrissen.

bleibt, den Sie noch gefahrlos am Winkelanschlag festhalten können.

12. Symbole schnitzen

Haben Sie beschlossen das Spiel als Damespiel zu bauen, benötigen Sie einige Stunden weniger Herstellzeit, können diesen Abschnitt überspringen und mit Schritt 13 fortfahren.

Die in die Figurenoberseite geschnitzten Symbole (siehe Abb. 55, Seite 63) geben die Zugrichtung und Zuglänge der einzelnen Figuren an. Gehen die Symbollinien bis zu den Außenkanten durch, wie bei Dame, Läufer und Turm, ist daraus zu lesen, dass diese Figuren beliebig weit ziehen dürfen. Bei allen anderen Figuren hingegen enden die Linien vor den Außenkanten der Spielfigur.

Diese V-förmigen Vertiefungen lassen sich nur mit erheblichem Vorrichtungs-Aufwand mit der Hand-Oberfräse durchführen. Daher sollten Sie den jeweiligen Linienverlauf auf das Querholz zeichnen, zum scharfen Stecheisen greifen und entschlossen die Vertiefungen schnitzen.

13. Schleifen und fasen

Die Querholzflächen müssen nach dem Schnitzen noch geputzt werden, außerdem müssen sie die 12 Würfelkanten fasen. Kleben Sie dazu ein großes Stück Schleifpapier (Körnung 120) auf einen Spanplattenstreifen und führen Sie die Figuren darüber, bis die Flächen und Kanten zufriedenstellend geglättet sind.

Die Unterseite der Figuren müssen Sie nicht so exakt schleifen, da sie noch mit Filz beklebt wird.

Besitzen Sie einen Delta- oder Exzenterschleifer, werden Ihnen diese Geräte die Arbeit besonders beim Schleifen der Querholzflächen erheblich erleichtern.

14. Lackieren und Filz unterkleben

Bekleben Sie nach dem Lackieren die Unterseite der Figuren mit selbstklebendem Filz, den Sie in Bastelgeschäften kaufen können. So können Sie die Figuren während einer Partie leise absetzen und verkratzen auf lange Sicht weder Spielfeld noch Spieltisch.

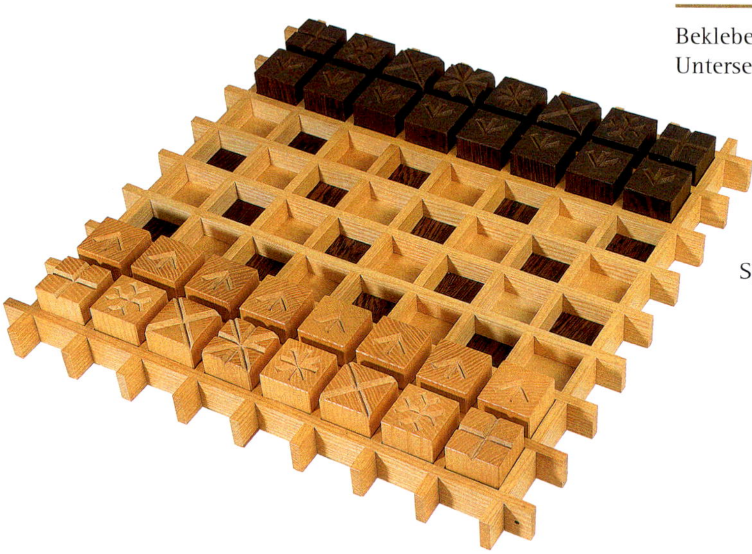

Go

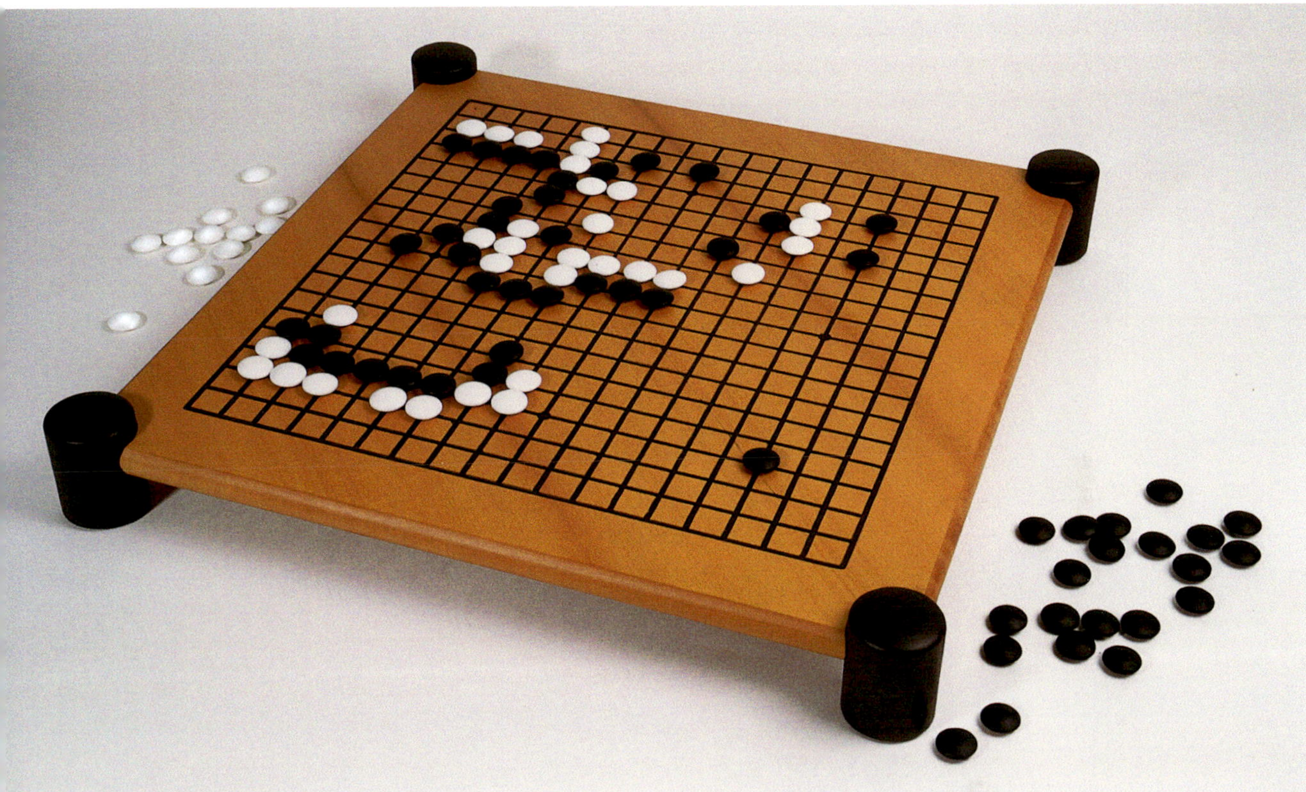

Viele Spekulationen ranken sich um die Geschichte des Go. Fest steht, dass dieses asiatische Brettspiel um 700 n.Chr. in China entstand und über Korea nach Japan kam. Dort wurde es weiterentwickelt und über den ganzen Erdball verbreitet.

Im asiatischen Raum ist es nach wie vor ein populäres Spiel, im Westen konnte es nie diesen großen Zuspruch erreichen. Doch auch bei uns liebt eine eingeschworene Anhängerschaft, zu der auch Sie vielleicht (bald) zählen, dieses abwechslungsreiche und herausfordernde Spiel.

Wenn Sie sich intensiver mit diesem Spiel beschäftigen wollen, wenden Sie sich an den deutschen Go-Bund, der Herausgeber einer Go-Zeitung ist und Go-Meisterschaften veranstaltet, oder lesen Sie eines der einschlägigen Bücher zum Thema.

Die klassische Go-Spielfläche ist quadratisch und wird mit je 19 senkrechten und waagerechten, dunklen Linien in 324 Felder aufgeteilt. Neun der entstehenden Kreuzungspunkte erhalten kleine, kreisförmige Vertiefungen, die sogenannten Sterne.

Gespielt wird es mit zwei Spielern, denen insgesamt 180 weiße und 181 schwarze, linsenförmige Spielsteine zur Verfügung stehen. Jeder Spieler versucht, mehr Gebiet abzugrenzen als sein Gegner. Die Spielsteine gibt es in unterschiedlichen Ausführungen in Spielwarengeschäften zu kaufen. Achten Sie darauf, möglichst schwere Steine zu bekommen, da sich diese besser greifen lassen und nicht so leicht verrutschen. Das ist wichtig, da sich die Steine beim Ablegen berühren und für die Dauer des Spiels auf der Spielfläche liegen bleiben.

Abb. 62: Konstruktionszeichnung.

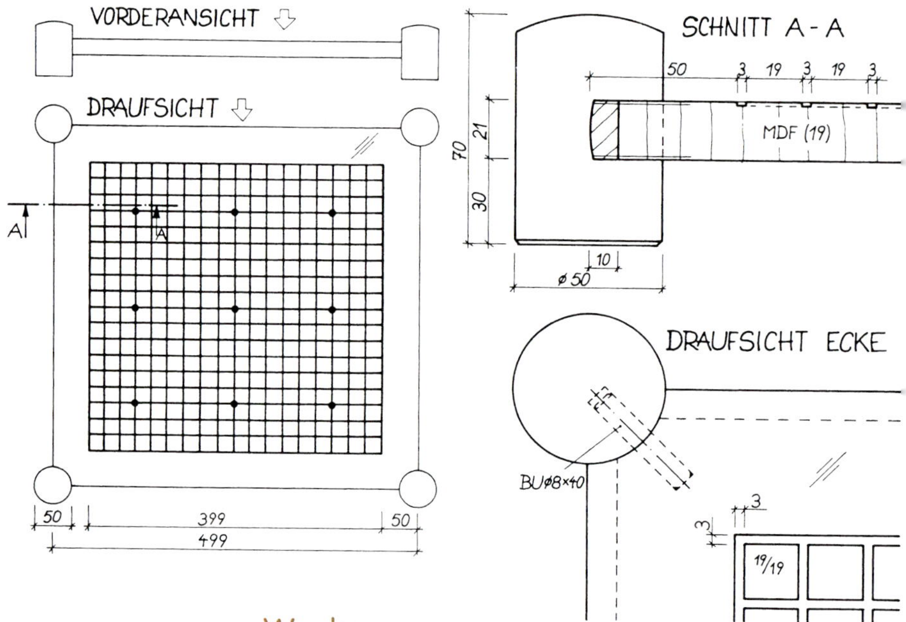

Tipp! Bauen Sie sich zwei schöne Dosen, in denen Sie die Steine aufbewahren und in deren Deckel Sie während des Spiels Steine ablegen können.

Bei dem abgebildeten Spiel ist die Trägerplatte mit je einer Lage dunklem und einer Lage hellem Furnier beschichtet worden. Die deutlichen Linien entstanden mit dem Durchfräsen des Deckfurniers. Getragen wird die Spielfläche von vier zylindrischen Füßen, die jeweils durch einen Dübel mit einer Ecke des Spielbrettes verbunden sind. Sie sind ein dominierendes gestalterisches Element, haben aber keinen Einfluss auf den Spielverlauf. Daher könnten Sie darauf verzichten und dadurch die Bauzeit reduzieren. Das Erscheinungsbild des Spieles verlöre dadurch jedoch erheblich an Attraktivität.

Werkzeuge

Auf jeden Fall benötigen Sie:

- Meterstab
- Bleistift
- Winkel
- Feinsäge
- Furniersäge
- Leimspachtel
- Handhobel
- Raspel (halbrund)
- Feile (halbrund)
- Kreissäge
- Abricht-Hobelmaschine
- Dicken-Hobelmaschine
- Hand-Oberfräse
- Fräser (∅ 3, 8, 12 mm)
- Hand-Bohrmaschine
- Bohrer mit Zentrierspitze (∅ 8 mm)
- Dübelhilfe (∅ 8 mm)
- Schleifpapier (Körnung 150, 180, 240)
- eine Klemm- oder Schraubzwinge (750 mm)

Optimales Arbeiten ermöglichen:

- Furnierpresse
- Hand-Schleifmaschine
- Stichsäge
- Drechselbank
- 4 bis 5 Klemmzwingen (600 mm)

Material

Bauteil	Bezeichnung	Stück	Material	Fertigmaß in mm		
				Länge	Breite	Dicke
Spielfeld	Grundplatte	1	MDF	479	479	19
	Unterfurnier	2	Wengé	700	700	0,7
	Deckfurnier	2	Birnbaum	700	700	0,7
	Anleimer	4	Birnbaum	450	22	10
Füße	Füße	4	Wengé	70	∅ 50	
	Dübel	4	Buche	40	∅ 8	
Holzleim						
Öl oder Lack zur Oberflächenbehandlung						

Welches Holz eignet sich?

Welche Holzart Sie für das Deck- und Unterfurnier verwenden, entscheidet im wesentlichen der Kontrast zwischen diesen beiden. Achten Sie bei der Wahl des Deckfurniers auf ein ruhiges Furnierbild. Neben der Holzart Birnbaum bieten sich noch Rotbuche, Esche, amerikanischer Kirschbaum und Ahorn an. Berücksichtigen Sie bei der Furnierauswahl, dass Sie Anleimer in der selben Holzart benötigen.

Tipp! Fragen Sie Ihren Furnierhändler nach Kürzungen oder Restposten. Das sind Furniere, die für den Schreiner zu kurz sind oder bei einem Auftrag nicht verwertet werden konnten und daher preiswert abgegeben werden.

Verwenden Sie als Unterfurnier sogenannte Blindfurniere. Es handelt sich dabei um minderwertige Furniere mit Farbfehlern, grober Zeichnung oder einfach nur Restposten, die für Ihren Zweck jedoch völlig ausreichend sind. Geeignet sind außer Wengé auch französischer Nussbaum, Mooreiche und durchgefärbtes Koto.

Die erwähnten Holzarten sind nur eine Auswahl aus vielen möglichen Kombinationen. Stöbern Sie doch einmal bei Ihrem Furnierhändler und suchen Sie nach passenden Kontrasten.

Achtung! Bedenken Sie beim Stöbern, dass die dünnen Furniere empfindlich sind und daher behutsam behandelt werden müssen. Suchen Sie daher weniger mit den Fingern und mehr mit Ihren Augen aus. Ihr Händler wird Ihnen dankbar sein.

Vereinfachte Varianten
Sie können sich das Unterfurnieren der dunklen Holzart sparen, wenn Sie eine schwarz durchgefärbte MDF-Platte verwenden. Dieser Werkstoff wird jedoch sehr selten eingesetzt und ist daher nur schwer erhältlich. Sie könnten alternativ Buchen-Vielschichtsperrholz (Multiplex) unfurniert verwenden oder das Deckfurnier direkt auf eine MDF-Platte aufbringen. Für beide gilt: Nach dem Schleifen und Grundieren mit Lack können Sie die Nuten fräsen und schwarz einfärben. Zudem können Sie bei den beiden ersten Versionen die Anleimer weglassen und dadurch erheblich Zeit sparen.

Arbeitsschritte

1. Grundplatte zuschneiden
2. Anleimer zuschneiden und aushobeln
3. Furnier zuschneiden und zusammensetzen
4. Unterfurnier aufleimen
5. Anleimer anleimen
6. Anleimer bündig arbeiten
7. Deckfurnier aufleimen
8. Furnierüberstände beiarbeiten
9. Raster einfräsen
10. Sterne einfräsen
11. Kanten profilieren
12. Füße herstellen
13. Füße an Platte anpassen
14. Verbindungen bohren
15. Schleifen
16. Oberfläche behandeln
17. Verleimen

Zeitaufwand
Sie müssen für dieses Spiel mit etwa 20 Stunden Bauzeit rechnen.

1. Grundplatte zuschneiden

Schneiden Sie die Grundplatte 30 mm größer zu als in der Materialliste angegeben. Verwenden Sie als Trägermaterial für Ihre Arbeit eine MDF-Platte und keine Spanplatte, denn diese bietet Ihnen einen entscheidenden Vorteil: Sollten Sie beim Nuten stellenweise zu tief fräsen, können Sie diese Stellen leicht mit einer dunklen Beize oder Farbe ausbessern. Die Struktur einer Spanplatte wäre hier zu grob und daher auffallend.

2. Anleimer zuschneiden und aushobeln

Oft ist es schwierig, das zum Furnier oder zur Furnierfarbe passende Massivholz zu besorgen. Fragen Sie beim Furnierkauf Ihren Händler nach Messerresten. Das sind 12 bis 20 mm dicke Bretter, die sich bei der Furnierherstellung nicht mehr zu Furnierblättern messern lassen. Haben Sie Glück, schlagen Sie gleich zwei Fliegen mit einer Klappe: Sie erhalten eine exzellente Holzqualität und das Holz wurde so vorbehandelt wie Ihr Furnier, wodurch in den meisten Fällen die Farbe zum Furnier passt.

Haben Sie feuchte Messerreste bekommen, schneiden Sie die Anleimer erst grob zu und lagern Sie diese zwei bis drei Wochen in einem warmen, trockenen Raum. Danach hobeln Sie die Leisten auf den Querschnitt 22 × 10 mm.

3. Furnier zuschneiden und zusammensetzen

Das abgebildete Spielfeld ist diagonal furniert. Es benötigt ein etwa 700 mm breites und ebenso langes Furnier. Setzen Sie es aus sechs Streifen mit je 117 mm Breite oder acht schmalen Streifen mit je 88 mm Breite zusammen, die Sie mit einer Furniersäge zuschneiden.

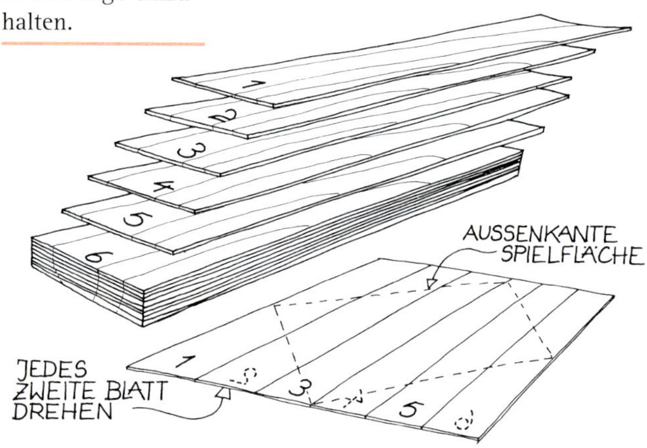

Abb. 63: Nummerieren Sie die Furnierblätter schon im Paket. Das hilft Ihnen, beim Zusammensetzen die Reihenfolge einzuhalten.

Tipp! Sie erhalten ein schönes Furnierbild, wenn Sie die einzelnen Streifen (der Schreiner spricht von Furnierblättern) stürzen. Das bedeutet, dass Sie von einem Furnierpaket jedes zweite Furnierblatt umklappen und an das vorhergehende fügen (Abb. 63).

Kürzen Sie zuerst die benötigte Zahl Furnierstreifen auf etwa 800 mm. Achten Sie darauf, dass Sie die Reihenfolge der Blätter im Paket einhalten und schneiden Sie nicht aus einem langen Furnierblatt mehrere kurze. Diese Streifen ließen sich nicht mehr korrekt stürzen.

Die Breite schneiden Sie rationell mit einer Furniersäge, die Sie mit leichtem Druck an einer geraden Leiste entlang führen (Abb. 64). Für ein gutes Schnittergebnis sollten Sie nicht mehr als zwei Furnierblätter unter die Leiste legen.

Klappen Sie die paarweise geschnittenen Blätter auseinander und legen Sie in der nummerierten Reihenfolge nebeneinander. Jetzt können Sie die einzelnen Blätter miteinander verbinden. Verschieben Sie die Furniere so, dass deren Maserung möglichst genau zueinander passt (Abb. 65a). Haben Sie das erreicht, drücken Sie die Fuge vorsichtig zusammen und überkleben Sie sie mit einem schmalen transparenten Klebestreifen (Abb. 65b). Kleben Sie zuerst einige kurze Streifen quer zur Faser und anschließend einen Streifen über die gesamte Fugenlänge. Schließen Sie in gleicher Weise das dritte sowie die folgenden Blätter an, bis Sie die gesamte Fläche zusammengesetzt haben.

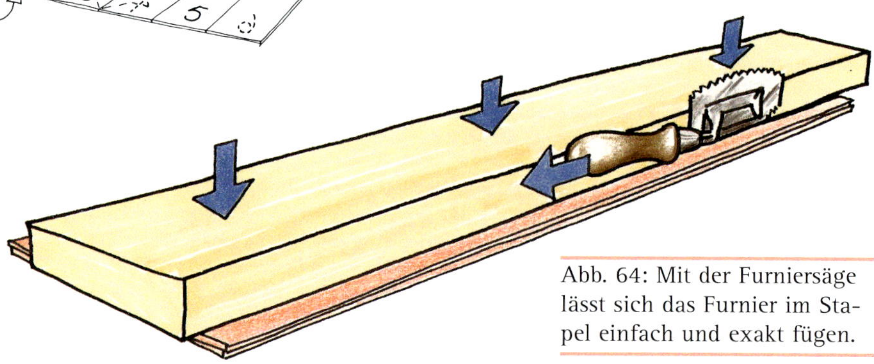

Abb. 64: Mit der Furniersäge lässt sich das Furnier im Stapel einfach und exakt fügen.

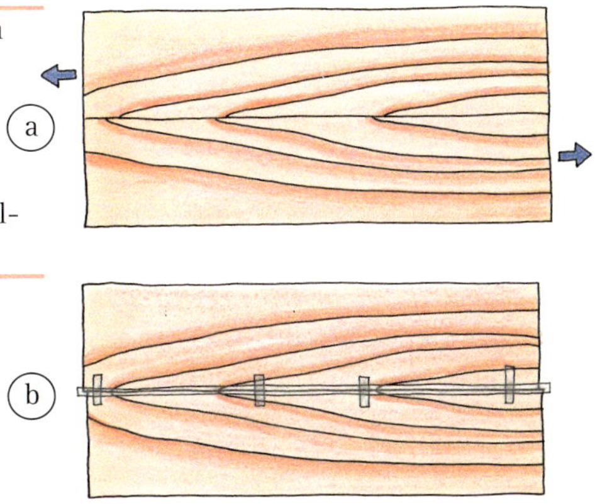

Abb. 65: Achten Sie beim Stürzen darauf, ein spiegelähnliches Furnierbild zu erhalten.

Da Sie nur eine quadratische Fläche mit 499 mm Kantenlänge plus 50 mm Zugabe benötigen und die großen Furnierüberstände bei der Weiterbearbeitung stören, sollten Sie jetzt den nicht benötigten Teil abschneiden. Zeichnen Sie sich dazu ein Quadrat mit 550 mm Kantenlänge diagonal zum Faserverlauf auf Ihr Furnier, legen Sie eine Leiste auf und schneiden Sie die Fläche mit einem Cuttermesser oder einer Furniersäge auf das aufgezeichnete Maß.

> Tipp! Wenn Sie zusammengesetzte Flächen zwischenlagern müssen, legen Sie diese zwischen zwei Holzwerkstoff-Platten, damit sie sich nicht verziehen oder Trockenrisse bekommen.

4. Unterfurnier aufleimen

Das Furnieren wird beim Tangram, Seite 29, in Arbeitsschritt 3 beschrieben. Reichen dort noch Schraubzwingen, um die nötige Kraft auf die Fläche zu übertragen, müssen Sie nun größeres Geschütz auffahren, da die Ausladung der Schraubzwingen nicht groß genug ist. Die sicherste Methode, zu einem guten Ergebnis zu kommen, ist das Furnieren in der Furnierpresse eines Schreiners. Fragen Sie in einem Handwerksbetrieb nach, bevor Sie einen alternativen Weg beschreiten.

Bereiten Sie eine zusätzliche Fläche (800 × 200 mm) vom selben Trägermaterial vor. Richten Sie dafür ebenfalls zwei Lagen des Furniers her und furnieren Sie es zusammen mit dem Originalteil. Dieses Zusatzstück ist beim Bündigfräsen der Anleimer und beim Nuten hilfreich. Zudem wird es benötigt, um gleichmäßiges Drücken des Presstisches zu erreichen.

> **Variante**
> Die Alternative zu Schraubzwingen und Furnierpresse heißt Vakuumverleimen. Legen Sie das beleimte und mit Furnier belegte Werkstück in einen großen Kunststoffbeutel oder eine entsprechend abgeklebte Plastikfolie, schließen Sie einen Staubsauger daran an und saugen Sie die Luft aus dem Beutel.
>
> Diese Methode birgt allerdings mehrere Risiken. Zum einen kann Ihr Staubsaugermotor überhitzen und dadurch dauerhaft Schaden nehmen, zum anderen ist der erzeugte Pressdruck so gering, dass Sie nur ganz ebene Furniere aufleimen können. Klarheit bringt Ihnen nur der Versuch mit einem Probestück.

Verwenden Sie Weißleim der Qualität D2; keinen D3-Leim. Diese Qualität ist völlig ausreichend und bringt Ihnen einen wichtigen Vorteil: Sie können lose Furnierstellen mit einem Bügeleisen festbügeln, ohne nochmals Leim angeben zu müssen. Stellen Sie am Bügeleisen „Baumwolle" ein und bügeln Sie über die lose Stelle. Reiben Sie sofort mit der Breitbahn eines Hammers nach. Dadurch kühlt der reaktivierte Kleber unter Druck ab und erreicht wieder die nahezu volle Klebekraft.

Gleichgültig welche Methoden Sie für das Furnieren wählen, Sie sollten

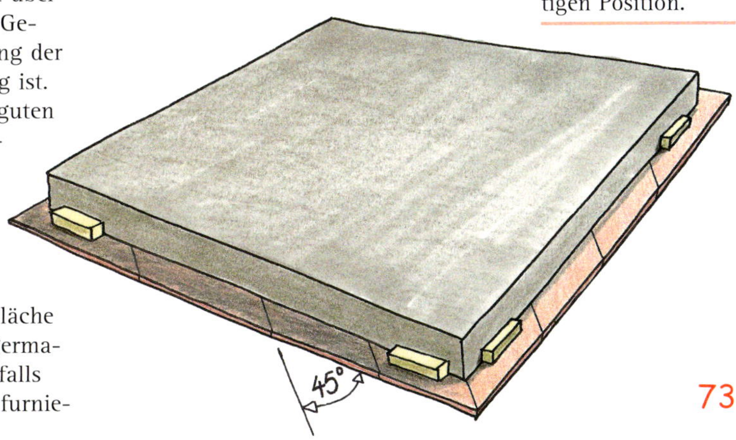

Abb. 66: Die kleinen Klötzchen fixieren das Furnier in der richtigen Position.

dafür sorgen, dass das Furnier während des Pressens nicht verrutschen kann. Legen Sie die Grundplatte so auf das Furnier, dass die Mittelfuge diagonal von einer Ecke zur anderen verläuft. Das Furnier sollte danach an jeder Seite gleichmäßig überstehen. Nun reiben Sie acht mit etwas Leim bestrichene Klötzchen mit etwa 6 × 6 mm Querschnitt und 40 mm Länge an jeder Ecke der Spielfläche auf das Furnier (siehe Abb. 66). Warten Sie einige Minuten, bis der Leim angezogen hat, dann nehmen Sie die Grundplatte vorsichtig weg. Verfahren Sie genauso mit der gegenüberliegenden Seite.

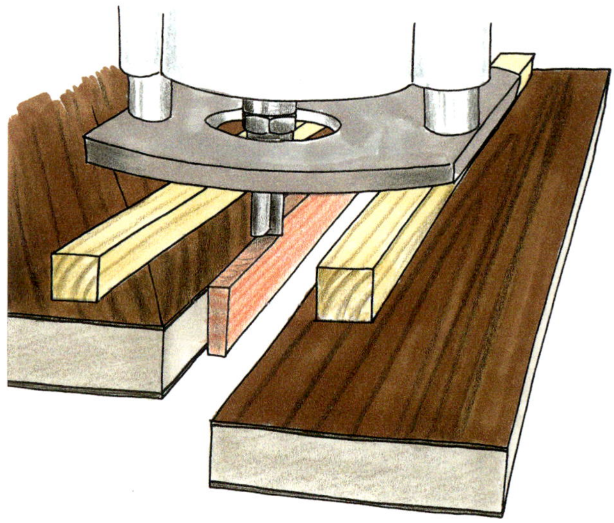

Abb. 67: Zum Bündigfräsen bauen Sie Kufen unter die Oberfräse.

5. Anleimer anleimen

Schneiden Sie die mit dem Unterfurnier beschichtete Platte auf das in der Materialliste angegebene Maß. Achten Sie beim anschließenden Anleimen der Leisten darauf, dass diese an jeder Stelle etwas über das Plattenniveau hinaus stehen. Den zum Anleimen erforderlichen Druck können Sie mit Schraubzwingen, Holz-Klemmzwingen oder Klebestreifen erreichen.

6. Anleimer bündig arbeiten

Legen Sie zwei etwa 20 mm dicke Leisten unter den Oberfrästisch. Anschließend rüsten Sie die Maschine mit einem 12-mm-Fräser. Stellen Sie die Oberfräse auf eine ebene Fläche, senken Sie den Fräser bis auf diese Fläche ab und klemmen Sie die Höhenverstellung. Wenn Sie jetzt die früher furnierte Zusatzplatte direkt neben Ihr Werkstück legen und beide Platten (mit Zwingen) fixieren, können Sie die Fräse wie einen Schlitten über den Anleimer fahren (siehe Abb. 67). Vorsicht an den Ecken, hier brauchen Sie Übung und Geschick, damit die Maschine nicht kippt. Machen Sie vorher unbedingt einige Trockenversuche.

Versehen Sie zuerst zwei parallele Seiten mit Anleimern und fräsen Sie diese bündig. Dadurch erreichen Sie, dass kein Anleimer die Vorschubbewegung der Oberfräse stört.

Die Anleimer müssen Sie exakt bündig arbeiten, da sie sich sonst unter dem Deckfurnier abzeichnen könnten. Mit einem leichten Anleimerüberstand laufen Sie außerdem Gefahr, das Deckfurnier an diesen Stellen durchzuschleifen.

7. Deckfurnier aufleimen

Leimen Sie das Deckfurnier um 90° versetzt zum Unterfurnier auf. Der Arbeitsablauf ist der gleiche wie zuvor.

8. Furnierüberstände beiarbeiten

Sie können die Furnierüberstände mit der Hand-Oberfräse, die Sie mit einem Fräser mit Anlaufring bestücken, abfräsen oder mit einer Feile entfernen.

Stechen Sie die Furnierüberstände mit einem Stecheisen ab, ist die Gefahr groß, dass das Furnier ausreißt oder dass Sie in die Anleimer stechen.

9. Raster einfräsen

Rüsten Sie Ihre Hand-Oberfräse mit einem 3-mm-Fräser, senken Sie ihn bis auf die Unterlage ab und klemmen Sie die Höhenverstellung.

Reißen Sie nun die das Raster umfassende Nut auf Ihr Werkstück auf und stellen Sie den Fräser auf den vor Ihnen liegenden linken Eckpunkt. Wenn die Hinterkante der Fräse parallel zur Spielvorderkante steht, markieren Sie diese auf der Spielfläche. Zeichnen Sie nun in Abständen von je 22 mm weitere

18 Risse auf die Spielfläche – wenn diese nicht ausreicht, auf ein angelegtes Brett. Übertragen Sie diese und den ersten Riss auch auf die rechts vor Ihnen liegende Seite. Anschließend drehen Sie das Spielfeld um 90° und reißen alle Markierungen für die nächsten 19 Nuten an.

Spannen Sie sich eine gerade Leiste jeweils von Riss zu Riss und fräsen Sie, nachdem Sie die Nuttiefe auf 0,8 mm eingestellt haben, die Linien. Damit Sie bei jeder Fräsung den genauen Anfangs- und Endpunkt treffen, können Sie noch einen Zusatzriss aufzeichnen oder zwei zusätzliche Anschlagleisten anbringen.

10. Sterne einfräsen

Rüsten Sie Ihre Hand-Oberfräse mit einem 8-mm-Fräser und stellen Sie ihn auf die Endtiefe (= Nuttiefe) ein. Zentrieren Sie anschließend die ausgeschaltete Fräse über einem Kreuzungspunkt, an dem Sie einen der neun Sterne fräsen wollen. Damit Sie eine exakte Punktfräsung erreichen, spannen Sie rund um die Fräse Anschlaghölzer, die verhindern, dass Sie die Maschine während des Eintauchens verschieben können. Nun heben Sie die Oberfräse an, schalten sie ein und senken sie wieder ab.

11. Kanten profilieren

Den in der Zeichnung vorgeschlagenen Stichbogen können Sie einfach mit einem Handhobel herstellen. Stellen Sie diesen so ein, dass er nur einen feinen Span abnimmt. Für andere Profile bietet sich die Hand-Oberfräse oder Tischfräse an.

12. Füße herstellen

Schneiden Sie die Kanteln für die Füße zu und drechseln Sie diese anschließend mit der entsprechenden Kopfprofilierung. Steht Ihnen keine Drechselbank zur Verfügung, können Sie einen fertigen Rundstab, vielleicht ein Tischbein, kaufen, ablängen und am oberen Ende die Kanten runden oder fasen.

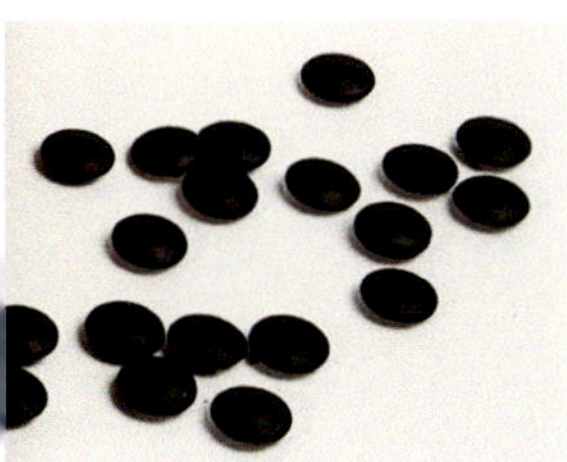

13. Füße an die Platte anpassen

Stellen Sie die Füße so auf die Unterseite des Spielfeldes, dass sie die spätere Endposition einnehmen, und zeichnen Sie den Grundriss auf. Sägen Sie vorsichtig mit einer Stichsäge die Kontur aus. Da Sie von unten sägen, entstehen, wenn überhaupt, Ausrisse nur auf der Unterseite des Spielfeldes.

Die genaue Anpassung der Kontur erreichen Sie durch Feilen. Bevor Sie das Spielfeld so in die Werk- oder Hobelbank spannen, dass es beim Feilen wenig schwingt, fasen Sie die ausgesägten Rundungen an der Unterseite etwas an. Danach bearbeiten Sie die Kontur so lange, bis die jeweilige Rundung passt. Arbeiten Sie dabei nur von der Plattenoberseite zur Plattenunterseite, da diese gefast ist und somit kein Furnier ausbrechen kann.

> Tipp! Für einen sauberen Schnitt sollten Sie ein fein gezahntes Sägeblatt verwenden und den Pendelhub auf die geringste Stufe stellen.

14. Verbindungen bohren

Nummerieren Sie die Ecken des Spielfeldes und entsprechend den jeweils dazugehörigen Fuß. Bohren Sie im Zentrum der angefeilten Rundung ein Loch mit 8 mm Durchmesser und 20 mm Tiefe und legen Sie danach die Spielfläche auf 30 mm dicke Leisten. Anschließend stecken Sie Dübelhilfen in die Dübellöcher, stellen den jeweiligen Fuß davor und drücken ihn kräftig gegen die Spitze der Dübelhilfe. Die entstandene Markierung gibt Ihnen den Mittelpunkt des Bohrloches im Fuß an. Bohren Sie dieses mindestens 22 mm tief, damit der 40-er Dübel plus Leim genügend Platz hat.

15. Schleifen

Schleifen Sie nun alle Teile gründlich mit Schleifpapier, Körnung 150 oder 180. Wollen Sie die Oberfläche ölen, sollten Sie das Birnbaumfurnier mit Körnung 240 schleifen. Vorsicht ist besonders bei Verwendung einer Schleif-

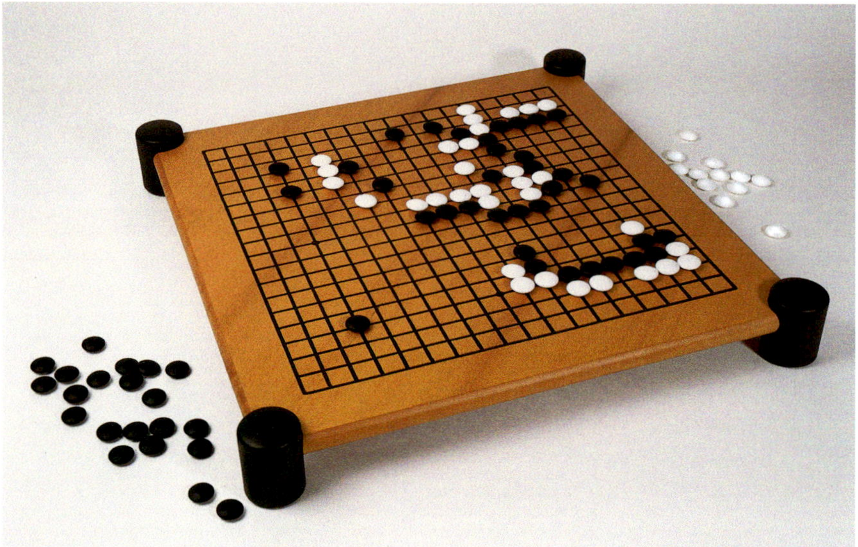

maschine und beim Schleifen im Randbereich geboten: Das Furnier ist nur wenige Zehntel Millimeter dick und schnell durchgeschliffen. Da das Unterfurnier dunkel ist, schimmert es leicht durch, wenn Sie zuviel schleifen ("Es ist Land in Sicht!")

16. Oberfläche behandeln

Befreien Sie die Oberfläche und die dunklen Ausfräsungen gründlich vom feinen Schleifstaub. Am besten rücken Sie ihm mit Staubsauger, Handfeger und Borstenbürste zu Leibe. Kleben Sie die Leimflächen an Füßen und Platte mit Klebeband ab und behandeln Sie die Oberfläche mit Öl oder Lack.

Vorsicht! Achten Sie bei der Oberflächenbeschichtung darauf, dass Ihnen die kleinen Nuten nicht mit Lack voll laufen.

17. Verleimen

Lassen Sie die Beschichtung gründlich trocknen, ehe Sie die Klebestreifen abziehen und die Füße anleimen. Als Druckmittel eignen sich besonders gut Klemmzwingen.

Spielzeug
aus Holz

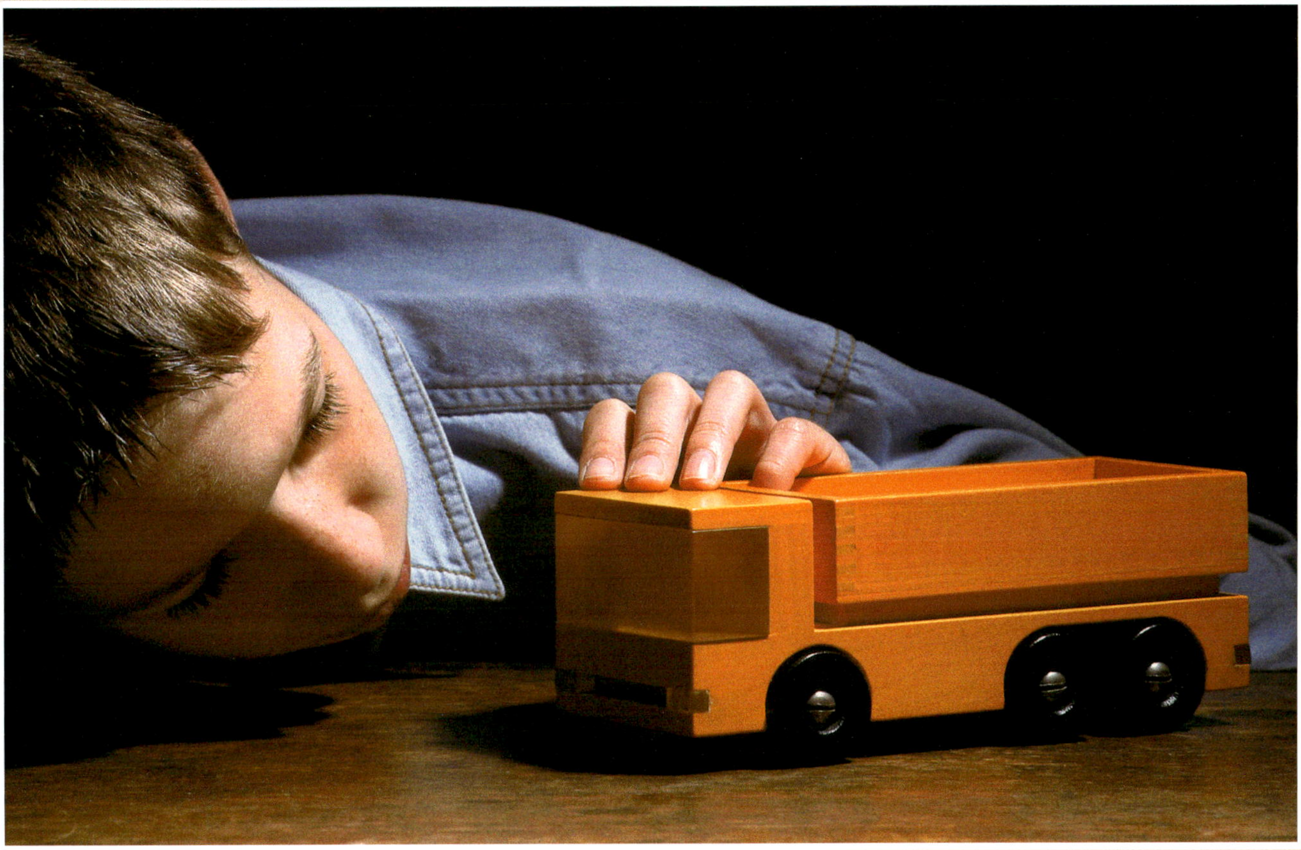

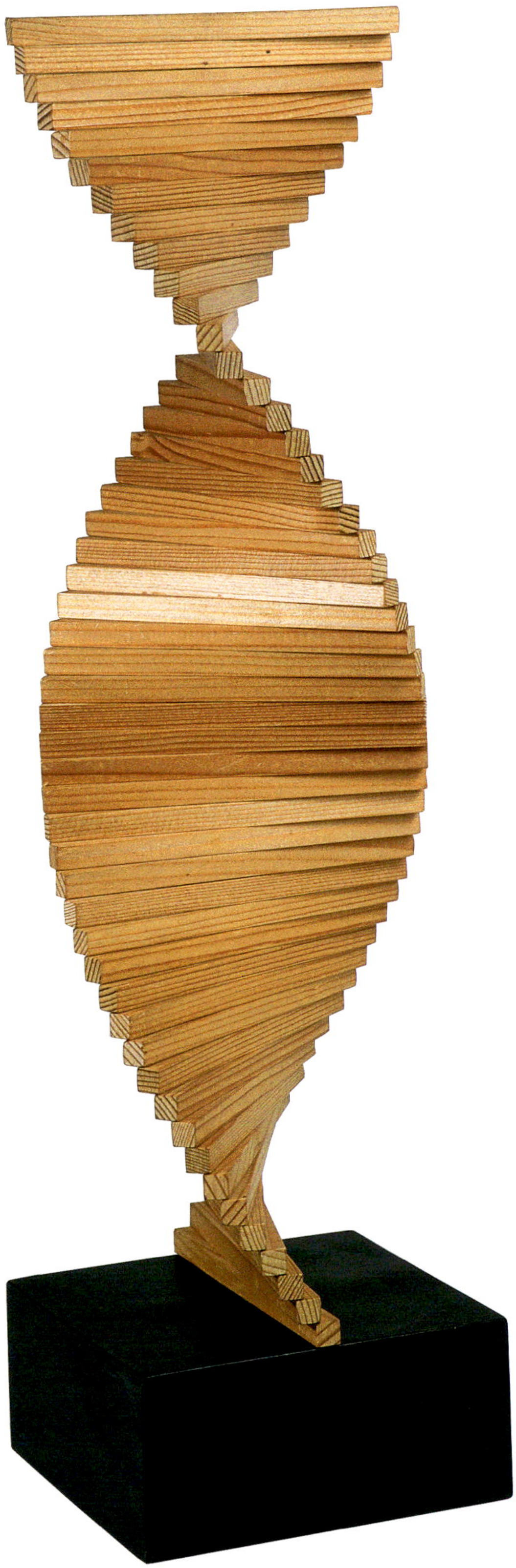

Wandelplastik

Diesen Namen gab der Innenarchitekt und Tischlermeister Andreas Weisheit seiner Kreation, bei der 50 Holzleisten drehbar auf einen Metallstab gefädelt sind.

Sobald Sie diese Plastik für Ihre Mitmenschen zugänglich aufstellen, werden Sie feststellen, dass sie sich ständig verändert. Sie zieht Kinder und Erwachsene gleichermaßen magisch an und wird von ihnen in immer neue Formen verwandelt. Sie werden überrascht sein, wieviel Fantasie sie dabei entwickeln! Einmal sieht die Plastik aus wie ein in sich verdrehtes Brett, dann wieder wirr und strubbelig, in der folgenden Variante vielleicht wie eine überdimensionale Spiralnudel. Vielleicht versuchen Sie einmal, über die modellierte Form auf den Gemütszustand des Gestalters zu schließen? Das ist vielleicht nicht ganz fair, bietet aber Stoff für eine abendfüllende Diskussion.

Werkzeuge

Auf jeden Fall benötigen Sie:

- Meterstab
- Bleistift
- Kreissäge
- Hand-Bohrmaschine
- Bohrer (∅ 4 mm)
- Hand-Schleifklotz
- Schleifpapier (Körnung 150, 180, 240)
- 2 bis 4 Schraubzwingen (200 mm)
- Haarpinsel oder Lackrolle
- Metallsäge
- Schneideisen (M 4) und Windeisen

Optimales Arbeiten ermöglichen:

- Abricht-Hobelmaschine
- Dicken-Hobelmaschine
- Ständer-Bohrmaschine
- Exzenterschleifer
- Spritzpistole

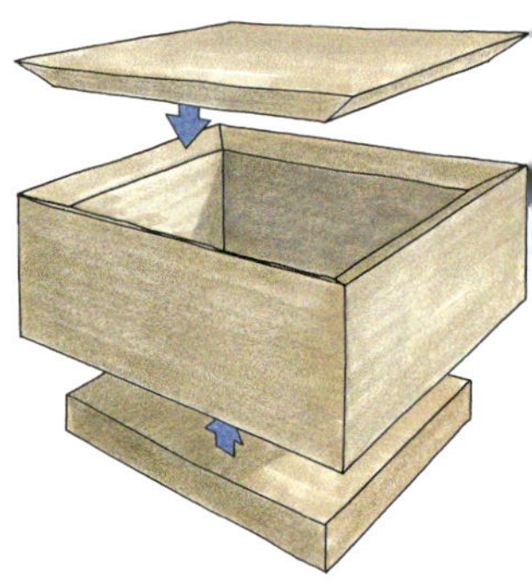

Material

Bauteil	Bezeichnung	Stück	Material	Fertigmaß in mm		
				Länge	Breite	Dicke
Leisten	Leisten	50	Fichte	150	10	10
Sockel	Deckplatte	1	MDF	150	150	19
	Seiten	4	MDF	150	70	19
	Innenplatte	1	MDF	112	112	19
Achse	Metallstab	1	Stahl	544	∅ 4	
	Unterlegscheibe	2	Stahl	1	∅ 10	
	Hutmutter	1	Stahl	M 4		
Holzleim und einen Tropfen Epoxidharz-Kleber						
(Schwarzer) Lack zur Oberflächenbehandlung						

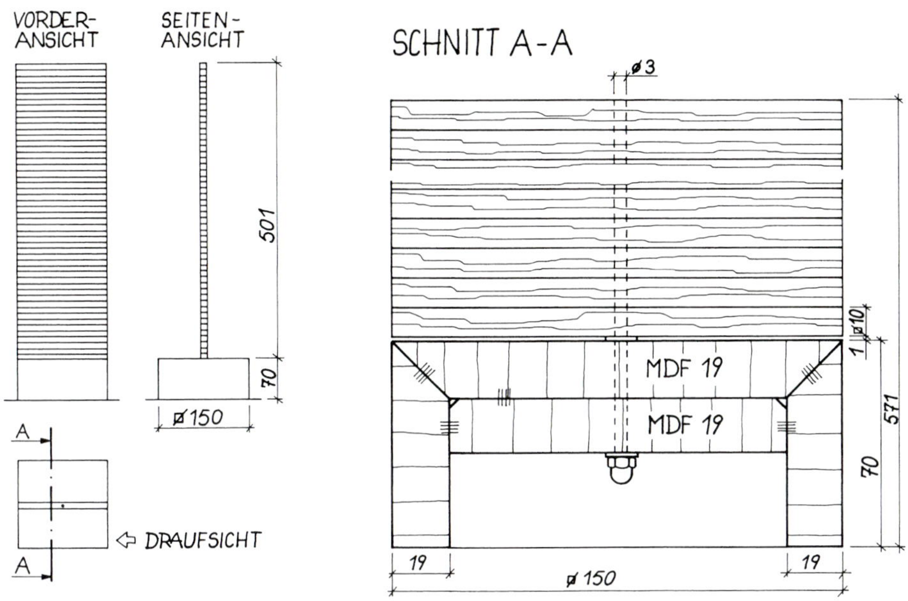

Abb. 68: Konstruktionszeichnung.

Welches Holz eignet sich?

Grundsätzlich können Sie alle Hölzer, die nicht zum Verziehen neigen, für die Herstellung der Leisten verwenden. Das Original besteht aus feinjährigem Fichtenholz. Pflaumenbaum (Zwetschge) und europäischer Kirschbaum, die zu starkem Drehwuchs neigen, sind nur bedingt geeignet. Wenn Ihnen kein MDF-Material für den Sockel zur Verfügung steht, können Sie ihn auch aus Massivholz fertigen. Verwenden Sie dafür ein feinporiges Holz, damit die Struktur nach dem Lackieren in den Hintergrund tritt. Gut geeignet sind Ahorn, Birnbaum und amerikanischer Kirschbaum.

Vier Varianten
Durch Farbe können Sie die Wirkung der Plastik verändern. Bedenken Sie dabei, dass leuchtende Farben und krasse Farbkontraste schnell aufdringlich oder unruhig wirken können.

Variante 1: Beizen Sie alle Leisten mit einer farbigen Lösemittelbeize und lassen Sie den Sockel schwarz. Die so behandelten Leisten haben eine angenehm matte Oberfläche, auf der die Holzstruktur noch gut zu erkennen ist.

Variante 2: Lackieren Sie jede Leiste mit einer eigens für sie gemischten Farbe. Verwenden Sie dazu matte, nicht auf Wasserbasis aufgebaute

Lackfarbe. Das Wasser ließe die Fasern der Leisten quellen. Grundieren Sie alle Leisten mit dem Basisfarbton RAL 5010, enzianblau. Füllen Sie nach dem Zwischenschliff gerade so viel dieser Farbe in ein Gefäß, dass die Menge für die zweite Beschichtung aller Leisten knapp ausreicht. Dann streichen Sie die erste Leiste wiederum in diesem Farbton. Danach geben Sie für jede weitere Leiste etwas schwarze Farbe zu und mischen gut durch. Wenn Sie alle Leisten gestrichen und auf den Metallstab gefädelt haben, sehen Sie einen harmonischen Farbverlauf.
Variante 3: Wählen Sie an Stelle des hölzernen Sockels einen steinernen. Verwenden Sie einen interessanten Naturstein, den Sie mit Hammer und Meißel bearbeiten oder den Sie so belassen, wie Sie ihn gefunden haben und lediglich für den Metallstab durchbohren – ein Schieferblock drängt sich geradezu auf. Einen interessanten Gegensatz zu den beweglichen Holzelementen erreichen Sie auch durch einen Betonsockel, den Sie aus Fertigmörtel selbst herstellen und eventuell sandstrahlen können.
Variante 4: Verwenden Sie eine Stahlplatte für den Sockel. Wenn Sie statt Edelstahl lieber eine rustikale Rostpatina mögen, setzen Sie das Metall einige Zeit der Witterung aus.

Arbeitsschritte

Zeitaufwand
Sie sollten für diese Plastik etwa fünf Stunden Bauzeit einplanen.

1. Leisten aushobeln und zuschneiden
2. Leisten grob ablängen
3. Durchgangslöcher bohren
4. Leisten fein ablängen
5. Metallstab ablängen und Gewinde schneiden
6. auffädeln und schleifen
7. Sockel zuschneiden und verleimen
8. Sockel bohren
9. Sockel lackieren
10. Montieren

1. Leisten aushobeln und zuschneiden

Hobeln Sie ein Brett mit einem Meter Länge und etwa 170 mm Breite auf 10 mm Dicke und schneiden Sie es in neun 12 mm breite Streifen. Achten Sie darauf, dass die Streifen gerade werden. Bei Bedarf fügen Sie mit der Abricht-Hobelmaschine zwischendurch eine gerade Winkelkante an das Brett. Hobeln Sie die gesägten Streifen anschließend mit der Dicken-Hobelmaschine auf ebenfalls 10 mm.

> Tipp! Stehen Ihnen Abricht- und Dicken-Hobelmaschine nicht zur Verfügung, kaufen Sie die Leisten mit dem passenden Querschnitt im Baumarkt oder in einem Bastelgeschäft.

2. Leisten grob ablängen

Sägen Sie die Leisten in 155 mm lange Stücke. Erst nach dem Bohren erhalten diese das genaue Maß. Verwenden Sie dazu ein Sägeblatt mit vielen Zähnen, das Sie etwa 30 mm über das Leistenniveau hinausstehen lassen. Um Ausrisse sicher zu verhindern, legen Sie die Leisten zum Ablängen in ein Winkelbrett, das Sie aus Hartholz oder Buchen-Furnierplatte bauen (siehe Abb. 69). So nutzen sich die Kanten an der Schnittstelle nicht so schnell ab. Lassen Sie es rechts des Sägeblattes etwa 120 mm überstehen, erhalten Sie zwei ausrissfreie Schnittflächen und können die abfallende Leiste am überstehenden Ende gut greifen.

Abb. 69: Mit dem Winkelbrett arbeiten Sie sicherer und genau.

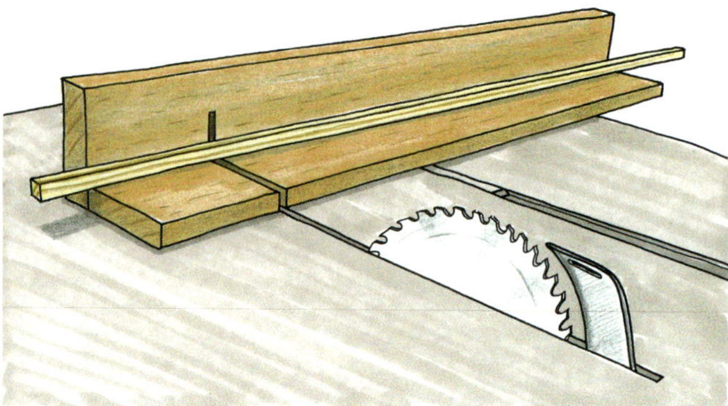

3. Durchgangslöcher bohren

Die Leisten erhalten Durchgangsbohrungen mit dem Durchmesser des Metallstabes, auf den sie später gefädelt werden. Es ist sehr wichtig, dass Sie die Löcher rechtwinklig zu den Leistenflächen und exakt mittig bohren. Das lässt sich am einfachsten an einer Ständer-Bohrmaschine mit Anschlag bewerkstelligen. Stellen Sie die Maschine so genau wie möglich ein und durchbohren Sie zwei Probeleisten. Stecken Sie diese beiden Hölzer auf den Metallstab und verdrehen nur eines davon um 180°. Sie dürfen weder vor noch nach dem Verdrehen einen Versatz an den Längskanten fühlen. Bei Bedarf richten Sie so lange die Bohrposition nach, bis das Ergebnis stimmt, und bohren erst dann alle Leisten. In der Länge dürfen die Leisten nach dem Verdrehen noch etwa einen Millimeter Versatz haben, da sie erst im nächsten Arbeitsschritt genau gesägt werden.

4. Leisten fein ablängen

Präzises Ablängen ist erforderlich, damit die Leisten auch nach einer 180°-Drehung auf dem Metallstab an beiden Enden bündig sind. Bohren Sie, um das zu erreichen, ein Loch mit dem Durchmesser des Metallstabes in den Winkelanschlag, den Sie sich zum Ablängen gebaut haben. In dieses Loch, dessen Mittelpunkt 5 mm über der Auflagefläche und 75 mm links des Sägeblattes liegen soll, kleben Sie ein Stück des Metallstabes. Fasen Sie das nur 5 mm herausstehende Ende stark an, damit Sie die gebohrten Leisten einfacher aufstecken können (siehe Abb. 70). Sägen Sie mit Hilfe dieser Vorrichtung alle Leisten auf 150 mm Länge.

Abb. 70: Der gefaste Metallstift erlaubt Ihnen einfaches Aufstecken der Leisten.

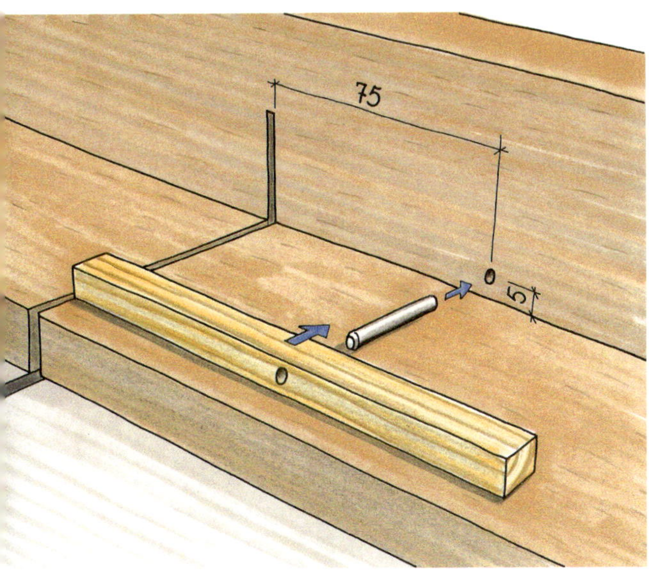

5. Metallstab ablängen und Gewinde schneiden

Sägen Sie den Metallstab auf die in der Materialliste angegebene Länge und schneiden Sie an ein Ende ein etwa 10 mm langes Gewinde. Auf diese Seite wird später die Hutmutter geschraubt.

Ob Sie den in der Materialliste angegebenen Stahlstab oder einen Messingstab verwenden, ist für die Gebrauchstauglichkeit des Spieles ebenso unerheblich wie für das Gewindeschneiden, doch beginnen Sie mit den ersten Schneidversuchen an einem Abfallstück.

> Vorsicht! Achten Sie darauf, die Oberfläche des Metallstabes nicht zu zerkratzen, wenn Sie ihn zum Absägen beispielsweise in einen Schraubstock spannen. Zum einen ließen sich die Leisten dann schlechter auffädeln, zum anderen nicht mehr so leicht drehen.

So schneiden Sie das Gewinde
Spannen Sie das Schneideisen für die Gewindegröße M4 in das Windeisen und setzen Sie es mit der größeren Schneidöffnung voran waagerecht auf den senkrecht eingespannten Metallstab. Drehen Sie mit leichtem Druck nach unten das Windeisen zwei bis drei Gewindegänge auf den Stab. Danach drehen Sie es eine viertel Umdrehung zurück, geben einen Tropfen Öl in die Öffnung des Schneideisens und schneiden wieder einen Gewindegang. Nach diesem und jedem weiteren Gewindegang drehen Sie das Windeisen etwa eine viertel Umdrehung zurück und schneiden erst danach weiter: Dadurch verhindern Sie zu große Späne und das Verstopfen der Zwischenräume.

6. Leisten auffädeln und schleifen

Fädeln Sie die Leisten zum Schleifen (Körnung 150 oder 180) auf den Metallstab und legen Sie Ihr Werk flach auf die Werk- oder Hobelbank. Fixieren Sie es dort, indem Sie rundum dünne Streifen Furnier- oder Spanplatte spannen. Schleifen Sie zuerst die Oberfläche gleichmäßig stark von beiden Seiten in Faserrichtung, damit sie nach dem Verdrehen keinen Versatz haben.

Schleifen Sie abschließend ebenso vorsichtig die Querholzflächen. Damit sich diese zum Verdrehen angenehm greifen lassen, sollten Sie die Kanten ganz leicht brechen. Schleifen Sie die aneinander gereihten Querholzkanten, solange die Plastik noch auf der Werkbank liegt. Danach ziehen Sie die Leisten wieder vom Metallstab und fasen die zuvor nicht erreichbaren Querholzkanten.

7. Sockel zuschneiden und verleimen

Der Sockel wird aus 19 mm dicken MDF-Platten wie ein Kasten verleimt. Damit sich die Plattenkanten und Leimfugen nach der Oberflächenbehandlung nicht abzeichnen, sollten Sie ihn auf Gehrung sägen und verleimen. Schneiden Sie an die vier Deckelkanten eine 45°-Schräge. Die vier Seiten erhalten diese Schräge jeweils an einer Längskante und an den schmalen Kanten. Danach verleimen Sie den gesamten Sockel mit Klebeband, wie in der Bauanleitung zum Dominospiel beschrieben (siehe Abb. 71).

Schneiden Sie nun eine weitere MDF-Platte zu, die genau in den Innenraum des Sockels passt. Damit Sie diese problemlos einleimen können, brechen Sie auf der dem Deckel zugewandten Seite kräftig die Kanten. So quillt kein Leim an den Kanten heraus und Leimreste von der vorausgegangenen Verleimung stören nicht.

Geben Sie nur im Sockel und nicht an der Innenplatte Leim an, damit Sie beim Hineindrücken der Platte die Innenseiten nicht mit hervorquellendem Leim beschmutzen.

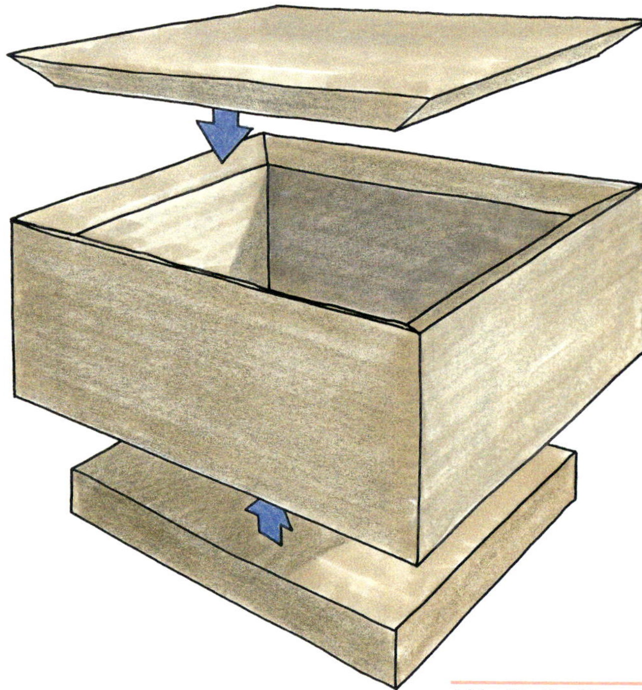

Abb. 71: So fügen Sie die Einzelteile des Sockels zusammen.

Alternative
Wenn Sie keine Kreissäge mit schwenkbarem Sägeblatt haben, verleimen Sie vier 19 mm dicke MDF-Platten zu einem Block, den Sie anschließend mit der Kreissäge formatieren. Zeichnen Sie auf die Unterseite ein Diagonalkreuz und bohren Sie ein großes, 38 mm tiefes Loch von unten in das Zentrum des Sockels. Dadurch schaffen Sie ausreichend Platz, um die Hutmutter darin unterbringen und mit einem Steckschlüssel aufschrauben zu können.

8. Sockel bohren

Zeichnen Sie ein Diagonalkreuz auf die Sockeloberseite, um den Mittelpunkt festzustellen. Dort durchbohren Sie den Sockel mit einem 4-mm-Bohrer. Wenn sie keine Ständer-Bohrmaschine benutzen, achten Sie darauf, dass diese Bohrung rechtwinklig zur Fläche verläuft.

Vermeiden Sie das Durchbohren von der Unterseite zur Oberseite, da beim Bohreraustritt der Lochrand leicht ausbricht.

9. Sockel lackieren

Tragen Sie die matte, schwarze Farbe mit einem Haarpinsel oder einer Lackrolle auf, damit möglichst wenig Pinselspuren zu sehen sind. Lassen Sie den Lack gründlich durchtrocknen, bevor Sie mit 240-er Schleifpapier zwischenschleifen und die zweite sowie eventuell eine dritte Farbschicht auftragen.

> Tipp! Spachteln Sie vor dem Schleifen der Kanten eventuell noch offene Fugen, damit diese nach dem Lackieren nicht sichtbar sind.

10. Montieren

Rauen Sie das obere Ende des Metallstabes etwa 10 mm mit grobem Schleifpapier auf. Verkleben Sie anschließend mit einem Tropfen Epoxidharz-Kleber die oberste Leiste mit dem Metallstab. Zur besseren Handhabung und um zu verhindern, dass die nachfolgende Leiste mit der ersten zusammenklebt, warten Sie, bis der Kleber ausgehärtet ist. Fädeln Sie anschließend alle weiteren Leisten auf den Metallstab und stecken Sie eine Unterlegscheibe am unteren Ende auf. Diese soll dick genug sein, zu verhindern, dass die unterste drehbare Leiste Schleifspuren auf der Oberseite des Sockels hinterlässt. Stecken Sie dann den Stab in das Sockelloch und legen Sie von unten eine Unterlegscheibe oder einen schwachen Sprengring bei, bevor Sie die Hutmutter aufschrauben. Nun können Sie das Spiel mit der Formenvielfalt beginnen. Sollte sich dabei die Hutmutter lösen, kontern Sie diese mit einer zusätzlichen kleinen Mutter.

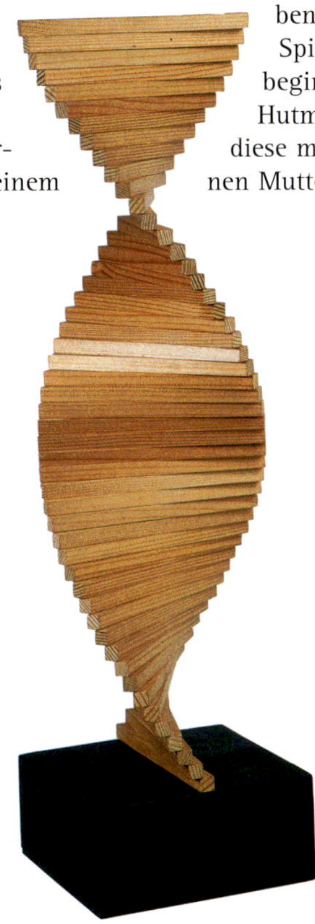

Teufelsknoten

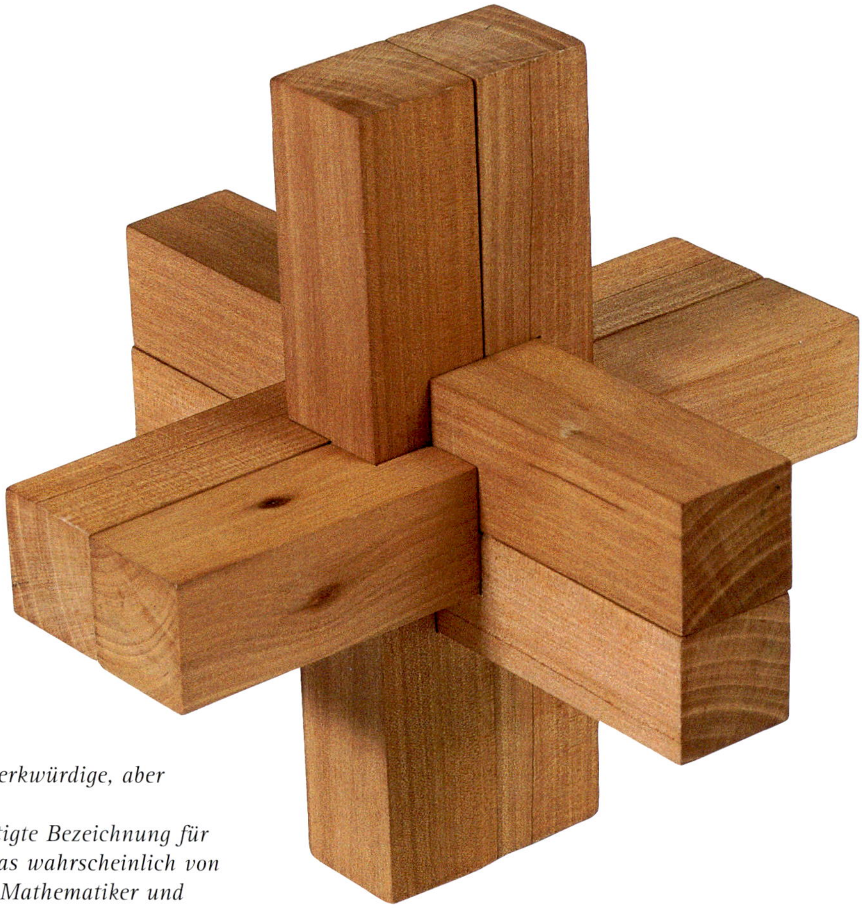

Das ist schon eine merkwürdige, aber auf keinen Fall unberechtigte Bezeichnung für dieses Geduldspiel, das wahrscheinlich von dem amerikanischen Mathematiker und Systemanalytiker Bill Cutlers entwickelt wurde. Sie bezieht sich jedoch weniger auf die Fertigung als vielmehr auf seinen Gebrauch.

Wahrscheinlich haben schon viele diese sechs kleinen Holzstäbe zum Teufel gewünscht, die – geschickt ineinander gesteckt – einen Holzknoten bilden. Mit Geduld, Geschick und guten Nerven werden Sie sicherlich die Hölzer bändigen. Und wenn es gar nicht gelingen will, gibt es auch eine Zusammenbau-Anleitung. Sollten Sie Gefallen an derartigen Steckpuzzles finden, bietet Ihnen einschlägige Literatur noch viele weiterführende Möglichkeiten.

Werkzeuge

Auf jeden Fall benötigen Sie:

- Meterstab
- Messschieber
- Schlichthobel
- Putzhobel
- Bleistift
- Schneidlade
- Feinsäge
- Anschlagwinkel
- Stecheisen (10, 20 mm)
- Schleifpapier (Körnung 150, 180)
- 2 Schraubzwingen

Optimales Arbeiten ermöglichen:

- Abricht-Hobelmaschine
- Dicken-Hobelmaschine
- Kreissäge

Material

Bezeichnung	Stück	Material	Fertigmaß in mm		
			Länge	Breite	Dicke
Leisten	6	Birnbaum	140	24	24
Öl zur Oberflächenbehandlung					

Wichtige Hinweise zur Holzfeuchte
Die Holzfeuchte spielt bei dieser Arbeit eine entscheidende Rolle: Sie soll etwa acht Prozent betragen. Entsprechende Prüfinstrumente besitzen Holzhändler, aber auch viele Schreiner. Feuchteres Holz gibt bei der Lagerung im Wohnraum Wasser ab, schwindet dabei und lässt die Holzstäbe wackeln. Ihr Knoten vermittelt dadurch den Eindruck unsolider Arbeit und fällt im schlimmsten Fall auseinander. Im Gegensatz dazu nimmt zu trockenes Holz Feuchtigkeit auf und quillt dadurch so stark, dass Sie die Verbindungen nicht mehr lösen können. Ist dieser seltene Fall eingetreten, legen Sie den Teufelsknoten so lange auf einen warmen Heizkörper, bis er sich wieder lösen lässt.

Welches Holz eignet sich?

Wie die Holzfeuchtigkeit hat auch die Holzauswahl entscheidenden Einfluss auf die Qualität Ihres fertigen Knotens. Weichholzfasern neigen bei der Bearbeitung zum Ausreißen, andere Hölzer lassen Ihre Stecheisen schnell stumpfen, daher sollten Sie diese Hölzer meiden, wenn Sie nicht mit der Kreissäge, sondern mit Feinsäge und Stecheisen arbeiten. Typische Vertreter der einen oder anderen Richtung sind Fichte,

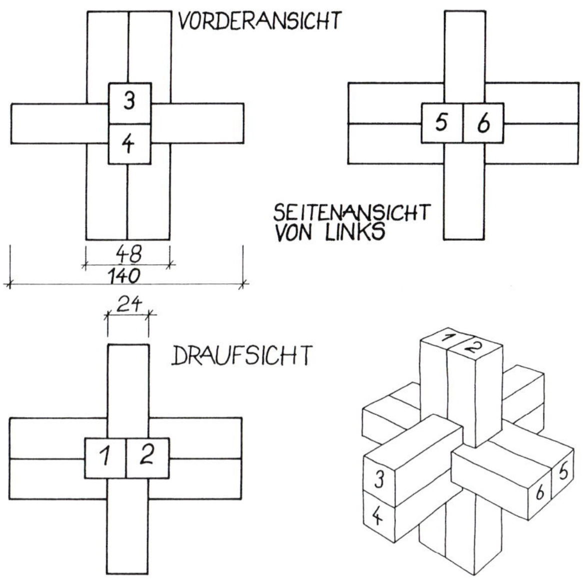

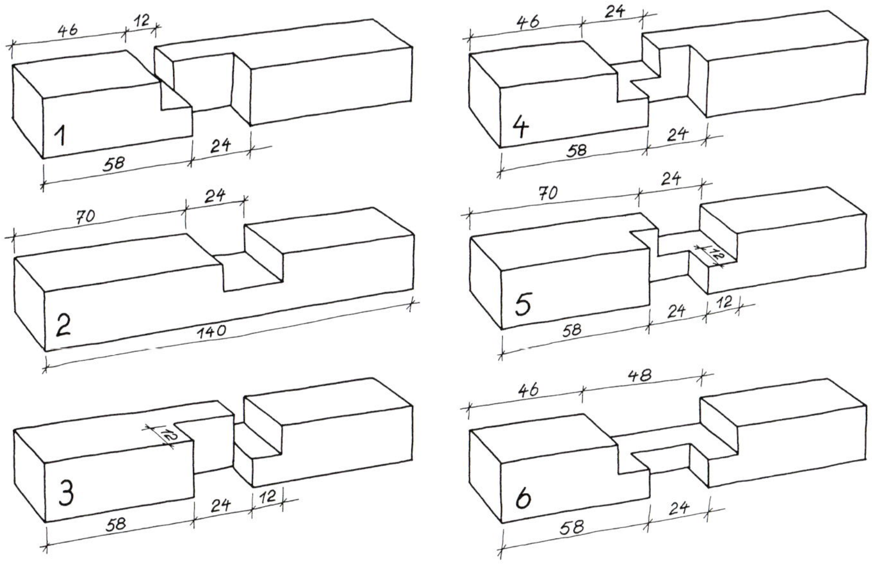

Abb. 72 + 73: Ansichtzeichnung (oben) und Konstruktionszeichnung (links).

Tanne, Lärche, Robinie, Wengé. Meiden Sie auch Holz, das stark quillt und schwindet. Die Rotbuche, unser in dieser Hinsicht aktivstes einheimisches Holz, sollten Sie daher nicht verwenden.

Gut geeignete einheimische Hölzer sind Ahorn, Birnbaum, Kirschbaum, Nussbaum, Esche und Eiche. Als Exoten bieten sich Padouk, Bubinga, Palisander, Mahagoni und Satin an.

Mit etwas Glück finden Sie ausreichend Holz für einen Knoten in der Abfallkiste einer Schreinerei, denn Holzreste in dieser Größe werden vom Schreiner nur noch thermisch verwertet. Sollten Sie fündig werden, haben Sie neben den geringen Kosten meist noch einen entscheidenden weiteren Vorteil: Sie erhalten trockenes Holz.

Varianten

- Fertigen Sie einen Knoten an, um ihn zu verschenken, könnten Sie in eine Außenfläche den Namen des Empfängers gravieren. Mit einem Schriftenfräser in der Hand-Oberfräse können Sie diese Arbeit leicht selber ausführen. Stellt Sie das Ergebnis nicht zufrieden, kann diese Detailarbeit auch anderweitig in Auftrag gegeben werden.
- Verwenden Sie Eiche, könnten Sie je einen der paarweise zusammengehörenden Stäbe räuchern. Setzen Sie Ahornholz ein, erzielen Sie eine interessante Wirkung, wenn Sie die Stäbe in sechs verschiedenen Farben beizen.
- Der Knoten wird zum Holzrätsel und Puzzle in einem, wenn Sie ihn aus sechs verschiedenen Holzarten bauen.
- An einen Zauberwürfel werden Sie erinnert, wenn Sie nur die Querholzflächen farbig streichen, beispielsweise jede der sechs paarigen Flächen in einer anderen Farbe. Außerdem wirkt der Knoten auch sehr geradlinig und elegant, wenn Sie die Stäbe kürzer (etwa 80 mm) lassen.

Bei allen Varianten bietet sich an, die Querholzflächen etwa einen Millimeter breit zu fasen.

Arbeitsschritte

1. Zuschneiden und Aushobeln
2. Ausschnitte anreißen

3.1 Ausschnitte ausarbeiten mit Feinsäge und Stecheisen oder

3.2 Ausschnitte ausarbeiten mit der Kreissäge

4. Ablängen und Schleifen
5. Zusammenbau und Prüfen der Passungen
6. Oberfläche behandeln

Zeitaufwand

Stellen Sie den Knoten überwiegend mit Handwerkzeugen her, werden Sie etwa vier Stunden benötigen. Setzen Sie intensiv die Kreissäge ein, können Sie in etwa zwei Stunden fertig sein.

1. Zuschneiden und Aushobeln der Leisten

Schneiden Sie zwei 650 mm lange Streifen zu, damit Sie ausreichend Probematerial haben, und hobeln Sie diese auf das exakte Format. Achten Sie unbedingt darauf, die Querschnittmaße genau einzuhalten. Alle Kanten müssen exakt rechtwinklig sein, da sich Abweichungen später addieren.

Tipp! Hobeln Sie Hölzer, die Sie wegen ihrer geringen Länge nicht mehr mit der Abricht-Hobelmaschine und der Dicken-Hobelmaschine bearbeiten dürfen, mit dem Schlichthobel und dem Putzhobel auf genaues Format. Sie werden allerdings feststellen, dass diese Arbeit viel Übung und einige Probestücke verlangt.

Nur wenn Sie die Ausschnitte an der Kreissäge herstellen wollen, schneiden Sie die Leisten in 140 mm lange Stücke. Für das Arbeiten mit Feinsäge und Stecheisen fassen Sie, damit Sie die kleinen Teile besser bearbeiten können, immer zwei Stäbe zu einer Bearbeitungslänge zusammen. Sie erhalten somit drei etwa 320 mm lange Streifen, die Sie erst nach dem Herstellen der Ausschnitte exakt ablängen.

2. Anreißen der Längen und Ausschnitte

Reißen Sie zuerst die exakten Längen der Stäbe auf Ihren Hölzern an und überwinkeln Sie diese auf die vier Seiten. Schreiben Sie dabei auf jeden Puzzlestab die Einzelteil-Nummer, die Sie der Abbildung 72 entnehmen. Zeichnen Sie anschließend mit einem spitzen Bleistift die Umrisse der Ausschnitte auf und kennzeichnen Sie deutlich diesen auszuarbeitenden Teil.

Tipp! Messen Sie alle anzureißenden Längenmaße bei jedem Stab nur von einem der überwinkelten Endrisse, damit die Maßabweichungen so gering wie möglich bleiben.

3.1 Ausarbeiten der Ausschnitte mit Feinsäge und Stecheisen

Das Einsägen
Entweder Sie verwenden eine Schneidlade, die Sie zur besseren Handhabung festspannen, oder Sie klemmen Ihr Werkstück mit der Hinterzange der Hobelbank zwischen zwei Bankhaken. Führen Sie mit einer Feinsäge oder einer japanischen Säge den zu jeder Bezugfläche rechtwinkligen Schnitt auf halbem Riss aus und beachten Sie dabei, dass die Schnittfuge im abfallenden Teil des Ausschnittes verläuft. Wenn Sie ohne Schneidlade arbeiten, spannen Sie sich eine rechtwinklige Leiste neben den Riss, die der Säge die nötige Führung gibt.

Tipps! Sie erleichtern sich das nachfolgende Ausstemmen, indem Sie in das auszustemmende Holz noch mehrfach etwa 11 mm tiefe Schnitte sägen und die dadurch entstandenen Stege herausbrechen.

Eine mit einfachen Klemmen an Ihre Feinsäge gespannte Leiste verhindert, dass Sie die Einschnitte zu tief sägen und bewirkt gleichzeitig, dass die Schnitte parallel zur Leistenoberseite verlaufen (Abb. 74).

Das Ausstemmen der Aussparungen
Spannen Sie die zu bearbeitende Leiste wieder in die Hinterzange und stechen Sie mit einem Stecheisen das Holz aus den Aussparungen. Damit der Grund der Aussparungen genau auf der halben Holzdicke liegt und eben wird, legen Sie eine etwa 40 mm breite und 12 mm dicke Leiste vor den zu bearbeitenden Ausschnitt. Legen Sie das Stecheisen (je nach Ausschnitt 10 oder 20 mm breit) mit dem Rücken flach auf diese Leiste und stechen Sie den Grund nur bis zur Leistenmitte frei. Widerstehen Sie der Versuchung, den gesamten Grund von einer Bearbeitungsseite heraus zu stechen, da es beim Stecheisenaustritt auf der Ihnen abgewandten Seite leicht zu Ausrissen kommt. Drehen Sie anschließend die Leiste, um den verbliebenen Teil herauszustechen.

Halten Sie das Stecheisen beim Arbeiten quer zur Holzfaser leicht schräg, damit der Schnitt genauer wird (siehe Abb. 75).

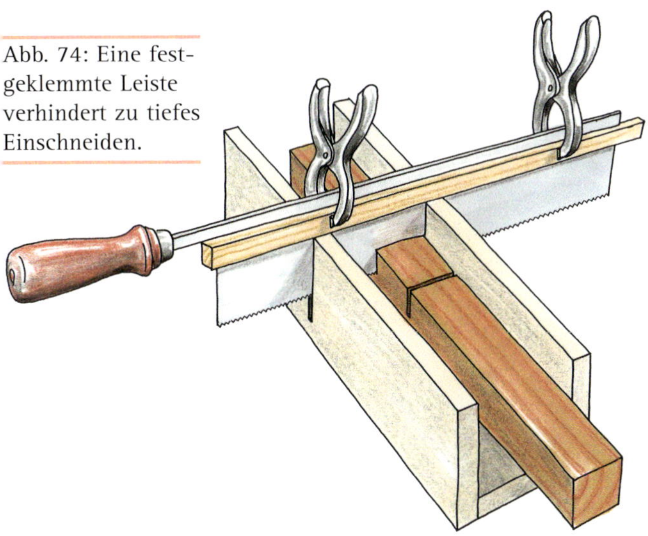
Abb. 74: Eine festgeklemmte Leiste verhindert zu tiefes Einschneiden.

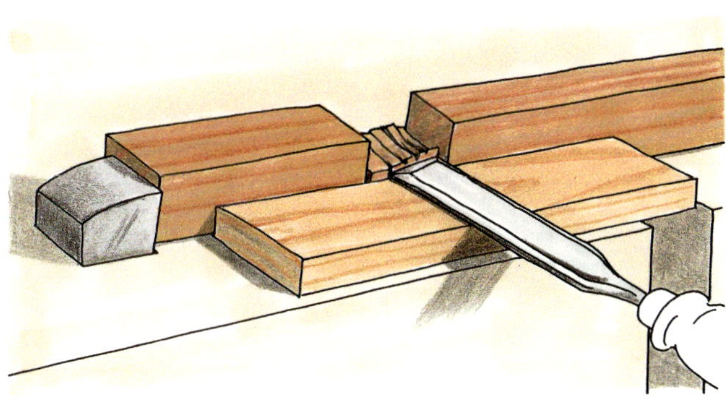
Abb. 75: So stechen Sie den Grund gerade.

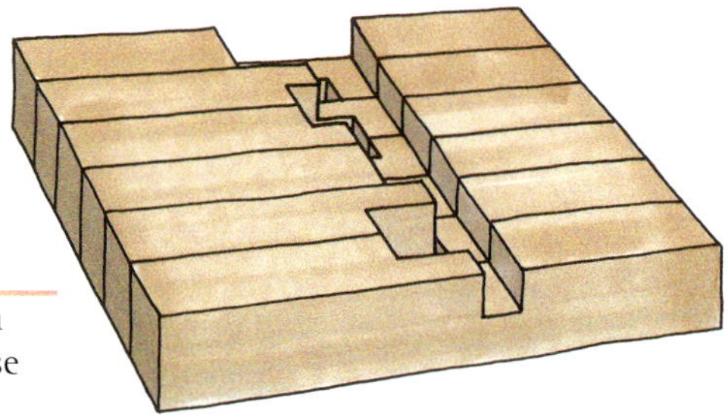

Abb. 76: Prüfen Sie, welche Risse in einer Flucht liegen.

3.2 Ausarbeiten der Ausschnitte mit der Kreissäge

Rüsten Sie die Kreissäge mit einem feinzahnigen Flachzahn-Sägeblatt, das Sie 12 mm über den Tisch vorstehen lassen. Sollten bei dem ausgeführten Probeschnitt Ausrisse entstehen, verwenden Sie ein Winkelbrett aus Hartholz, wie es bei der Bauanleitung zur Wandelplastik beschrieben ist. Stellen Sie nun den Winkelanschlag und das Parallellineal der Kreissäge so ein, dass der Sägeschnitt innerhalb der anzuschneidenden Brüstungen verläuft. Legen Sie die Einzelteile zuvor nebeneinander und prüfen Sie, welche Schnitte Sie zusammenfassen und mit einer Einstellung ausführen können, damit Sie rationell arbeiten und die Maßabweichungen minimieren (siehe Abb. 76).

Beginnen Sie an einer Brüstung und zersägen Sie das herauszuarbeitende Holz Schnitt für Schnitt, bis Sie die zweite Brüstung erreicht haben. Führen Sie zuerst beide Brüstungsschnitte aus und zersägen Sie anschließend durch mehrfach versetzte Schnitte das verbleibende Holz, kommt es leicht zu Ausrissen, da Sie beim letzten Schnitt nur noch einen schmalen Steg zersägen. Da diesen kein stützendes Holz mehr umgibt, hat er nicht den nötigen Halt, wird heraus geschleudert und hinterlässt einen Ausriss an der Längsholzkante.

Sägen Sie zuerst alle schmalen, danach alle mittleren Ausschnitte und zum Schluss den breiten Ausschnitt.

Prüfen Sie zwischendurch die Maßgenauigkeit, indem Sie einen Stab in einen gesägten Ausschnitt legen.

4. Ablängen und Schleifen

Haben Sie die Ausschnitte manuell hergestellt, sägen Sie nun die Stäbe in einer Schneidlade auf die genaue Länge. Danach schleifen Sie die Stäbe behutsam, da zu hoher Materialabtrag die Stäbe im zusammengesteckten Knoten wackeln ließe.

5. Zusammenbau und Prüfen der Passungen

Stecken Sie den Teufelsknoten zusammen – oder versuchen Sie es zumindest. Arbeiten Sie die Aussparungen, die sich nicht gut zusammenstecken lassen, vorsichtig mit dem Stecheisen nach, bis die Verbindungen passen (Lösung Seite 156).

6. Oberfläche ölen

Die ungeschützte Oberfläche bekommt durch häufiges Anfassen – das ja erwünscht ist – eine Patina. Wenn Sie das vermeiden möchten, sollten Sie die Oberfläche ölen, aber nicht lackieren. Lack vergrößert den Querschnitt der Stäbe um eine dünne Schicht, die aber ausreichen kann, dass sich der Knoten nicht mehr zusammenbauen lässt.

Wollen Sie die Enden der Stäbe farbig gestalten, tragen Sie dort Farbe auf, lassen Sie diese trocknen und schleifen Sie anschließend die Fasen nach. Durch dieses Verfahren erhalten Sie exakt saubere Kanten ohne störenden Farbverlauf.

> Tipp! Tragen Sie die Farbe nicht mit einem Pinsel, sondern tupfend mit einem über einen handlichen Klotz gezogenen farbgetränkten Lappen auf, damit die Farbe nicht auf die Flächen gerät.

Kristallknoten

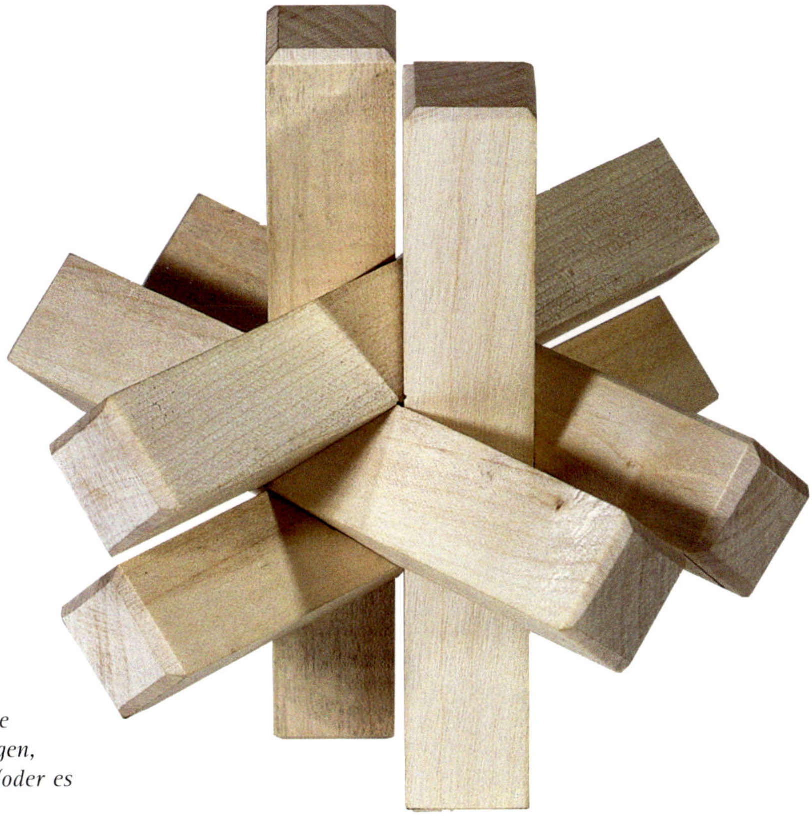

Der Kristallknoten wirkt edel und filigran, und er fordert den Geist und die Geschicklichkeit desjenigen, der ihn zusammenbaut (oder es versucht).

Vielleicht wird es der Renner unter Ihren selbst gebauten Geschenken, zumal der Materialeinsatz sehr gering ist. Weil die sechs Holzstäbe gleich sind, hält sich auch der Aufwand der Herstellung in Grenzen. Legen Sie doch einmal eine Kleinserie auf. Dann laden Sie Ihre Freunde zu einem Spielabend, an dem Sie jedem Ihrer Gäste einen Kristallknoten überreichen: Erst wenn ein Gast es geschafft hat, ihn zu zerlegen und wieder zusammenzubauen, werden Getränke ausgeschenkt. Sie laufen allerdings Gefahr, einen sehr trockenen Abend zu verbringen!

Material

Bezeichnung	Stück	Material	Fertigmaß in mm		
			Länge	Breite	Dicke
Leisten	6	Nussbaum	120	20	20
Öl zur Oberflächenbehandlung					

Werkzeuge

Auf jeden Fall benötigen Sie:

- Meterstab
- Bleistift
- Anschlagwinkel
- Messschieber
- Schneidlade
- Feinsäge oder Japanische Säge
- Winkelmesser
- Stecheisen (20 oder 30 mm)
- Schleifpapier (Körnung 150, 180)
- 2 Schraubzwingen
- eine Klemmzwinge

Optimales Arbeiten ermöglichen:

- Abricht-Hobelmaschine
- Dicken-Hobelmaschine
- Kreissäge

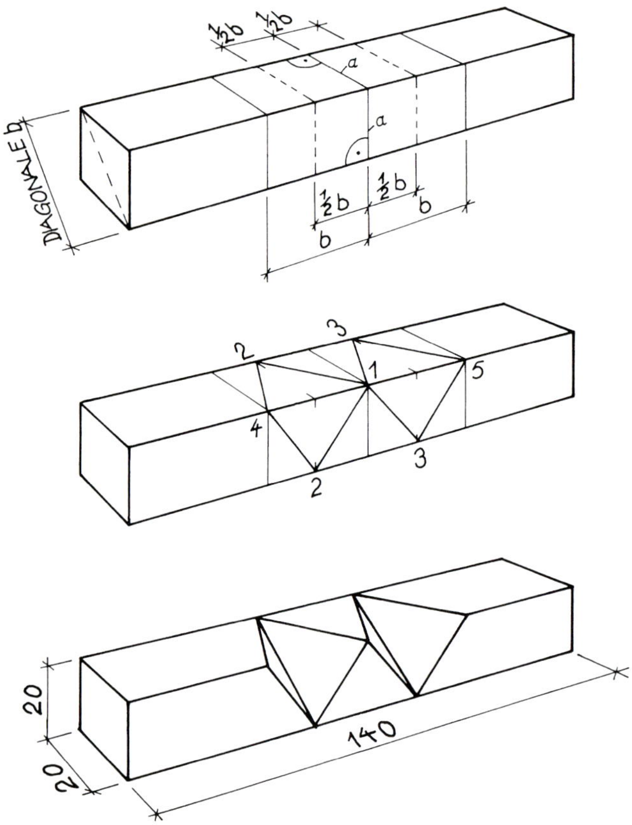

Abb. 77: Konstruktions- und Ansichtzeichnung.

Welches Holz eignet sich?

Informieren Sie sich darüber und über die tolerierbare Holzfeuchte in der Bauanleitung zum Teufelsknoten auf Seite 85, da die dort aufgeführten Hinweise auch für dieses Puzzle gelten.

Varianten

- Da die Enden der einzelnen Stäbe rundum sichtbar sind, liegt es nahe, diese dekorativ zu gestalten. Die an einen Kristall erinnernde Form können Sie noch betonen, indem Sie die Langholzflächen der Stäbe im Endbereich umlaufend mit einem Ziernuten-Fräser 3 bis 5 mm tief einkerben.
- Die Stäbe bieten sich aber auch für eine grafische Gestaltung an. Lackieren Sie die Stäbe mit hochglänzender roter Farbe und beschriften Sie diese mit chinesischen Schriftzeichen. Verwenden Sie dazu einen feinen Rotmarder-Haarpinsel und schwarze, ebenfalls hochglänzende Farbe, so geben Sie dem gesamten Knoten einen fernöstlichen Anstrich. Die Dicke des Farbauftrages müssen Sie allerdings bei der Herstellung der Verbindungen berücksichtigen.
- Die Form des Kristalls können Sie auch unterstreichen, indem Sie mit einem Tuschefüller auf alle Langholzflächen schwarze Linien in 2 mm Abstand zu den Kanten zeichnen. Die dabei entstehenden Dreiecke, die Sie zusätzlich farbig gestalten können, sorgen für eine kleine Überraschung beim Zerlegen des Knotens, da diese nur dann sichtbar sind. Daneben bieten sich Mäander, Dreiecke oder weitere eckige Formen zur Flächengestaltung an, wobei vorheriges Beizen die Gestaltungsmöglichkeiten erweitert.

Tipp! Tusche verläuft bei feinporigen Hölzern oft nicht, wenn Sie auf die gehobelte Oberfläche zeichnen, jedoch kann Ihnen nur ein Versuch Klarheit verschaffen. Eventuell ist es besser, wenn Sie die Stäbe vor dem Zeichnen grundieren und danach endlackieren.

Arbeitsschritte

1. Zuschneiden und Aushobeln
2. Ausschnitte anreißen
3. Herstellen der Ausschnitte
4. Schleifen
5. Zusammenbau und Prüfen der Passungen
6. Oberfläche behandeln

Zeitaufwand

Für die Anfertigung des ersten Kristallknotens müssen Sie etwa drei Stunden rechnen, danach werden Sie feststellen, dass Sie für jeden weiteren Knoten wesentlich weniger Zeit benötigen.

1. Zuschneiden und aushobeln

Richten Sie die Stäbe mit exaktem Querschnitt und genauen Länge her. Fehlen Ihnen dazu die Möglichkeiten, kaufen Sie Leisten mit quadratischem Querschnitt im Baumarkt oder im Bastelgeschäft. Weicht der Querschnitt von dem in der Materialliste angegebenen ab, ändern Sie die Maße der Ausschnitte entsprechend. Achten Sie in jedem Fall darauf, dass die Flächen rechtwinklig sind, da diese entscheidenden Einfluss auf Ihr Endergebnis haben.

2. Ausschnitte anreißen

Gleichgültig, mit welchem Leistenquerschnitt Sie arbeiten, der Arbeitsablauf beim Anreißen der Ausschnitte auf dem Stab ist immer gleich (Abb. 77):

1. Reißen Sie die halbe Stablänge auf zwei aneinander grenzende Flächen (Linien a). Sie erhalten den Schnittpunkt 1.
2. Ermitteln Sie mit einem Messschieber das Diagonalmaß des Stabquerschnittes, um das Maß b zu erhalten.
3. Tragen Sie das ermittelte Diagonalmaß (b) je zur Hälfte rechts und links des Mittelrisses (a) an. Es reicht aus, wenn Sie es auf den diagonal gegenüberliegenden Kanten anzeichnen. Sie erhalten auf diese Weise die Punkte 2 und 3.
4. Tragen Sie das gesamte Diagonalmaß (b), vom Mittelriss ausgehend, einmal nach rechts und einmal nach links an und überwinkeln Sie es auf die beiden Flächen, die den Mittelriss tragen. Sie erhalten dadurch die Punkte 4 und 5.
5. Verbinden Sie die Punkte in der Reihenfolge 4 – 2 – 1 – 3 – 5, und Sie erhalten die Kontur der Ausschnitte.

3. Herstellen der Ausschnitte

Mit der Genauigkeit der Ausschnitte steht und (zer-)fällt Ihr Kristallknoten. Bauen Sie daher zwei einfache Vorrichtungen, die Ihnen präzises Arbeiten ermöglichen: Eine Spezial-Schneidlade und eine Stecheisen-Führungshilfe.

Herstellen der Spezial-Schneidlade
Richten Sie eine 600 × 50 × 40 mm große Leiste her, schwenken Sie das Kreissägeblatt auf 45° und sägen Sie zwei Schnitte so in die breitere Fläche, dass Sie eine Dreikantleiste heraustrennen und rechts und links noch ein jeweils 12 mm breiter Streifen verbleibt. Legen Sie anschließend einen der fertigen Stäbe in die gesägte, dreieckige Aussparung, prüfen Sie damit die Winkelgenauigkeit und arbeiten Sie bei Bedarf nach. Die rechte und die linke Längskante des eingelegten Stabes sollten nun etwa 1 mm über dem Leistenniveau liegen.

Stellen Sie jetzt zwei etwa 300 × 55 × 16 mm große Brettchen her, kürzen Sie die ausgeschnittene Leiste auf 300 mm Länge und verwahren Sie den Rest. Leimen Sie die Brettchen rechts und links an die schmalen Seiten dieser Leiste. Sägen Sie, nachdem der Leim abgebunden hat, mit der Kreissäge etwa in der Mitte einen um 45° gekippten rechten Winkel in die angeleimten Bretter (siehe Abb. 78). Ihre Spezial-Schneidlade ist einsatzbereit.

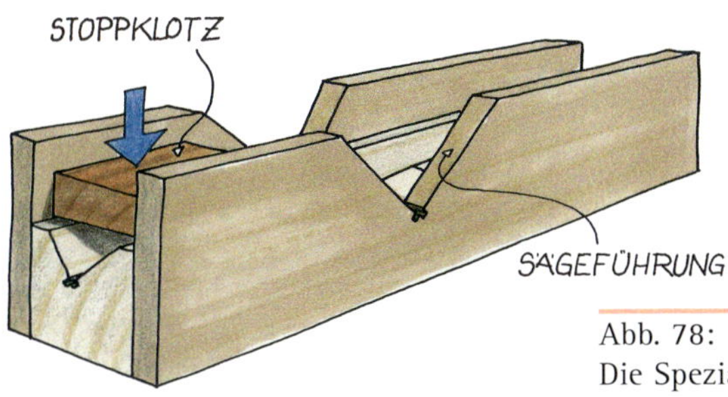

Abb. 78: Die Spezial-Schneidlade ermöglicht die schwierigen Einschnitte.

> Tipp! Richten Sie die Brettchen nicht breiter als 55 mm her, da bei einer größeren Breite der Rücken der Feinsäge aufliefe.

Herstellen der Spezial-Schneidlade, ohne das Sägeblatt zu schwenken
Diese Fertigungsalternative ist für den Fall gedacht, dass sich Ihre Kreissäge nicht auf 45° schwenken lässt (siehe Abb. 79). Richten Sie statt der einen dreieckig ausgesägten Leiste, zwei 600 mm lange Leisten mit dem Querschnitt 40 × 12 mm und eine 600 mm lange mit 26 × 26 mm her. Verleimen Sie diese Leisten zu einem U-Profil. Schneiden Sie anschließend zwei 45°-Dreikantleisten auf 600 mm Länge und leimen Sie diese, nachdem Sie die beiden sich gegenüberliegenden Kanten etwa 2 mm abgehobelt haben, in die entstandenen

U-Profil-Kanten. Kürzen Sie dieses Profil auf 300 mm Länge und verwahren Sie den abfallenden Teil für eine spätere Verwendung. Bevor Sie die seitlichen Brettchen (300 × 55 × 12 mm) anleimen, schneiden Sie die 45°-Schrägen, die zur Führung der Feinsäge dienen, mit der Kreissäge oder Feinsäge an.

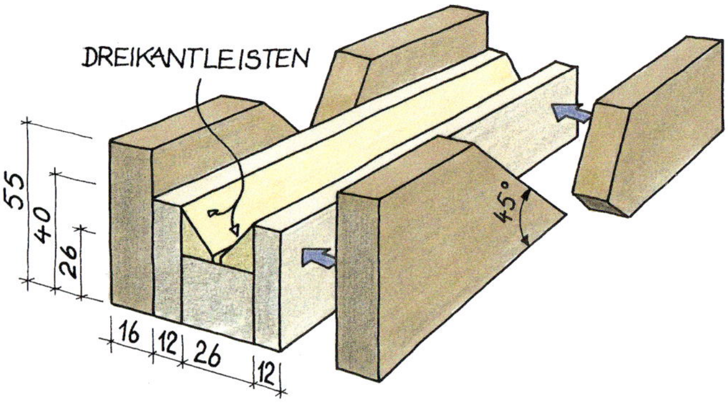

Abb. 79: Wenn Sie das Sägeblatt Ihrer Kreissäge nicht schwenken können, bauen Sie die Schneidlade in Sandwich-Bauweise.

Einsatz der Schneidlade
Positionieren Sie einen Stab so in der Schneidlade, dass Sie beide Schnitte für eine Aussparung ausführen können. Spannen Sie einen Stoppklotz dagegen, der als Anschlag für alle weiteren Schnitte dient. Dadurch fixieren Sie gleichzeitig die Schneidlade auf der Unterlage. Spannen Sie nun einen Stab mit einer Klemmzwinge in der Spannlade fest. Führen Sie die ersten beiden Schnitte aus, drehen Sie anschließend den Stab und sägen Sie das zweite Dreieck heraus.

So können Sie ein perfektes Ergebnis erzielen
Verwenden Sie eine Feinsäge, ist es nahezu unmöglich, die Schnitte so exakt auszuführen, dass diese nicht mehr nachgearbeitet werden müssen. Zwar kann in diesem Fall der Einsatz einer Japanischen Säge das Resultat verbessern, doch werden Sie das Abnutzen der Sägeführung nicht dauerhaft verhindern können.

Arbeiten Sie deshalb die gesägten Schrägen mit einem breiten Stecheisen nach. Um diese Arbeit rationell und im genauen Winkel ausführen zu können, ist es sinnvoll, eine Führungshilfe für das Stecheisen herzustellen. Sägen Sie an den Rest der für die Spezial-Schneidlade verwendeten Leiste eine 45°-Gehrung, die dem mit leichtem Druck aufgelegten Stecheisen eine gute Führung gibt (siehe Abb. 80). Damit Sie sicher arbeiten, legen Sie immer zwei vorgeschnittene Knotenstäbe in die Spezial-Schneidlade, plazieren die Stecheisen-Führungshilfe exakt am nachzustechenden Riss und spannen diese fest. Der zu bearbeitende Stab ist so sicher gehalten, Sie haben beide Hände frei, um das Stecheisen zu führen und der zweite Stab verhindert das Abkippen der aufgespannten Führungshilfe (Abb. 80).

> Tipp! Schneiden Sie einfach erneut einen 45°-Winkel an, wenn an der Bearbeitungshilfe die Stecheisen-Führungsfläche beschädigt und dadurch ungenau geworden ist.

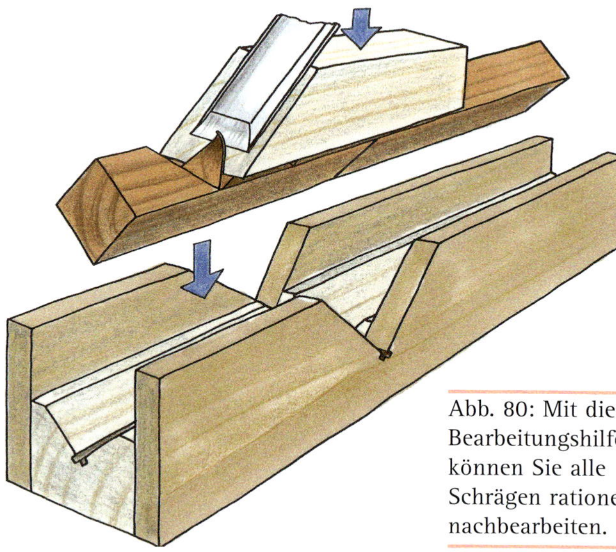

Abb. 80: Mit dieser Bearbeitungshilfe können Sie alle Schrägen rationell nachbearbeiten.

4. Schleifen

Damit Sie nach dem Zusammenbau Ihres Kristallknotens kein lockeres, wackelndes Bündel in der Hand halten, sollten Sie die Stäbe nur ganz leicht schleifen, so dass deren Form und Größe erhalten bleiben. Fasen Sie ein wenig die Längskanten und die Querholzkanten der Enden, auf keinen Fall jedoch die Kanten der Aussparungen, da diese für die richtige Wirkung des zusammengesteckten Knotens scharfkantig bleiben müssen.

5. Zusammenbau des Knotens und Prüfen der Passungen

Nehmen Sie zwei Stäbe und drehen Sie einen davon um 90°, sodass die beiden ein Kreuz bilden. Legen Sie diese so ineinander, dass eine äußere und eine innere Fläche der in der Stabmitte entstandenen Pyramide zusammentreffen. Zwei dieser Pyramidenflächen müssen jetzt auf einer gemeinsamen Linie liegen. Die sich berührenden Kanten müssen übergangslos zusammenpassen. Fügen Sie nun einen dritten Stab hinzu, dessen eine Außenfläche und eine Innenfläche der Pyramide an je eine Pyramidenfläche der vorhandenen Stäbe stößt. Jetzt müssen zwei weitere Flächen auf einer gemeinsamen Linie liegen und wiederum alle Kanten ohne Versatz zusammenstoßen. Die erste Hälfte Ihres Kristalls ist fertig, die zweite Hälfte setzen Sie als entsprechendes Gegenstück zusammen.

Halten Sie die ersten drei zusammengesteckten Stäbe in der linken und die drei weiteren, zusammengesetzten Stäbe in der rechten Hand. Fügen Sie nun die beiden Hälften zusammen, indem Sie diese mit Gefühl ineinander drehen. Vielleicht bitten Sie für den ersten Zusammenbau einen nervenstarken Partner zur Hilfe, da das Halten und Zusammenfügen der beiden Halbkristalle anfangs noch schwierig ist. Setzen Sie aber nicht Ihre Beziehung aufs Spiel!

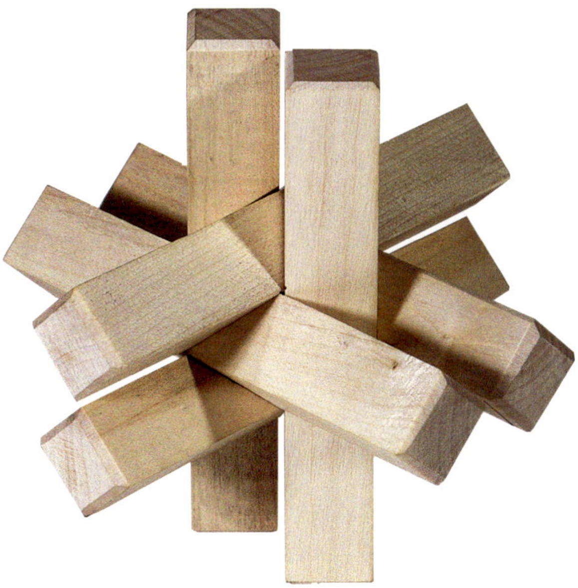

6. Oberflächenbehandlung

Vielleicht gibt die Passgenauigkeit Ihres Kristalls den Ausschlag für die eine oder andere Oberflächenbehandlung. Lassen sich die Stäbe nur schwer ineinanderfügen, ölen Sie die Teile, um dadurch die Gleiteigenschaften zu verbessern. Haben die Stäbe etwas Spiel, lackieren Sie die Oberfläche, um durch die aufgetragene Schicht den Querschnitt geringfügig zu vergrößern. Sind die Stäbe so locker, dass der Kristall wieder zerfällt, war die Herstellung eine gute, handwerkliche Übung, die Sie unbedingt wiederholen sollten.

> **Zum Trost:** Da Sie nun alle nötigen Vorrichtungen haben, benötigen Sie zur Herstellung eines Kristallknotens nur noch einen Bruchteil der bisherigen Bauzeit.

Kugelbahn

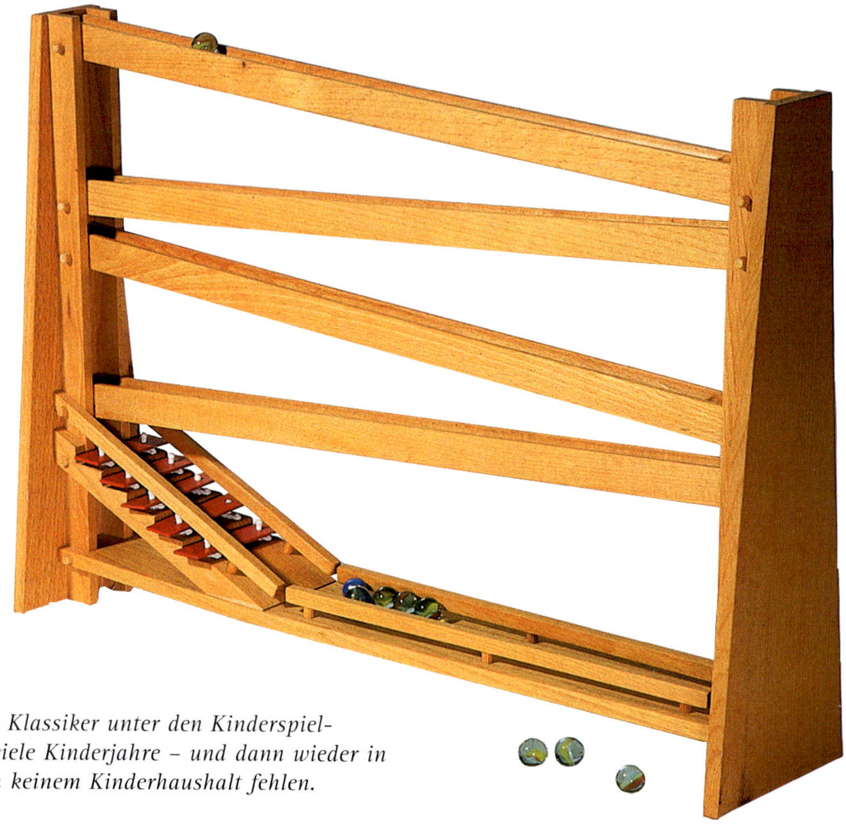

Die Kugelbahn ist ein Klassiker unter den Kinderspielzeugen und darf für viele Kinderjahre – und dann wieder in den Enkel-Zeiten – in keinem Kinderhaushalt fehlen.

Eine Kugel oder mehrere Kugeln werden auf die oberste, schräge Laufbahn gelegt und rollen über vier Etagen auf eine Treppe mit fünf metallenen Klangstäben, die eine kleine Melodie erzeugen.

Selbst viele Erwachsene müssen, von diesem Spielgerät magisch angezogen, einige Murmeln kullern lassen, um sich an der rollenden Kugel, dem dabei entstehenden Geräusch und der schönen Melodie beim Hüpfen der Kugel über die Klangtreppe zu erfreuen. Stellen Sie eine Kugelbahn im Verkaufsraum oder Besprechungszimmer Ihrer Firma auf, und Sie werden in Zukunft mehr Eltern erleben, die entspannt und gelassen mit Ihnen verhandeln oder Waren aussuchen, da deren Kind geraume Zeit mit dem Einwerfen, Stauen, Stoppen und Einsammeln der Kugeln beschäftigt ist. Selbst einen praktischen Nutzen hat dieses Spielzeug: Solange die Melodie der Klangstäbe zu hören ist, wissen die Eltern (und Sie), wo das Kind ist.

Die Konstruktion der gut gestalteten Kugelbahn ist durchdacht und einfach. Auf der Innenseite der beiden nach oben schmaler werdenden Seitenteile sind je zwei Leisten angebracht, die ein U-Profil bilden. Darin werden vier wechselseitig schräge Laufbahnen mit je einem Fallloch am tiefsten Punkt sowie eine Klangtreppe mit Holzdübeln befestigt. Das Sockelbrett greift mit den geschlitzten Enden um die Befestigungsleisten und wird dort ebenfalls verdübelt. Damit die Kugeln gesammelt und bevorratet werden, nicht wegrollen und trotzdem gut zu greifen sind, haben die Treppe und das Sockelbrett eine kleine, aufgedübelte Reling.

Werkzeuge

Auf jeden Fall benötigen Sie:
- Meterstab
- Bleistift
- Anschlagwinkel
- Schmiege
- Schneidlade
- Feinsäge oder Japanische Säge
- Putzhobel
- Stecheisen (10, 20 mm)
- Holzhammer
- Stahlhammer
- Bohrmaschine
- Bohrer mit Zentrierspitze (∅ 6, 15 oder 16 mm)
- 3 Dübelhilfen (∅ 6 mm)
- Hand-Oberfräse
- Nutfräser (∅ 8 mm)
- Hohlkehl-Fräser (R= 8 mm)
- Kreissäge
- 3 Klemmzwingen (600 mm)
- 4 kleine Schraubzwingen
- Schleifpapier (Körnung 60/ 80, 100, 150/ 180)
- Pinsel und Lappen

Optimales Arbeiten ermöglichen:
- Abricht-Hobelmaschine
- Dicken-Hobelmaschine
- Exzenterschleifer

Material

Bauteil	Bezeichnung	Stück	Material	Fertigmaß in mm Länge	Breite	Dicke
Seitenteil	Seite	2	Rotbuche	370	120	10
	Befestigungsleiste	4	Rotbuche	370	25	8
Sockelbrett	Sockelbrett	1	Rotbuche	500	75	10
Laufbahnen	Laufbahnen	4	Rotbuche	503	25	22
Reling	Treppenreling	2	Rotbuche	205	10	8
	Sockelreling	2	Rotbuche	285	10	8
Klangtreppe	Treppe	1	Rotbuche	195	72	20
	Klangstäbe*	5	Metall			
	Klangstabhalter	10	Kunststoff			
Verbindungen	Dübel	8	Rotbuche	20		∅ 6
	Dübel	8	Rotbuche	30		∅ 6
	Dübel	8	Rotbuche	50		∅ 6
5 Glaskugeln / Murmeln / Stahlkugeln (∅ 12 mm)						
Leim						
Öl zur Oberflächenbehandlung						

* Von der obersten zur untersten Stufe die Noten: D, C, B, G, F

Welches Holz eignet sich?

Denken Sie bei der Holzauswahl daran, dass helle Hölzer für ein Kinderspielzeug freundlicher wirken als dunkle. Es bieten sich dabei folgende heimische Hölzer an: Esche für den eher robusten Charakter, Kirschbaum für die Edelvariante. Dagegen zeigt Ahorn schnell Gebrauchsspuren, ebenso Fichte und Kiefer, die zwar leicht, aber recht stoßempfindlich sind.

Varianten
- Stellen Sie die Seiten mit den Befestigungsleisten und das Sockelbrett aus Rotbuche her, die Laufbahnen, Treppe und Reling jedoch aus Ahorn, so bringen Sie einen dezenten Kontrast ins Spiel.
- Ahorn und die Nadelhölzer rufen förmlich nach Farbe. Beizen Sie das Spielzeug mit bunten, freundlichen Farben. Eine gute Möglichkeit, die richtige Farbzusammenstellung zu finden besteht darin, das Kind drei aus fünf von Ihnen vorgeschlagenen Farben auswählen zu lassen. Die Entscheidung, welches Teil in welcher Farbe gebeizt wird, liegt wiederum bei Ihnen.

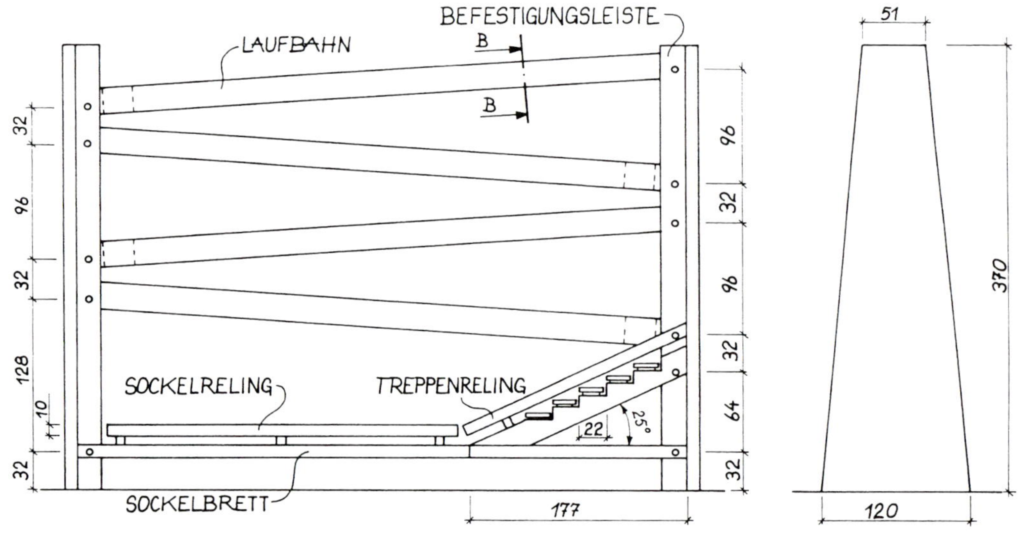

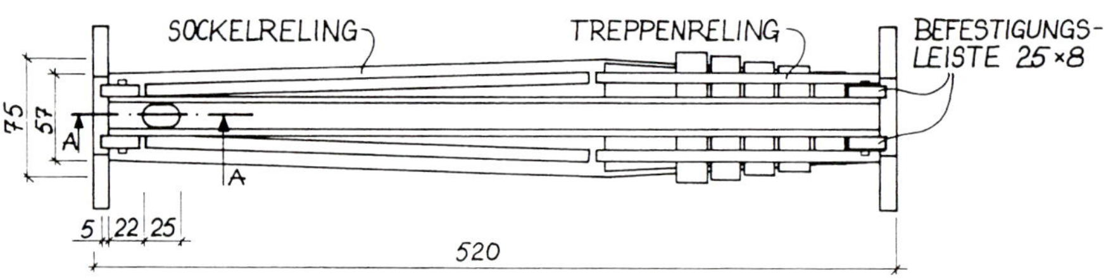

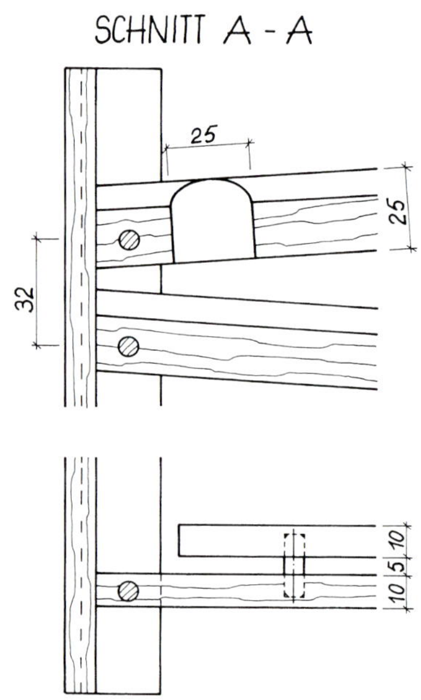

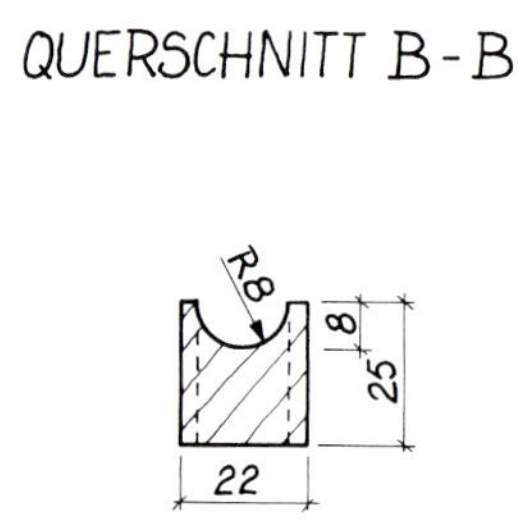

Abb. 81: Konstruktionszeichnung.

Tipp! Achten Sie beim Kauf der Materialien zur Oberflächenbehandlung darauf, dass diese lebensmittelecht und speichelfest sind.

- Schaffen Sie die Möglichkeit, Tunnel zu bauen und steigern Sie dadurch die Spielfreude mit der Kugelbahn. Fertigen Sie eine Laufbahn mehr an, als in der Materialliste angegeben ist. Leimen Sie auf die Längsseiten rechts und links der Hohlkehle eine dünne Leiste, damit ein U-Profil entsteht. Sägen Sie dieses in 90 mm lange Stücke, die als Abdeckungen über die Laufbahnen gestülpt werden können, wobei leicht schräge Innenkanten das Aufstecken erleichtern.
- Wenn Sie ein oder zwei zusätzliche lange Laufbahnen anfertigen, können diese als Zulauf zur oberen Laufbahn auf einen Stuhl oder ein Bett gelegt werden.

Arbeitsschritte

1. Grobzuschnitt
2. Aushobeln der Teile und zweiter Zuschnitt
3. Seiten nuten
4. Seiten abschrägen
5. Befestigungsleisten einleimen
6. Sockelbrett schlitzen
7. Formgebung Sockelbrett
8. Laufbahnen ablängen
9. Fall-Löcher herstellen
10. Hohlkehlen in Lauf bahnen fräsen
11. Stufen und Schlitze in Klangtreppe einarbeiten
12. Länge und Breite der Klangtreppe sägen
13. Klangtreppe bohren
14. Reling einpassen
15. Dübellöcher bohren
16. Schleifen und Oberfläche behandeln
17. Zusammenbau der Kugelbahn

1. Der Grobzuschnitt

Zeitaufwand
Bis zum ersten Probedurchlauf sollten Sie etwa 12 Stunden für die Fertigung vorsehen.

Schneiden Sie alle Teile gemeinsam zu und lassen Sie möglichst die Seiten und die Befestigungsleisten als doppelte Länge, bis diese ausgehobelt sind. Richten Sie den Treppenrohling ausreichend groß her, damit Sie ihn besser aushobeln und bearbeiten zu können. Wenn Sie das Sockelbrett 30 mm breiter als angegeben zuschneiden, können Sie die Leisten für die Sockelreling daraus schneiden und müssen nicht die kleinen Leisten aushobeln.

Variante
Damit die Klangtreppe und das Sockelbrett mit den Befestigungsleisten verbunden werden können, werden diese geschlitzt. Fügen Sie diese Teile in Sandwich-Bauweise zusammen, können Sie das Schlitzen umgehen (siehe Abb. 82). Ändern Sie in dem Fall die Materialliste und die Arbeitsfolge entsprechend und hobeln Sie die 8 mm dicken Zwischenlagen gemeinsam mit den Befestigungsleisten aus. Da Sie die Einzelteile nur schwer flächenbündig verleimen können, sollten Sie das Material so herrichten, dass Sie es abschließend noch einmal in der Dicken-Hobelmaschine hobeln können. So reduzieren Sie auch die notwendigen Schleifarbeiten.

Noch ein Tipp zur Sandwich-Bauweise:
Damit die gespannten Holzstreifen in der noch weichen Leimschicht nicht verrutschen, schlagen Sie kleine Nägel in die zu verleimenden Flächen und kneifen diese möglichst kurz ab. Die Nägel bitte nicht dort einschlagen, wo Sie in weiteren Arbeitsschritten noch Material zerspanen müssen.

2. Aushobeln der Teile und zweiter Zuschnitt

Hobeln Sie alle Teile auf die in der Materialliste angegebenen Breiten und Dicken und sägen Sie die Seiten, die Befestigungsleisten, das Sockelbrett und die Relingteile auf genaues Maß. Allerdings erhalten die Seiten, die Klangtreppe und das Sockelbrett noch keine Schrägen, damit Sie die folgenden Arbeitsschritte einfacher ausführen können. Aus diesem Grund sollten Sie auch die Laufbahnen und die Treppe jetzt noch nicht auf das Endmaß kürzen.

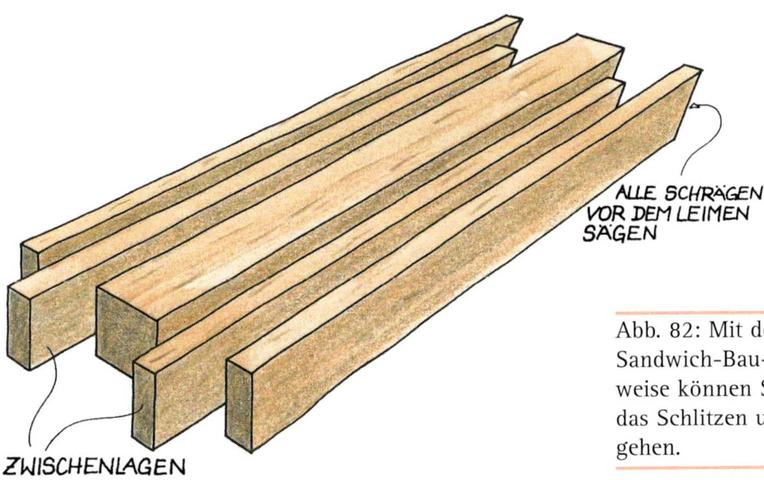

Abb. 82: Mit der Sandwich-Bauweise können Sie das Schlitzen umgehen.

> Tipp! Kennzeichnen Sie alle Teile eindeutig, damit Sie nicht versehentlich an der falschen Stelle nuten, sägen oder bohren.

3. Seiten nuten

Die Seiten erhalten auf ihren Innenflächen je zwei 8 mm breite und 5 mm tiefe Nuten, die Sie entweder mit der Kreissäge oder mit der Hand-Oberfräse herstellen können. In diese Nuten leimen Sie die Befestigungsleisten.

Nuten mit der Kreissäge
Verwenden Sie ein Flachzahn-Sägeblatt, damit der später am Querholz sichtbare Nutgrund gerade wird. Richten Sie es auf 5 mm Schnitttiefe ein und achten Sie darauf, dass die Spaltkeil-Oberkante etwas niedriger ist. Stellen Sie nun den Parallelanschlag auf 39 mm und schieben Sie die beiden Seiten mit den Innenflächen aufliegend und der Außenkante am Parallelanschlag anliegend über das Sägeblatt. Stellen Sie für die folgenden Nutvorgänge den Parallelanschlag um jeweils eine Sägeschnittbreite in Richtung Sägeblatt und wiederholen Sie den letzten Arbeitsschritt, bis die Nuten fertig sind.

Beginnen Sie die Schnittversuche am unteren Ende der Seiten, so dass eventuelle Fehlschnitte nicht auffallen, da sie später durch das stehende Seitenteil, die Befestigungsleisten und das Sockelbrett verdeckt werden.

Nuten mit der Hand-Oberfräse
Stellen Sie den Nutfräser (∅ 8 mm) auf 5 mm Frästiefe ein und montieren Sie einen Parallelanschlag an die Oberfräse. Spannen Sie die Seite mit der Innenfläche nach oben mit der Hobelbank-Hinterzange zwischen die Bankhaken und nuten Sie sie, indem Sie den Anschlag an der vor Ihnen liegenden Werkstückkante anlegen und die Oberfräse von links nach rechts schieben. Dadurch erreichen Sie, dass sich der Anschlag beim Fräsen nicht so leicht von der Kante weg bewegt.

4. Seiten abschrägen

Es bieten sich mehrere Möglichkeiten an, die Seiten abzuschrägen. Sie können die Schräge mit einem Schlichthobel herstellen (sehr aufwändig) und dabei Berge von Spänen produzieren. Sie könnten eine Stichsäge einsetzen und die Schnittkante mit dem Hobel glätten. Schließlich können Sie die Schrägen auch noch mit der Tischkreissäge sägen.

So sägen Sie die Schrägen sicher und genau mit der Tischkreissäge
Beim Sägen der Schrägen nach Riss befinden sich die Hände sehr dicht am Sägeblatt und das Werkstück lässt sich nicht gut auf dem Maschinentisch oder Schiebeschlitten halten. Die Gefahr, da-

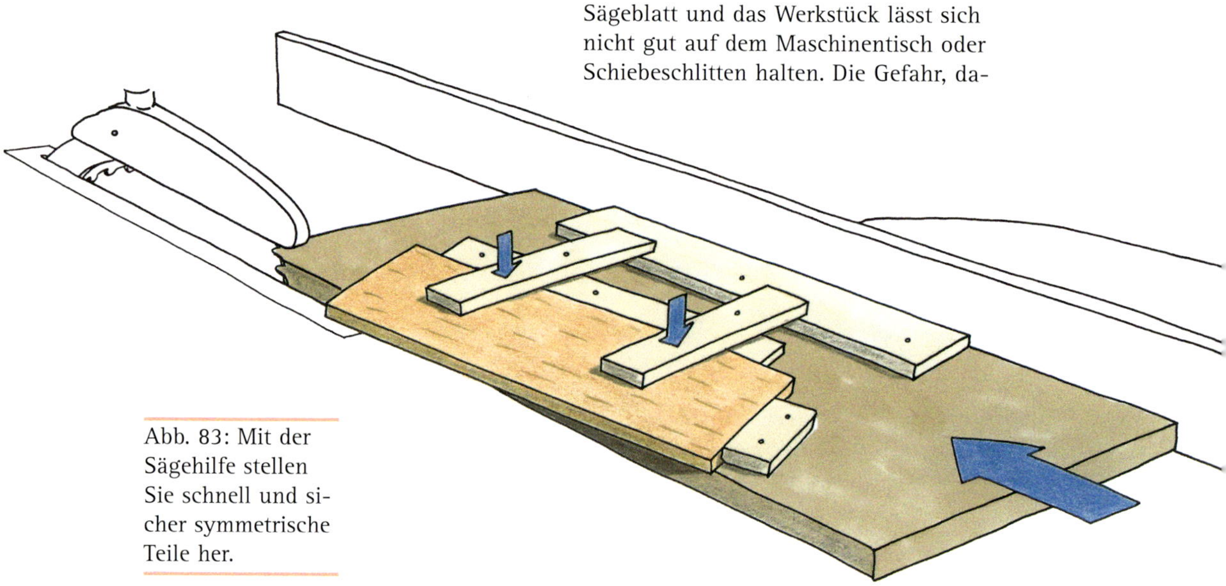

Abb. 83: Mit der Sägehilfe stellen Sie schnell und sicher symmetrische Teile her.

bei durch ungewolltes Verrutschen des Werkstückes mit der Hand ins Sägeblatt zu geraten, ist groß. Bauen Sie eine Sägehilfe, mit der Sie die nötige Sicherheit, dauerhafte Genauigkeit und Symmetrie erzielen.

Vorbereitungen zur Herstellung der Sägehilfe

Richten Sie eine Grundplatte aus Spanplatte oder einem anderen Plattenwerkstoff (500 × 250 × 16 mm) sowie je eine 10 mm dicke Anschlagleiste 300 × 40 mm und 80 × 40 mm her, die Sie an einer Kante fasen. Nun fehlen Ihnen nur noch eine Stützleiste (300 × 40 × 12 mm) und zwei Spannbrücken (200 × 40 × 10 mm).

Sechs Schritte zur guten Sägehilfe (siehe Abb. 83)

1. Reißen Sie an einer Kugelbahnseite oben und unten die genauen Breiten an.
2. Legen Sie diese Seite so auf die Grundplatte, dass der beim Sägen abfallende Teil an einer Längskante links 34,5 mm übersteht und rechts auf Null ausläuft.
3. Spannen Sie die Kugelbahnseite mit zwei Schraubzwingen auf der Grundplatte fest.
4. Schrauben Sie die längere Anschlagleiste an der Längsseite und die kurze im rechten Winkel dazu am Fußende der Seite auf die Grundplatte. Die gefasten Kanten liegen dabei auf und zeigen zur Kugelbahnseite. Beim Auflegen der Werkstücke können sie kleine Späne aufnehmen und dadurch Maßabweichungen verhindern.
5. Schrauben Sie die vorbereitete Stützleiste bündig mit der Hinterkante auf die Grundplatte.
6. Legen Sie Ihr Werkstück gegen die Anschläge und sichern Sie es mit den Spannbrücken, die Sie direkt hinter der langen Anschlagleiste festschrauben.

So arbeiten Sie mit der Vorrichtung

Stellen Sie den Parallelanschlag auf die Grundplattenbreite ein und schieben Sie die Sägehilfe mit aufgespanntem Werkstück am Parallelanschlag vor. Die Schräge sollte danach am Fuß spitz auslaufen, und die Seite sollte dort 120 mm breit sein.

Verwenden Sie den abfallenden Keil zum Sägen der zweiten Schräge. Legen Sie ihn so gegen die lange Anschlagleiste, dass die dagegen gelegte Kugelbahnseite am schmalen Ende wieder 34,5 mm übersteht und am Fuß auf Null ausläuft. Markieren Sie die Position des Keiles und nehmen Sie diesen wieder heraus, Durchbohren Sie zweimal die Fläche und schrauben Sie ihn wieder an die festgelegte Position (siehe Abb. 84). Anschließend spannen Sie die Kugelbahnseite wie zuvor fest und führen den nächsten Schnitt aus.

Tipp! Sollte die Schräge nicht genau auslaufen, richten Sie den Parallelanschlag nach. Das ist einfacher, als den Keil zu verrücken.

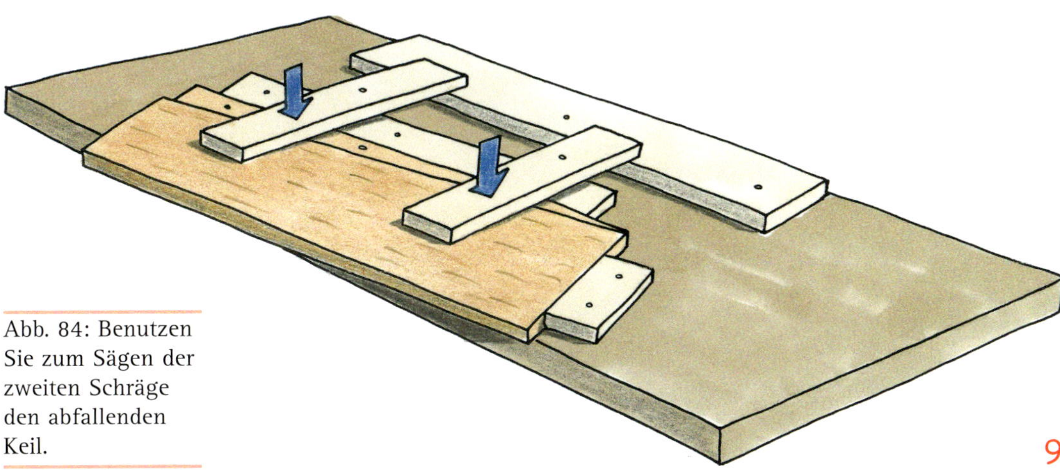

Abb. 84: Benutzen Sie zum Sägen der zweiten Schräge den abfallenden Keil.

5. Befestigungsleisten einleimen

Schleifen Sie jetzt die Seiten und die Befestigungsleisten, da Sie alle Flächen noch gut erreichen können. Danach legen Sie die Seiten auf eine ebene, stabile Unterlage, geben in den Nuten sparsam Leim an und drücken die Befestigungsleisten hinein. Achten Sie beim anschließenden Spannen darauf, dass die Seitenteile gerade bleiben.

6. Sockelbrett schlitzen

Nach dem Einsägen mit einer Handsäge stemmen Sie die Schlitze mit einem schmalen Stecheisen aus. Alternativ fräsen Sie die Schlitze mit der Hand-Oberfräse und stechen nur die Rundung am Schlitzgrund nach.

Schlitze mit der Hand-Oberfräse herstellen
Bauen Sie die Oberfräse so unter eine Platte, dass nur noch der Fräser darüber hinausragt. Stellen Sie anschließend den Überstand des noch eingebauten Fräsers (∅ 8 mm) etwa 12 mm über das Plattenniveau. Befestigen Sie nun im Abstand von 19,5 mm eine Leiste auf der Grundplatte, legen Sie das Sockelbrett mit einer Längskante dagegen und schrauben Sie eine weitere Leiste auf, die das Sockelbrett von der zweiten Längsseite begrenzt. Das Brett soll sich ohne Spiel, aber gut gleitend verschieben lassen. Montieren Sie 17 mm hinter dem Fräser einen Stoppklotz, der die Schlitzlänge auf 25 mm begrenzt. (siehe Abb. 85). Fräsen Sie jetzt die vier Schlitze in die Enden des Sockelbrettes und kontrollieren das Ergebnis an den schon fertigen Seitenteilen.

Anschließend stechen Sie die Rundungen nach, damit die Schlitze dicht an den Befestigungsleisten abschließen.

7. Formgebung Sockelbrett

Die Formgebung des Sockelbrettes entspricht grundsätzlich der Formgebung der Seiten, die im Arbeitsschritt 4 beschrieben ist. Nutzen Sie in diesem Fall die eingefrästen Schlitze, um das Brett auf der Grundplatte zu befestigen. Übertragen Sie die Kontur aus der Zeichnung auf das Sockelbrett, legen Sie es auf die Grundplatte, die Sie zum Formsägen einsetzen und positionieren Sie es mit einer dieser aufgezeichneten Kanten an der Längsseite der Grundplatte. Nun markieren Sie je einen Schlitz des Sockelbrettes rechts und links auf der Grundplatte und setzen dort je einen Dübel (∅ 8 mm) ein, der am Schlitzgrund anliegt. Leimen Sie den Dübel nicht ein, damit Sie dieselbe Grundplatte für die Herstellung der zweiten Schräge mit dem gleichen Verfahren nutzen können. Halten Sie das Werkstück zusätzlich mit Spannbrücken, um die Schrägen sicher und symmetrisch zu sägen.

8. Laufbahnen ablängen

Übertragen Sie die genaue Breite der Kugelbahn sowie die Positionen des Sockelbrettes und der Laufbahnen aus der Abbildung 81 in ihrer tatsächlichen Größe auf eine Holzwerkstoff-Platte. Diese Art der Zeichnung, die der Schreiner Aufriss nennt, gibt Ihnen die

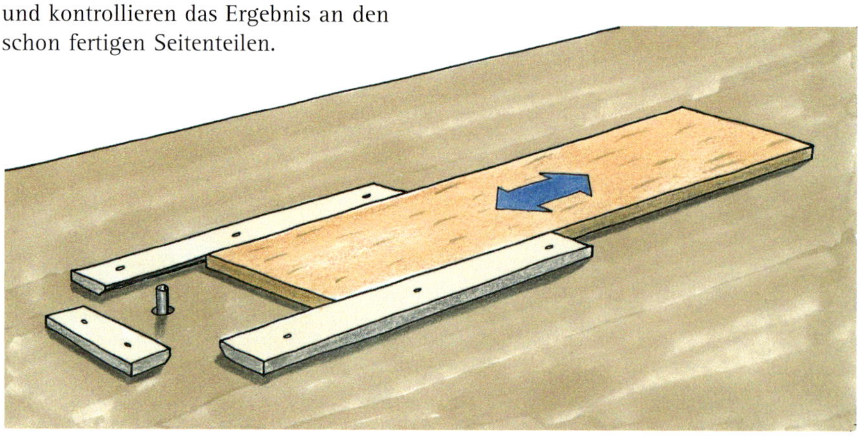

Abb. 85: Die einfache Vorrichtung gewährleistet gleiche Schlitze.

Möglichkeit, Maße und Winkel festzustellen und die gefertigten Teile durch Auflegen zu kontrollieren. Stellen Sie an Hand des Aufrisses die genaue Schräge und Länge der Laufbahnen fest, nummerieren Sie diese und richten Sie sie entsprechend her.

9. Fall-Löcher herstellen

Bohren Sie mit einem 15 mm Bohrer zwei Löcher an das Fußende jeder Laufbahn. Das Zentrum der ersten Bohrung ist 29,5 mm und das der zweiten 37,5 mm vom Leistenende entfernt. Arbeiten Sie das dazwischen verbleibende Material mit einem Stecheisen heraus, bis gerade, glatte Wandungen entstehen.

10. Hohlkehlen in die Laufbahnen fräsen

Rüsten Sie die Hand-Oberfräse mit einem Hohlkehl-Fräser (R = 8 mm) und bauen Sie die Maschine so unter eine Platte, dass der Fräser nur 7-8 mm aus der Platte heraus ragt. Zur sicheren und guten Werkstückführung sollten Sie einen Winkelanschlag und eine Druckfeder einsetzen, wie sie beim Mikado (siehe S. 58) beschrieben werden. Da der Fräser viel Material zerspanen muss, kann es sinnvoll sein, die volle Tiefe in zwei Arbeitsgängen zu fräsen.

> Tipp! Führen Sie immer beide Längsseiten der Laufbahnen am Fräsanschlag vorbei, damit auch bei ungenau eingestelltem Anschlag die seitlichen Abstände gleich breit werden.

11. Stufen und Schlitze in Klangtreppe einarbeiten

Die Herstellung der Treppenstufen und Verbindungsschlitze ist reine Handarbeit. Reißen Sie die gesamte Seitenansicht der Treppe auf die Längskanten und überwinkeln Sie die benötigten Kanten auf die Flächen. Spannen Sie den Rohling anschließend mit der Hobelbank-Hinterzange zwischen die Bankhaken und sägen Sie die später senkrecht stehenden Stufensteigungen mit der Feinsäge oder der Japanischen Säge ein. Stemmen Sie anschließend die Trittflächen der Stufen mit einem breiten Stecheisen frei. Verfahren Sie entsprechend bei der Herstellung der für die Befestigungsschiene vorgesehenen Schlitze.

12. Länge und Breite der Klangtreppe sägen

Übertragen Sie die Treppenlänge und die Winkel der Auf- und Anlagefläche, die Sie dem Aufriss entnehmen, auf das Werkstück. Sägen Sie zuerst die spitz zulaufende Auflagefläche am Fuß der Treppe mit einer Handsäge und prüfen Sie die Winkel. Sollte das Ergebnis Sie nicht zufrieden stellen, führen Sie einen erneuten Schnitt aus oder schleifen Sie die Fläche, bis diese die genauen Maße hat. Kleben Sie dazu einen Bogen Schleifpapier für Hartholzschliff (Körnung 60 oder 80) auf eine ebene Platte und fahren Sie mit der gesägten Fläche darüber. Sägen Sie nun die zweite Schräge in der gleichen Weise oder mit geschwenktem Sägeblatt an der Kreissäge und sägen Sie abschließend die Treppe auf die endgültige Breite: Fußende 75 mm und Austritt 57 mm.

13. Klangtreppe bohren

Bohren Sie winklig zur Stufenvorderkante in jede Trittfläche ein durchgehendes Schallloch (∅ 15 mm), damit die Treppe möglichst wenig der von den Klangstäben erzeugten Töne schluckt. Die Bohrdurchmesser und Abstände für die Klangstabhalter hängen von deren Befestigungszapfen und den Lochabständen der einzelnen Klangstäbe ab.

> Wichtig! Die aufgelegten Klangstäbe, die Sie im örtlichen Musikalien-Handel erhalten, dürfen an keiner Stelle das Holz berühren. Sie klingen nur, wenn sie völlig frei schwingen können.

14. Reling einpassen

Beachten Sie beim Kürzen der Relingteile, dass die kurzen Stücke an einem Ende schräg geschnitten werden.

15. Dübellöcher bohren

Stecken Sie das Sockelbrett und die oberen drei Laufbahnen rechts und links in die Befestigungsleisten und spannen Sie dieses Gerüst mit Schraub- oder Klemmzwingen rechtwinklig zusammen. Richten Sie diese Bauteile exakt aus und bringen Sie mit einem Bohrer mit Zentrierspitze die durchgehenden Bohrungen an den Laufbahnenden ebenfalls rechtwinklig ein. Durchbohren Sie noch nicht das Laufbahnende über der Treppe, da dies erst zusammen mit der Reling erfolgt. Bohren Sie die Dübellöcher für die Befestigung des Sockelbrettes nicht als Durchgangsbohrungen, sondern nur 30 mm tief von beiden Seiten, so haben Sie die Möglichkeit, die Dübel im dünnen Brett genau zu zentrieren. Schlagen Sie nun die Dübel nur so tief in die bisher gebohrten Löcher, dass Sie diese wieder herausziehen können.

Positionieren Sie danach die Klangtreppe, die nur mit der Befestigungsschiene, nicht aber mit dem Sockelbrett verbunden wird. Nach dem Fixieren bohren Sie von beiden Seiten 30 mm tief. Klemmen Sie anschließend die kurzen Relingstäbe so über den Treppenlauf, dass Sie beim Herstellen der Verbindung sowohl die Reling als auch das noch zu befestigende Laufbahnende durchbohren. Auch hier sollten Sie von beiden Seiten bohren.

Markieren Sie jetzt die genaue Dübelposition 34 mm vom freien Ende der Treppenreling seitlich an der Reling und auf dem Treppenauslauf. Bohren Sie nun die langen Relingteile, und übertragen Sie diese Bohrpositionen mit Dübelspitzen auf das Sockelbrett. Danach zerlegen Sie die Kugelbahn wieder in die Einzelteile und bohren die fehlenden Löcher in die Reling, den Treppenauslauf und das Sockelbrett.

16. Schleifen und Oberfläche behandeln

Schleifen Sie alle Teile gründlich, damit keine scharfen Kanten entstehen. Anschließend behandeln Sie die Oberfläche.

17. Zusammenbau der Kugelbahn

Bis auf die Reling und die Klangstäbe war die Kugelbahn schon montiert. Denken Sie daran, zuerst die Klangstabhalter und die Klangstäbe auf der Treppe zu montieren, da Sie jetzt noch freien Zugriff haben. Nach der Montage dürfen die Kugeln ihre Bahnen ziehen. Wegen der Gefahr des Verschluckens der Murmeln ist die Kugelbahn für Kinder unter drei Jahren nicht geeignet.

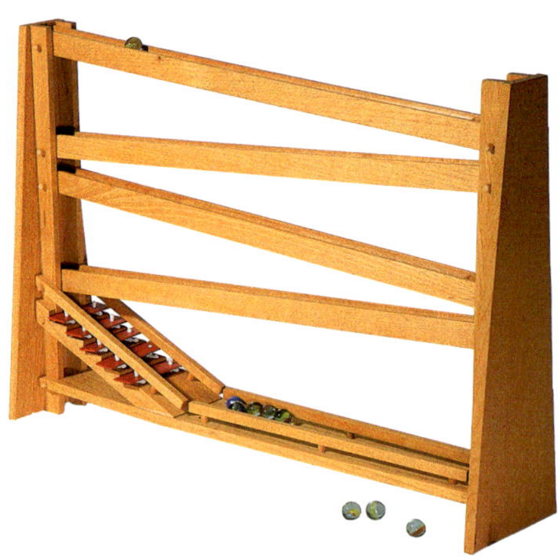

Würfelpuzzle

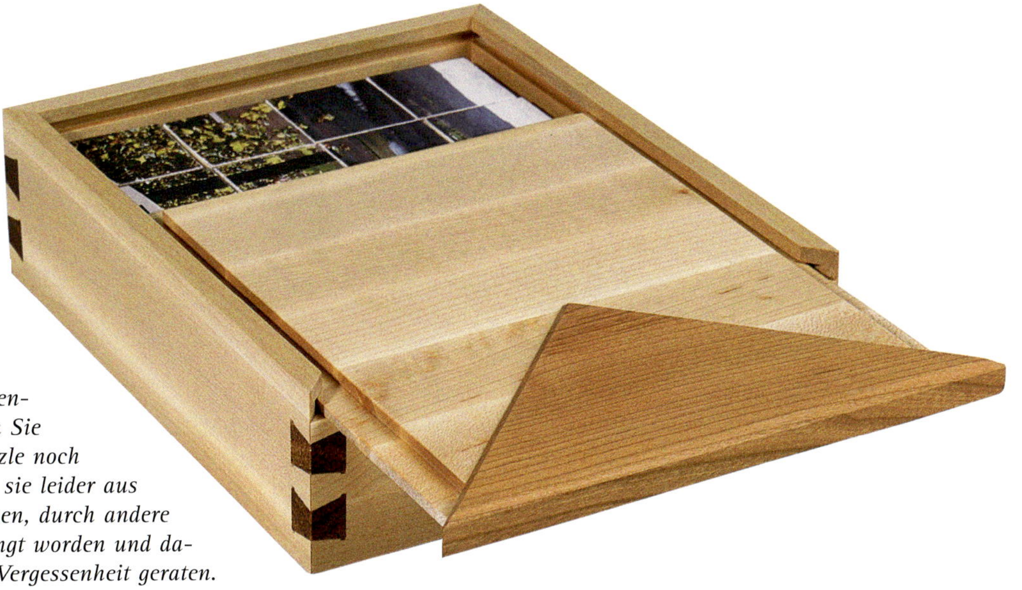

In guten Spielwarengeschäften können Sie diese Art Holzpuzzle noch kaufen, doch sind sie leider aus der Mode gekommen, durch andere Spielzeuge verdrängt worden und dadurch beinahe in Vergessenheit geraten.

Läuten Sie mit Ihrem Puzzle die Trendwende im Kinderzimmer ein und beleben Sie ein Stück Vergangenheit. Die Kinder sind heute so begeistert wie vor 50 Jahren, wenn sie es mit Omas oder Opas Hilfe und später mit etwas Übung selber schaffen, aus den bunten Bilderwürfeln ganze Bilder entstehen zu lassen. Gemalte Bauernhoftiere und Märchenszenen sind die Klassiker unter den Motiven, die Sie für Ihr selbst gebautes Spiel aufgreifen, ergänzen und durch moderne Illustrationen ganz oder teilweise ersetzen können.

Spielregeln und Spiel sind einfach:
In einem hölzernen Kasten mit Schiebedeckel werden 20 Würfel und sechs verschiedene Motivvorlagen aufbewahrt. Diese Vorlagen sind auch auf den Würfeln abgebildet, die zu Spielbeginn aus dem Kasten geschüttet und gemischt werden. Eine ausgewählte Motivvorlage dient nun dem puzzelnden Kind als Orientierungshilfe beim Zusammenlegen der einzelnen Würfel zum gesuchten Gesamtbild.

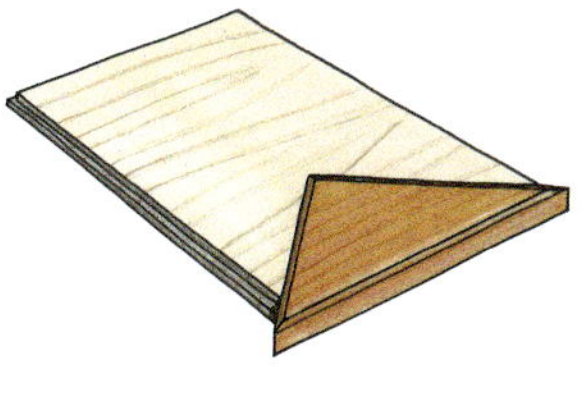

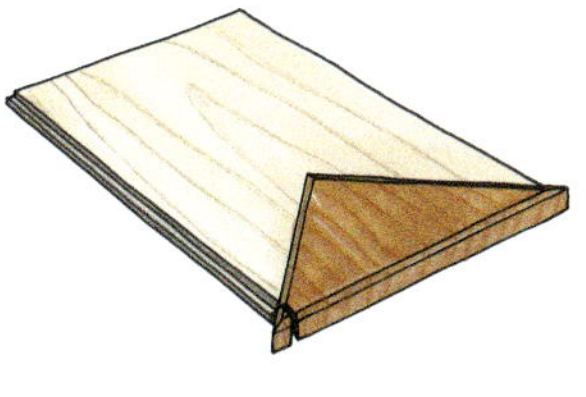

Werkzeuge

Auf jeden Fall benötigen Sie:
- Meterstab
- Messschieber
- Bleistift
- Anschlagwinkel
- Schneidlade
- Feinsäge oder Japanische Säge
- Stecheisen
- Holzhammer
- Kreissäge
- Klebeband
- Cuttermesser
- 1 großen Gummiring (etwa 640 mm Umfang)
- Leimpinsel oder Leimspachtel
- Hand-Oberfräse
- Fasenfräser
- Gratnut-Fräser
- Klemmzwinge (200 mm)
- 2 bis 4 kleine Schraubzwingen
- Schleifpapier (Körnung 150, 180, 280)

Optimales Arbeiten ermöglichen:
- Abricht-Hobelmaschine
- Dicken-Hobelmaschine
- Exzenterschleifer

Material

Bauteil	Bezeichnung	Stück	Material	Fertigmaß in mm Länge	Breite	Dicke
Zarge	Zarge, längs	2	Ahorn	200	55	8
	Zarge hinten, quer	1	Ahorn	165	55	8
	Zarge vorn, quer	1	Ahorn	165	47	8
	Gratleisten	8	Kirschbaum	25	12	8
Boden	Boden	1	Ahorn	190	155	8
Deckel	Deckel	1	Ahorn	155	190	8
	Griff	1	Kirschbaum	165	85	15
Würfel	Würfel	20	Fichte	35	35	35
	Motivvorlagen	2 × 6	Fotos	180	144	0,4
Holzleim und Kleber						
Material zur Oberflächenbehandlung						

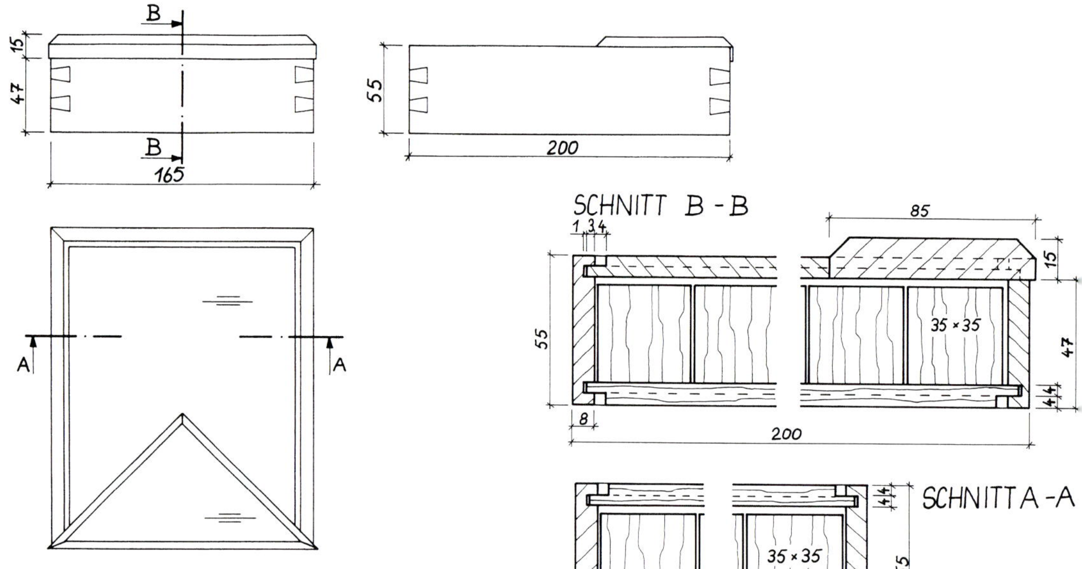

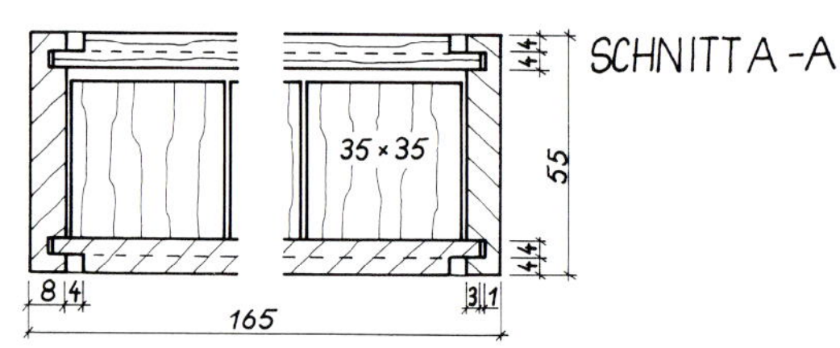

Abb. 86: Konstruktionszeichnung.

Anmerkungen zum Deckel

Die in der Materialliste aufgeführten Werte mögen Ihnen merkwürdig erscheinen, da für den Boden die Länge 190 mm und für den Deckel 155 mm angegeben sind. Grund dafür sind die Griffkonstruktion und das Arbeiten des Holzes: Da die spitz auslaufenden Ecken des Griffes selbst bei rauer Behandlung oder Stürzen nicht abbrechen dürfen, verläuft die Faser quer zur Einschubrichtung. Deswegen muss auch der übrige Teil des Deckels denselben Faserverlauf haben, da bei einem Wechsel die geleimte Verbindung wegen der unterschiedlichen Schwundmaße aufreißen könnte (siehe Abb. 87 links).

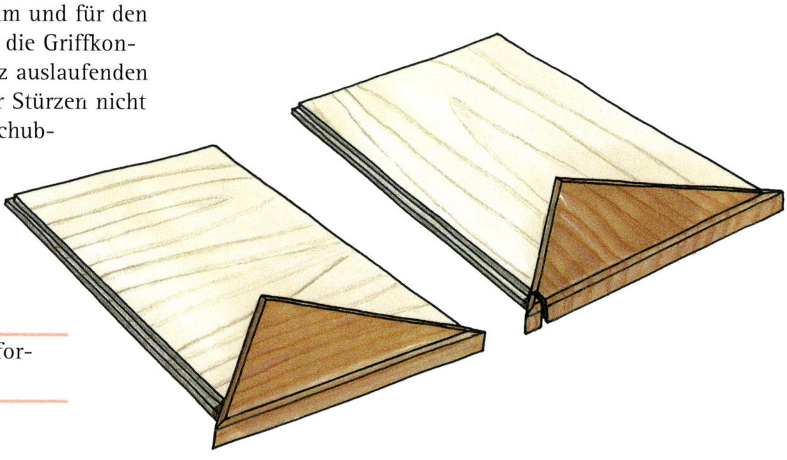

Abb. 87: Der richtige Faserverlauf sorgt für die geforderte Stabilität.

Welches Holz eignet sich?

Stellen Sie den Kasten aus hartem Holz (Esche, Eiche, Kirschbaum, Teak, usw.) her, damit er viele Jahre den manchmal rauen Kinderalltag ansehnlich übersteht. Weiches Holz (Fichte, Tanne, Kiefer, Lärche) bekommt innerhalb kurzer Zeit mehr oder weniger starke Gebrauchsspuren, da es druckempfindlicher ist. Natürlich spielt auch das Temperament der kleinen Benutzer eine Rolle.

Varianten

- Ersetzen Sie das Massivholz durch hochwertiges Buchen- oder Birkensperrholz und sägen Sie statt der falschen Zinken Verbindungsschlitze mit der Kreissäge, die Sie mit schmalen Holzstreifen ausleimen (siehe auch Abbildung 34, Schiebekasten). Durch eine Gestaltung in leuchtenden Farben wird der Kasten für Kinder attraktiver. Wenn Sie den Kasten und die Deckelfläche orange und nur den Griff blau beizen, erzielen Sie einen angenehmen Kontrast mit warmen Farben.
- Für eine Edelvariante empfiehlt sich blau gebeizter Ahorn mit Kischbaumgriff.

Schneiden Sie mehrere Griffe zu, gestalten Sie diese unterschiedlich und wählen Sie den besten für Ihren Kasten. Fräsen Sie eine große, dreieckige Vertiefung in die Oberseite und runden Sie dort alle Kanten oder lassen Sie den Griff von vorn nach hinten um 7 mm abfallen.

Spätestens bei der Motivsuche für die Würfel sollten Sie darüber nachdenken, ob sich außer Kinder auch erwachsene Freunde oder Verwandte über dieses Stück selbst gebauter Nostalgie freuten. Kleben Sie dem Freund, der sich ständig mit dem Auto verfährt, verschiedene Straßenkarten, einen Stadtplan, ein Landschaftsfoto und die Sammlung einschlägiger Verkehrszeichen auf die Würfel. Ordnen Sie dem Hobbytaucher Bilder mit Korallen, Fischen und Schiffwracks zu. Lassen Sie entsprechende Fotos vergrößern und kleben Sie diese auf, wenn Sie das Puzzle zu einem runden Geburtstag oder einem Junggesellenabschied verschenken. Der Fantasie sind dabei keine Grenzen gesetzt.

Arbeitsschritte

1. Kasten und Würfel zuschneiden und aushobeln
2. Zarge nuten
3. Leisteninnenseiten schleifen
4. Gehrungen sägen
5. Vorderstück schmaler sägen
6. Deckel und Boden formatieren
7. Deckel und Boden fälzen
8. Zarge verleimen
9. Stabilisierende Eckverbindungen herstellen
10. Griffausschnitt in den Deckel sägen
11. Griff herstellen
12. Griff anleimen
13. Schleifen des Kastens
14. Oberflächenbehandlung
15. Würfel ablängen
16. Motive aufkleben

Zeitaufwand
Planen Sie bis zum ersten Spiel etwa sechs Stunden Herstellzeit ein.

1. Zuschneiden und aushobeln

Richten Sie für den umlaufenden Kastenrahmen (die Zarge) eine mindestens 800 mm lange Leiste her, die Sie erst nach dem Nuten kürzen. Bringen Sie Deckel und Boden nach dem Aushobeln auf die exakten Außenmaße, damit Sie den Deckel von drei Seiten und den Boden umlaufend fälzen können. Lassen Sie das Holz für den Griff länger, so haben Sie es bei der weiteren Bearbeitung einfacher. Auch die Leiste, von der Sie die Würfel schneiden, sollten Sie schon jetzt herrichten, damit Sie diese entweder in Arbeitsschritt 14 oder in einer Leimpause herrichten können.

2. Zarge nuten

Nuten Sie die Zargen an der Kreissäge oder mit einem Scheiben-Nutfräser mit der Hand-Oberfräse oder der Tischfräse.

Vorbereiten der Kreissäge
Rüsten Sie Ihre Kreissäge mit einem Flachzahn-Sägeblatt und stellen Sie den Schneidenflugkreis 4 mm über das

Tischniveau. Entfernen Sie die Spanhaube und stellen Sie den Spaltkeil etwas tiefer als den Schneidenflugkreis. Schieben Sie anschließend bei ausgeschalteter Säge den Parallelanschlag bis auf 4 mm Abstand zum Sägeblatt und klemmen Sie ihn dort.

Setzen Sie zum sicheren Nuten ein Schiebebrett und einen Schiebestock ein.

Beide Hilfsmittel können Sie schnell und einfach selbst herstellen und immer wieder für diese und ähnliche Arbeiten einsetzen.

So stellen Sie das Schiebebrett her
Leimen Sie unter das Ende eines 400 mm langen, 50 mm breiten und 20 mm dicken Brettes ein höchstens 8 mm dickes Holzstück mit 50 mm Kantenlänge. Auf die Oberseite leimen Sie eine Holzleiste (200 × 70 × 30 mm), die Sie an den nicht aufgeleimten Kanten stark runden, damit sie gut zu greifen ist (siehe Abb. 88a).

Tipp! Vermeiden Sie es, die Einzelteile miteinander zu verschrauben oder zu nageln, damit Ihr Werkzeug bei einer versehentlichen Berührung nicht darunter leidet.

So stellen Sie den Schiebestock her
Sägen Sie mit der Stichsäge oder Bandsäge aus einer Leiste (400 × 70 × 15 mm) einen Ausschnitt, wie er in Abbildung 88b dargestellt ist. Lassen Sie die Leiste zum Griffende konisch zulaufen und runden Sie dieses Ende zusätzlich, so dass Ihre Hand die Leiste dort gut umfassen kann. Der Schiebestock sollte gut in der Hand liegen.

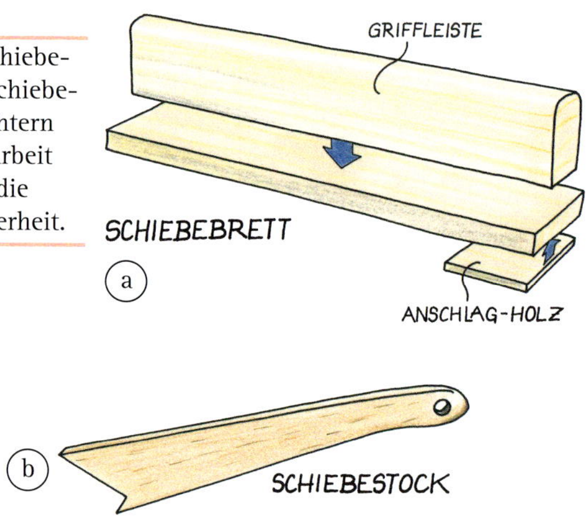

Abb. 88: Schiebebrett und Schiebestock erleichtern Ihnen die Arbeit und geben die nötige Sicherheit.

Nuten mit Hilfe der Vorrichtungen
Legen Sie die zu nutende Zargenleiste auf den Maschinentisch und eine Längskante an den Parallelanschlag. Drücken Sie nun mit dem Schiebestock, den Sie in der linken Hand halten, die Zarge gleichzeitig auf den Maschinentisch und gegen den Parallelanschlag, während Sie diese mit der rechten Hand bis etwa zur halben Länge über das laufende Sägeblatt schieben. Setzen Sie jetzt das Schiebeholz so auf, dass dessen Unterseite auf der Zarge liegt und der untergeleimte Anschlagklotz am Leistenende anschlägt. Dann schieben Sie die Zarge bis hinter das Sägeblatt, um sie dort gefahrlos zu entnehmen.

Nachdem Sie auch die zweite Nut gesägt haben, stellen Sie den Parallelanschlag so ein, dass Sie im nächsten Arbeitsschritt die exakte Nutbreite erzielen.

Wichtig! Halten Sie die Nuttiefe genau ein, da sich andernfalls die Maße für Deckel und Boden ändern!

3. Leisteninnenseiten schleifen

Schleifen Sie die Innenseite der genuteten Leiste, bevor Sie diese in die gewünschten Zargenlängen aufteilen. Der Grund dafür ist einfach: Den langen Streifen können Sie besser halten als einen kurzen. Und haben Sie den Kasten erst einmal verleimt, ist das Schleifen der Innenseiten beinahe unmöglich.

4. Gehrungen sägen

Teilen Sie die Leiste durch Gehrungsschnitte in der Schneidlade oder mit der Kreissäge auf. Benutzen Sie, wenn Sie mit der Kreissäge arbeiten, ein feinzahniges Sägeblatt und ein Splitterholz.

Tipp! Bekleben Sie die Leiste an den Schnittstellen innen und außen mit einem Kunststoffklebeband. So vermeiden Sie Ausrisse, außerdem haftet der beim Verleimen austretende Leim nicht am Holz.

5. Vorderstück schmaler sägen

Sägen Sie das Vorderstück so schmal, dass dessen Oberkante exakt die Höhe des Nutgrundes hat und damit das Einschieben des Deckels möglich wird.

6. Deckel und Boden formatieren

Damit das Holz ausreichend Platz zum Quellen und Schwinden hat, ist umlaufend jeweils 1 mm Luft vorgesehen. Achten Sie darauf, dass Sie beim Formatieren von Deckel und Boden diese Maße einhalten!

7. Deckel und Boden fälzen

Fälzen Sie den Boden rundum mit der Kreissäge, Hand-Oberfräse oder Tischfräse. Der Deckel wird nur an den drei Seiten gefälzt, die in der Nut gleiten sollen. Denken Sie aber beim Prüfen der Passgenauigkeit daran, dass Sie die Fälze noch schleifen müssen. Erst danach sollten sich diese leicht in die Nuten schieben lassen.

8. Zarge verleimen

Schleifen Sie den gesamten Boden und verleimen Sie diesen und die Zarge zu einem offenen Kasten. Das Verleimen mit Klebeband ist ausführlich beim Domino auf Seite 13 im Arbeitsschritt 6 beschrieben.

Ziehen Sie nach dem Aushärten des Leimes alle Klebestreifen ab, auch die vor dem Sägen aufgeklebten.

Achtung! Geben Sie nur im Falz der kurzen Zargenteile etwa in der Mitte je einen Tropfen Leim an, damit der Boden nicht verrutscht oder klappert! Leimen Sie auf keinen Fall den gesamten Boden oder das Langholz in die Nuten, damit der Boden ungehindert quellen und schwinden kann.

9. Stabilisierende Eckverbindungen herstellen

Die zusätzlichen Eckverbinder haben die Form von Schwalbenschwanz-Zinken und sind in gefräste Gratnuten gesteckt. Eine Vorrichtung für die Hand-Oberfräse ermöglicht das Fräsen (siehe Abb. 89).

Richten Sie ein Grundbrett (500 × 500 × 19 mm) und zwei Auflagebretter (250 × 100 × 19 mm) für die Hand-Oberfräse her. Schneiden Sie an je eine schmale Seite der beiden Auflagebretter eine 45° Gehrung und leimen Sie die Bretter mit der offenen Gehrungsseite nach unten auf die Oberkante des Grundbrettes. Die Gehrungen der beiden Bretter stoßen dabei zusammen. Befestigen Sie nun unterhalb eines Auflagebrettes in der Verlängerung einer der angeschnittenen Gehrungen einen Haltewinkel, an dem Sie den Kasten während des Bearbeitens mit Schraubzwingen befestigen können. Stabilisieren Sie beide Auflagebretter von der Unterseite mit winkligen Stützhölzern.

Tipp! Verwenden Sie Massivholz als Auflagebretter, da Holzwerkstoff-Platten selbst Hartmetall-Fräser schneller stumpfen lassen.

Fräsen der Schwalbenschwanz-Nuten
Spannen Sie das Grundbrett in die Hobelbank-Vorderzange oder in die Werkbank. Dann schieben Sie Ihren Kasten mit einer Ecke von unten in den offenen 90°-Winkel der Auflagebretter und fixieren diesen mit Schraubzwingen.

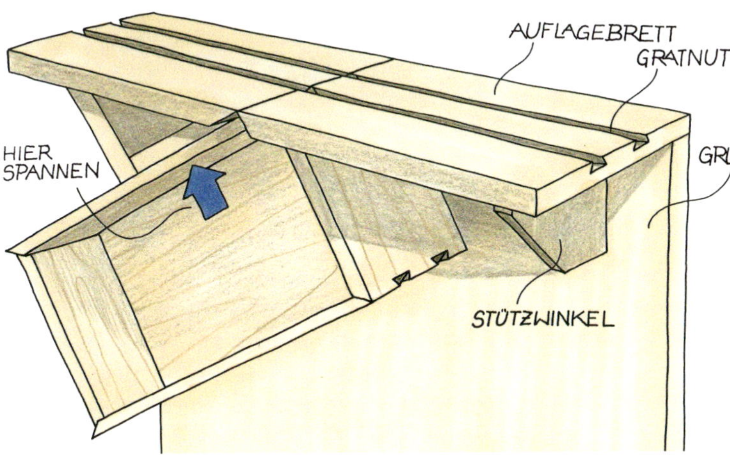

Abb. 89: Vorrichtung zum Fräsen der Stabilisierungsnuten.

Rüsten Sie die Hand-Oberfräse mit einem Gratfräser, den Sie auf 8 mm Frästiefe einstellen, sowie mit einem Parallelanschlag. Stellen Sie den Anschlag auf den erforderlichen Abstand für die erste Nutfräsung ein und führen Sie die Maschine, den Anschlag an der Grundplatten-Rückseite anliegend, über die Auflageflächen, die dadurch ebenfalls auf der gesamten Länge gefräst werden.

Nachdem Sie die Nuten an vier Ecken mit dieser Maschineneinstellung gefräst haben, verändern Sie das Anschlagmaß für den zweiten Fräsvorgang.

Achten Sie bei der Fräseinstellung darauf, nicht in die Boden- und Deckelnuten zu fräsen!

Sägen, hobeln oder fräsen Sie nun passende Schwalbenschwanz-Leisten, die Sie in die Nuten leimen und nach dem Abbinden des Leimes mit der Feinsäge bündig abschneiden.

10. Griffausschnitt in den Deckel sägen

Schieben Sie zum Anreißen des Griffausschnittes den Deckel bis auf einen Millimeter ein und lassen Sie auch an den Seiten jeweils einen Millimeter Luft zum Nutgrund. Verlängern Sie nun mit einem aufgelegen, rechtwinkligen Brett die Gehrungen an der Einschubseite und zeichnen Sie die Kontur auf den Deckel.

Bauen Sie ein Sägeblatt für Querschnitte in Ihre Kreissäge, stellen Sie es auf die größtmögliche Höhe und richten Sie den Gehrungsanschlag auf 45° ein. Sägen Sie nun, die Unterseite des Deckels aufliegend, den ersten Schnitt entlang der aufgezeichneten Kontur, jedoch nur so weit, dass Sie auf der Unterseite die nächste Kontur nicht verletzen. Danach schwenken Sie den Gehrungsanschlag um 90° in die entgegengesetzte Richtung und sägen den zweiten Schnitt. Vorsicht: Der 90°-Ausschnitt ist danach nur noch durch wenige Fasern mit dem Deckel verbunden und sollte, damit keine Ausrisse entstehen, nicht abbrechen. Trennen Sie vorsichtig mit einer Handsäge diese Fasern und stechen Sie die Ecke mit einem Stecheisen nach.

11. Griff herstellen

Legen Sie die für den Griff hergerichtete Leiste an den auf 45° gestellten Gehrungsanschlag und sägen Sie eine Schräge. Die zweite, auf 90° ergänzende Schräge, erhalten Sie bei gleicher Anschlageinstellung, indem Sie das Werkstück um 180° drehen. So haben Sie den geringsten Verschnitt und können bei Bedarf weitere Griffe aus der Leiste sägen, um daraus weitere Varianten herzustellen.

Fräsen Sie auf der Oberseite des Griffes eine breite, umlaufende Fase, die jedoch nicht bis in die Leimfläche reichen darf.

12. Griff anleimen

Benetzen Sie die Schnittkanten am Deckel mit Leim und spannen Sie ihn ohne Griff auf eine ebene Fläche, die etwas kleiner ist als der Deckel. Drücken Sie danach den Griff in die vorbereitete Aussparung und spannen Sie ihn ebenfalls leicht gegen die Auflage, damit er eine Ebene mit der Deckelunterseite bildet. Nun spannen Sie ihn mit Klemmzwingen von vorn und von der Seite, bis die Brüstungen dicht sind.

> Tipp! Versehentliches Verleimen Ihres Werkstückes mit der Unterlage verhindern Sie, indem Sie eine kunststoffbeschichtete Spanplatte als Unterlage verwenden oder Zeitungspapier oder Plastikfolie unterlegen.

13. Schleifen des Kastens

Schleifen Sie die Übergänge von Griff und Deckel nach dem Aushärten des Leimes und verputzen Sie den gesamten Kasten so, dass dieser fertig oder oberflächen-fertig ist (Schleifpapier Körnung 150 bis 180). Schleifen Sie alle Ecken und Kanten so, dass diesen eben die Schärfe genommen ist.

14. Oberflächenbehandlung

Lackieren oder ölen Sie das Werkstück, wenn Sie dies für erforderlich halten. Haben Sie sich für eine geölte Oberfläche entschieden, sollten Sie den Innenraum entweder unbehandelt lassen oder

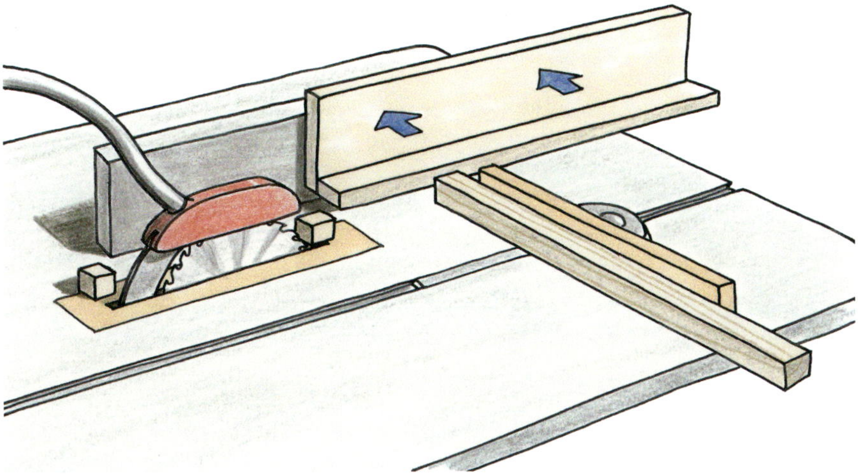

Abb. 90:
Ein Hilfsanschlag verhindert das Klemmen der Würfel zwischen Parallelanschlag und Sägeblatt.

nach der Oberflächenbehandlung ein bis zwei Wochen bei geöffnetem Deckel abdunsten lassen.

15. Würfel ablängen

Stellen Sie den Parallelanschlag auf die genaue Kantenlänge und ziehen Sie die Vorderkante des Anschlags so weit zurück, bis diese etwa 35 mm vor dem in den Tisch eintauchenden Sägezahn steht. Damit die gesägten Würfel nicht vom aufsteigenden Zahnkranz des Sägeblattes erfasst und zurückgeschleudert werden, entfernen Sie jeden Würfel sofort nach dem Abtrennen mit dem Schiebestock!

Lässt sich der Parallelanschlag Ihrer Kreissäge nicht zurückziehen, benutzen Sie einen Hilfsanschlag (siehe Abb. 90), um das Klemmen der kleinen Teile zwischen Parallelanschlag und Sägeblatt zu verhindern.

16. Motive aufkleben

Zum Bekleben werden die Würfel mit einem Gummiband zu einem Block zusammengespannt. Neben der Grundplatte, die Sie zum Anleimen des Griffes untergelegt hatten, benötigen Sie eine weitere Platte, die etwas mehr als die gesamte Würfelfäche abdeckt. Legen Sie den so vorbereiteten Würfelblock auf die kleinere Grundlatte und tragen Sie den Kleber mit einem Spachtel oder einem Pinsel dünn und gleichmäßig auf. Plazieren Sie das erste Motiv so auf dem beleimten Würfelblock, dass es rundherum übersteht, streichen Sie es glatt, legen Sie die zweite Platte auf und spannen das Ganze mit Schraubzwingen. Üben Sie nur leichten Druck aus, damit sich die Holzstruktur nicht abzeichnet.

Nachdem der Kleber getrocknet ist, entfernen Sie die Schraubzwingen und drehen den gesamten Würfelblock auf die Deckplatte, um mit einem Cuttermesser die überstehenden Kanten abzuschneiden. Wenden Sie den Würfelblock abermals, um mit Lineal und Cuttermesser das Motiv in die Würfelformate aufzuteilen. Erst dann nehmen Sie den Gummiring ab.

Fassen Sie nun die äußeren Würfel einer Reihe von der Seite und drehen Sie die gesamte Reihe um 90°. Nachdem Sie alle Würfel in die gleiche Richtung gedreht und so neu positioniert haben, spannen Sie diese wieder mit dem Gummiring zu einem Block zusammen und verfahren wie bei der ersten Beschichtung.

Haben Sie alle Würfelflächen beklebt und beschnitten, dann legen Sie Schleifpapier (Körnung 280) um einen Schleifklotz und fasen damit alle Kanten leicht ab.

Tipp! Bedenken Sie beim Kauf des Klebers, dass Fotos meist nicht aus Papier, sondern aus Kunststoff bestehen. Wählen Sie einen geeigneten Klebstoff und beachten Sie unbedingt die Hinweise des Herstellers, damit Ihr Werk gelingt.

Schiebegans

Schon bald wird die watschelnde Gans zu Ihrem ständigen Begleiter, wenn Sie mit Ihren kleinen Kindern oder Enkelkindern spazieren gehen. Sie werden nicht nur dankbare Kinderaugen sehen, wenn Sie dieses hölzerne Federvieh verschenken, sondern auch feststellen, dass Sie durch die zutrauliche Gans schnell mit anderen Menschen in der Parkanlage oder auf dem Spielplatz ins Gespräch kom-

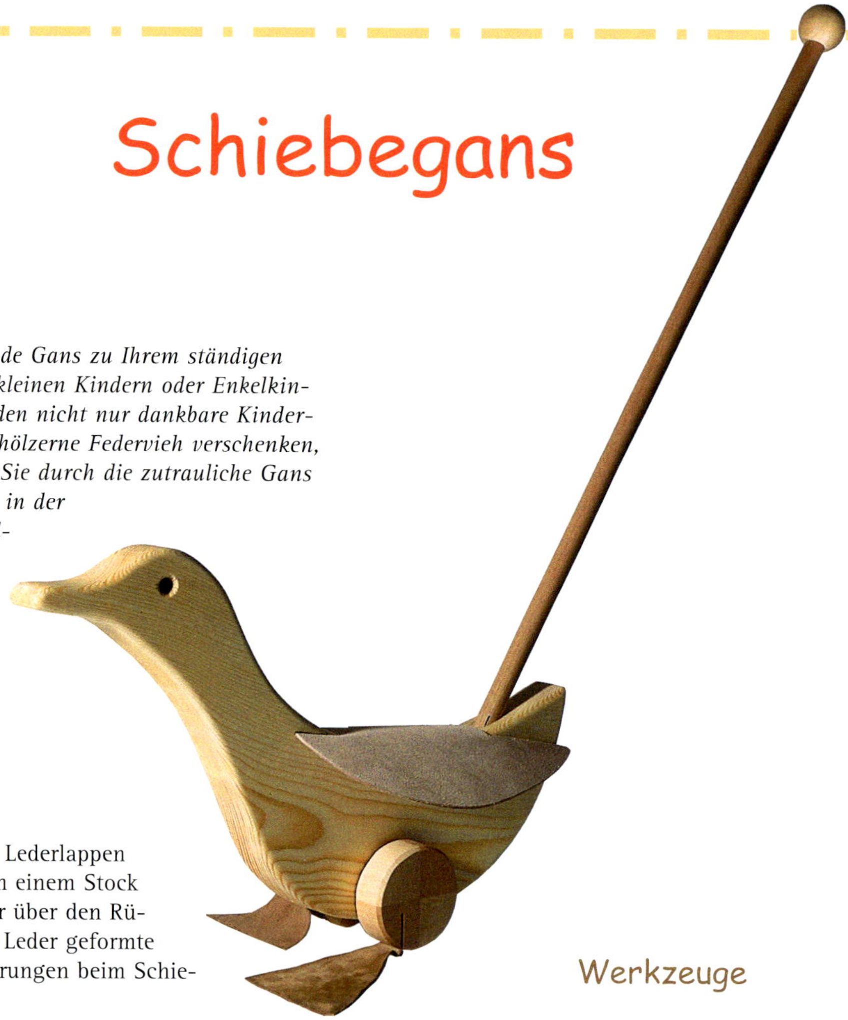

Die Gans rollt auf zwei mit Lederlappen bestückten Rädern und wird an einem Stock mit Kugelgriff geschoben. Quer über den Rücken spannen sich aus dickem Leder geformte Flügel, die durch die Erschütterungen beim Schieben ständig wippen.

Material

Bauteil	Bezeichnung	Stück	Material	Fertigmaß in mm Länge	Breite	Dicke
Körper	Körper	1	Lärche	450	190	35
Füße	Räder	2	Rotbuche	25		Ø 65
	Achse	1	Rotbuche	70		Ø 12
	Lederlappen	2	Leder	120	100	1
Flügel	Lederlappen	1	Leder	240	200	4
Schiebestab	Rundstab	1	Rotbuche	650		Ø 12
	Kugel	1	Rotbuche		Ø 30	
Holzleim						
Material zur Oberflächenbehandlung						

Werkzeuge

Auf jeden Fall benötigen Sie:

- Meterstab
- Bleistift
- Schneidlade
- Feinsäge oder Japanische Säge
- Cuttermesser
- Stichsäge
- Raspel
- Holzfeile (halbrund)
- Hand-Bohrmaschine
- Bohrer (Ø 11,5 und 12 mm)
- Lochsäge (Ø 65 mm)
- Schleifpapier (Körnung 80, 100, 150)

Optimales Arbeiten ermöglichen:

- Bohrer mit Zentrierspitze (Ø 11,5 und 12 mm)
- Abricht-Hobelmaschine
- Dicken-Hobelmaschine
- Kreissäge
- Hand-Oberfräse
- Viertelstab-Fräser (Radius etwa 5 mm)
- Exzenterschleifer

Welches Holz eignet sich?

Achten Sie bei der Wahl der Holzart auf das Gewicht, denn die Gans soll von einem kleinen Kind auch über längere Strecken mühelos zu schieben sein. Zudem müssen Sie damit rechnen, dass Sie das Tier von Zeit zu Zeit selbst tragen müssen, weil Kinder nun einmal schnell ermüden.

Unter den heimischen Nadelhölzern sind Fichte und Tanne die leichtesten und lassen sich zudem gut bearbeiten, letzteres gilt auch für die Kiefer. Da diese Nadelhölzer mehr oder weniger harzhaltig sind, sollten Sie nur Holz wählen, das an der Oberfläche keine Harzgallen aufweist, weil andernfalls im Laufe der Zeit Harz austritt und unangenehm klebt. Bei Tannenholz ist dieses Risiko relativ gering. Als leichte Laubhölzer können Sie Erlen- oder Lindenholz verwenden, doch ist die Zeichnung des Lindenholzes eher langweilig.

Varianten

- Sie können die Gans durch Farben und Farbverläufe kecker aussehen lassen. Beizen Sie beispielsweise nur den Kopf und die Schwanzspitze rot und, solange die Beize noch feucht ist, den übrigen Körper gelb. Dadurch mischen sich die verschiedenen Farben an den Berührungsstellen und bilden einen fließenden Übergang. Machen Sie auf einem Abfallstück eine Beizprobe, damit Sie die Farben und Farbverläufe beurteilen können. Verwenden Sie nicht zu viele ineinander laufende Farben, da sich mehrere Farbtöne schnell zu einem ausdrucklosen oder schmuddeligen Graubraun mischen.
- Auch ein farbiger Anstrich des Körpers, der Räder und der Schiebestange mit Knopf wird der Gans gut stehen.
- Geradezu aufsehenerregend wirkt die Gans mit einem echten Federkleid, das Sie durch Bekleben des Körpers mit Gänsefedern herstellen können. Gelbe Räder, eine gelbe Schiebestange und ein gelborange gefärbter Schnabel runden das Erscheinungsbild ab.

Tipp! Vielleicht leimen Sie Augen aus einer dunklen Holzart ein oder auf, in jedem Fall aber geben eingeklebte Teddybär-Augen der Gans den treuen Blick, den alle Kinder unwiderstehlich finden.

Abb. 91: Konstruktionszeichnung und Schnittmuster.

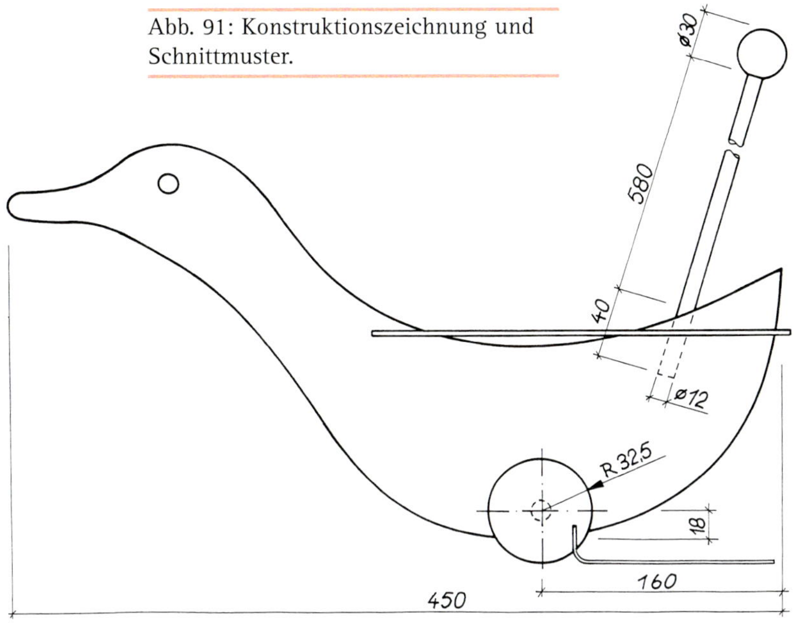

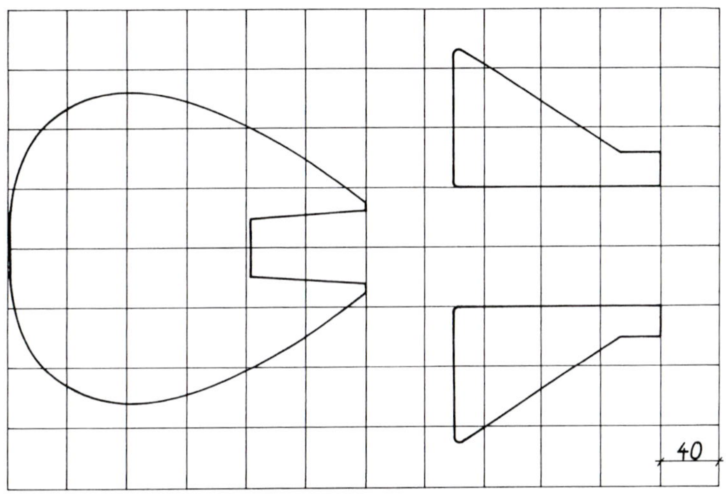

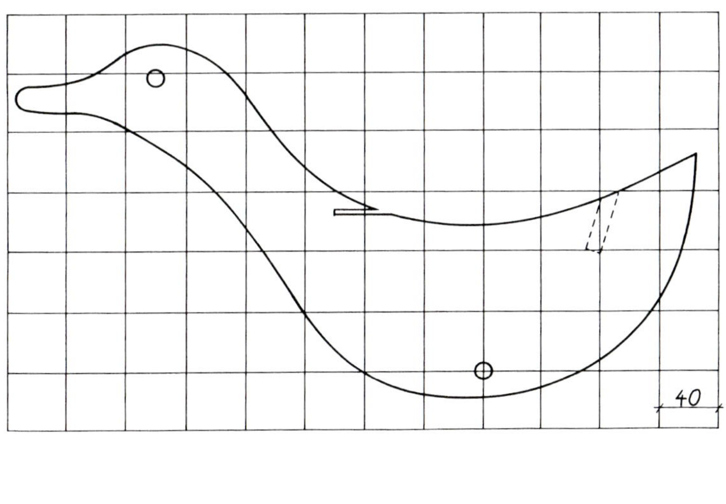

Zeitaufwand
Bis zum ersten Gänsemarsch sollten Sie etwa drei Stunden Bauzeit vorsehen.

Arbeitsschritte

1. Schnittplan zeichnen
2. Zuschneiden und aushobeln
3. Körper herstellen
4. Kontur glätten
5. Räder herstellen
6. Kanten runden
7. Löcher bohren
8. Schlitze für Flügel und Füße einschneiden
9. Achse und Schiebestab herstellen
10. Lederteile zuschneiden
11. Schleifen und Oberfläche behandeln
12. Einzelteile zusammenbauen

1. Schnittplan zeichnen

Übertragen Sie die Umrisse des Gänsekörpers aus Abbildung 91 in ein Raster, in dem jedes Quadrat 40 mm Kantenlänge hat oder vergrößern Sie die Vorlage mit einem Kopierer, damit Sie die tatsächliche Größe erhalten. Diese Zeichnung im Maßstab 1 : 1 dient Ihnen als Basis für die weiteren Arbeitsschritte.

2. Aushobeln und zuschneiden

Hobeln Sie ein Brett passender Größe aus oder verleimen Sie es aus mehreren Streifen, bis die Breite für den Gänsekörper ausreicht. Wollen Sie ein spezielles Holz verwenden oder haben Sie besonders wenig Holz, können Sie den Körper aus Einzelteilen verleimen. Sie benötigen dazu lediglich ein 450 mm langes und 125 mm breites Brett. Zeichnen Sie so die Umrisse der Gans darauf, dass unter dem Kopf und der Brust genügend Holz bleibt, um daraus die fehlende Kopfoberseite und den Schwanz zu schneiden (siehe Abb. 92).

3. Körper herstellen

Zeichnen Sie die Konturen des Gänsekörpers auf das Brett und sägen Sie diesen mit einer Stichsäge oder einer Bandsäge aus. Wählen Sie ein Sägeblatt mit feiner Zahnung, damit die Schnittstelle möglichst glatt wird: Sie ersparen sich Nacharbeit.

Bohren Sie anschließend mit einem 11,5 mm Bohrer das etwa 40 mm tiefe Aufnahmeloch für den Schiebestab. Den Winkel können Sie Abb. 91 entnehmen. Dabei entstehende Ausrisse können Sie im folgenden Arbeitsschritt beseitigen.

4. Kontur glätten

Der Sägeschnitt ist, auch beim Einsatz eines feinen Sägeblattes, deutlich sichtbar und rauh. Daher sollten Sie die gesamte Kontur zuerst mit einer Holzfeile und anschließend mit Schleifpapier (Körnung 80 und 100) glätten. Wenn Ihnen kein Exzenterschleifer zur Verfügung steht, müssen Sie diese Arbeit mit dem um einen Schleifklotz gelegten Schleifpapier bewerkstelligen, was etwas Mühe macht. Führen Sie im letzten Arbeitsgang das Schleifpapier ausschließlich in Faserrichtung, damit keine Querkratzer bleiben.

Spannen Sie die Gans in die Hobelbank-Vorderzange, damit Sie das Schleifpapier mit beiden Händen und großem Andruck führen und dadurch möglichst viel Material abtragen können.

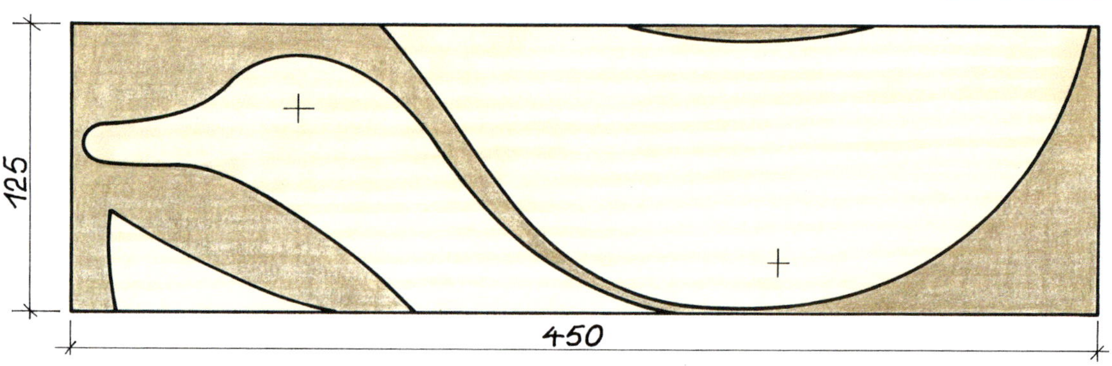

Abb. 92: Durch geschickte Aufteilung reduzieren Sie den Holzverbrauch

5. Räder herstellen

Verwenden Sie zum Schneiden der Räder eine Lochsäge (Steckdosen-Bohrer) mit mindestens 65 mm Durchmesser. Damit die Achse später von außen nicht sichtbar ist, entfernen Sie nach Erreichen der halben Bohrtiefe den Zentrumbohrer – er wird zur Führung nicht mehr gebraucht – und trennen Sie ohne diesen die Scheiben vollends heraus.

Vorsicht! Beim erneuten Einsetzen und Anlaufen kann es durch Verkanten der Lochsäge zu kräftigen Schlägen der Hand-Bohrmaschine kommen. Stecken Sie daher die Lochsäge möglichst weit in das vorgesägte Loch, damit diese ausreichende Führung hat. Schalten Sie die Bohrmaschine ein, bevor der Zahnkranz den Lochgrund berührt.

Vergrößern Sie nun das vorhandene Loch im Zentrum der Räder mit einem 12-mm-Bohrer. Damit Sie die Radmitte treffen und damit der Bohrer nicht verläuft, sollten Sie sich hierfür eine einfache Bohrhilfe bauen. Die Anfertigung ist um so lohnender, je mehr Gänse Sie bauen.

Die Bohrhilfe

Zeichnen Sie den Raddurchmesser auf ein kleines Brettchen aus hartem Holz oder Vielschichtsperrholz und durchbohren Sie den Mittelpunkt mit einem 12-mm-Bohrer. Um dem Bohrer später die nötige Führung zu geben, sollte das Brettchen mindestens 20 mm dick sein. Leimen Sie anschließend zwei etwa 10 mm dicke Leisten als Tangenten so an den Kreisbogen, dass diese ungefähr einen 90°-Winkel einschließen (siehe Abb. 93).

Fixieren Sie ein Rad mit einer Schraubzwinge in der Vorrichtung und bohren Sie das etwa 15 mm tiefe Achsenloch. Schleifen Sie anschließend die Kanten, bis diese glatt sind.

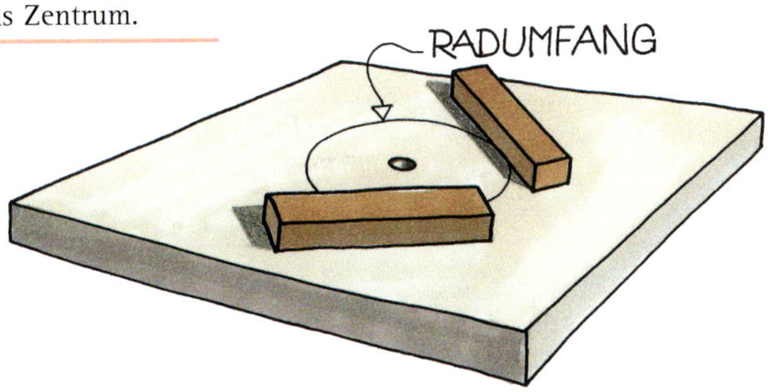

Abb. 93: Mit dieser einfachen Vorrichtung können Sie den Bohrer sicher führen und treffen das Zentrum.

6. Kanten runden

Runden Sie alle Kanten des Körpers und der Räder, damit diese angenehm zu greifen sind. Mit einem Viertelstab-Fräser, den Sie in eine Hand-Oberfräse einbauen, können Sie diese Arbeit schneller und gleichmäßiger als mit Raspel und Feile ausführen.

Für sicheres und genaues Arbeiten mit der Hand-Oberfräse benötigen Sie eine einfache Vorrichtung. Bohren Sie in das Zentrum einer 600 × 600 × 19 mm großen Furnierplatte ein Loch, das so groß ist, dass der Viertelstab-Fräser hindurch passt. Rüsten Sie die Hand-Oberfräse mit dem Viertelstab-Fräser und montieren Sie diese so unter die Platte, dass der Fräser im Zentrum des Bohrloches steht. Stellen Sie ihn anschließend so ein, dass die auslaufende Rundung des Viertelstabes mit der Platten-Oberkante bündig abschließt.

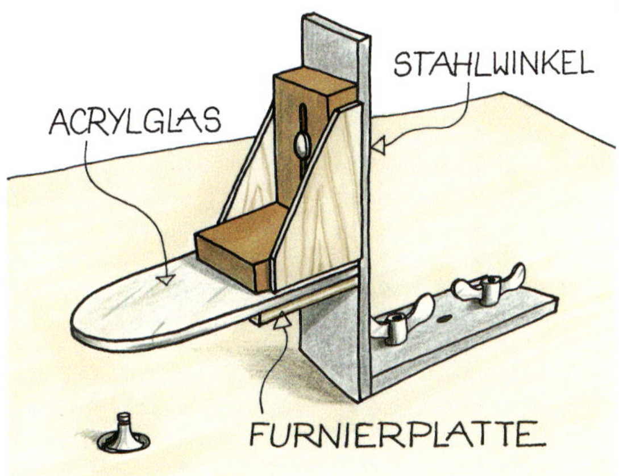

Abb. 94: Die Acrylglasscheibe ermöglicht Ihnen den Blick auf das Werkzeug und verhindert, dass die Hände das Werkzeug berühren.

Schützen Sie Ihre Hände durch eine einfache Werkzeugverdeckung (siehe Abb. 94). Fertigen Sie einen 50 mm breiten und 15 mm dicken Holzwinkel mit 70 mm Schenkellänge an, den Sie durch seitlich aufgeleimte Dreiecke aus 5 mm dicker Furnierplatte stabilisieren. Sägen Sie in den aufrechten Schenkel ein Langloch (etwa 6 × 40 mm) und schrauben Sie unter den waagerechten Schenkel eine Acrylglasscheibe (150 × 80 × 5 mm), die Sie an der Vorderseite runden können.

Befestigen Sie diese Werkzeugverdeckung mit einer Schlossschraube und einer Flügelmutter an einem Stahlwinkel, den Sie, ebenfalls mit Schlossschrauben, so auf der Arbeitsfläche positionieren, dass das Fräswerkzeug verdeckt ist.

Senken Sie die Werkzeugverdeckung so weit wie möglich ab und runden Sie die Kanten des Gänsekörpers und der Räder.

Tipp! Die Acrylglasscheibe kann beim Andrehen der Befestigungsschrauben zerspringen. Das verhindern Sie zuverlässig, wenn Sie die Befestigungslöcher etwas größer bohren, etwas fasen und eine Furnierplatte wie eine große Beilagscheibe zur besseren Druckverteilung einsetzen.

7. Löcher bohren

Spannen Sie das Werkstück flach auf eine Holz- oder Holzwerkstoff-Platte, damit auf der Bohrer-Austrittseite keine Ausrisse entstehen. Dann bohren Sie die durchgehenden Löcher für die Achse und das Auge. Wenn Sie keinen Bohrer mit Vorschneidern und Zentrierspitze haben, besteht die Gefahr, dass die Bohrung auf der Eintrittseite ausreißt. Dies können Sie verhindern, indem Sie ein Stück hartes Holz durchbohren und dies als Bohrerführung auf das Werkstück spannen. Bohren Sie abschließend das Loch für den Schiebestock in die Holzkugel.

8. Schlitze für Flügel und Füße einschneiden

Schneiden Sie mit einer Hand- oder Stichsäge so schmale Schlitze zur Aufnahme der Lederlappen in die Räder und den Gänsekörper, dass das Leder nach dem Einschieben leicht geklemmt wird.

9. Achse und Schiebestab herstellen

Sägen Sie von einem Buchenrundstab die Achse und den Schiebestab. Dieser wird nur eingesteckt und nicht geleimt, damit Sie ihn zum Transport oder bei Beschädigung wieder aus der Bohrung ziehen können. Damit der Stab ausreichend Halt im Bohrloch findet, sägen Sie diesen am einzusteckenden Ende mit einer Feinsäge etwa 30 mm tief ein. Reduzieren Sie anschließend den Durchmesser durch Schleifen so weit, bis sich der Stab in das 11,5 mm große Loch einstecken, aber nur mit einiger Kraftanstrengung wieder herausziehen lässt.

10. Lederteile zuschneiden

Zeichnen Sie die Umrisse der Fußlappen und des Flügels auf die entsprechenden Lederreste und schneiden Sie diese mit einer Schere oder einem Cuttermesser aus.

Tipp! Nehmen Sie ein Schnittmuster aus Pappe mit zum Polsterer oder Schuster, bei dem Sie die Lederreste besorgen und bitten ihn, die Teile für Sie zuzuschneiden.

11. Schleifen und Oberfläche behandeln

Schleifen Sie alle Holzteile (Körnung 120 oder 150), bis diese angenehm glatt sind. Anschließend behandeln Sie die Oberfläche. Bedenken Sie dabei, dass die Gans bei jedem Wetter Ausgang hat und der Überzug daher nicht nur speichel-, sondern auch wetterfest sein sollte.

12. Zusammenbau

Klemmen Sie die Lederlappen in die Schlitze und nageln Sie diese mit kleinen Nägeln dort fest. Stecken Sie die Achse durch die Bohrung. Prüfen Sie, ob diese sich leicht drehen lässt und leimen Sie die Räder an. Achten Sie darauf, dass die breite Seite der Lederlappen vom Körper weg zeigt und dass Sie die Räder um 180° versetzt anleimen, damit die Gans watschelt und nicht hüpft. Leimen Sie abschließend die Kugel auf den Schiebestab und stecken Sie diesen in die Bohrung. Die Gans ist nun bereit zum Probelauf.

Achtung! Reiben Sie die Achse mit Kerzenwachs ein (nicht die Leimstellen), um die Reibung beim Drehen zu verringern. Benutzen Sie aber kein Bienenwachs, da dieses klebt und die Achse dadurch stockt.

Tigerente und Rallye-Ente

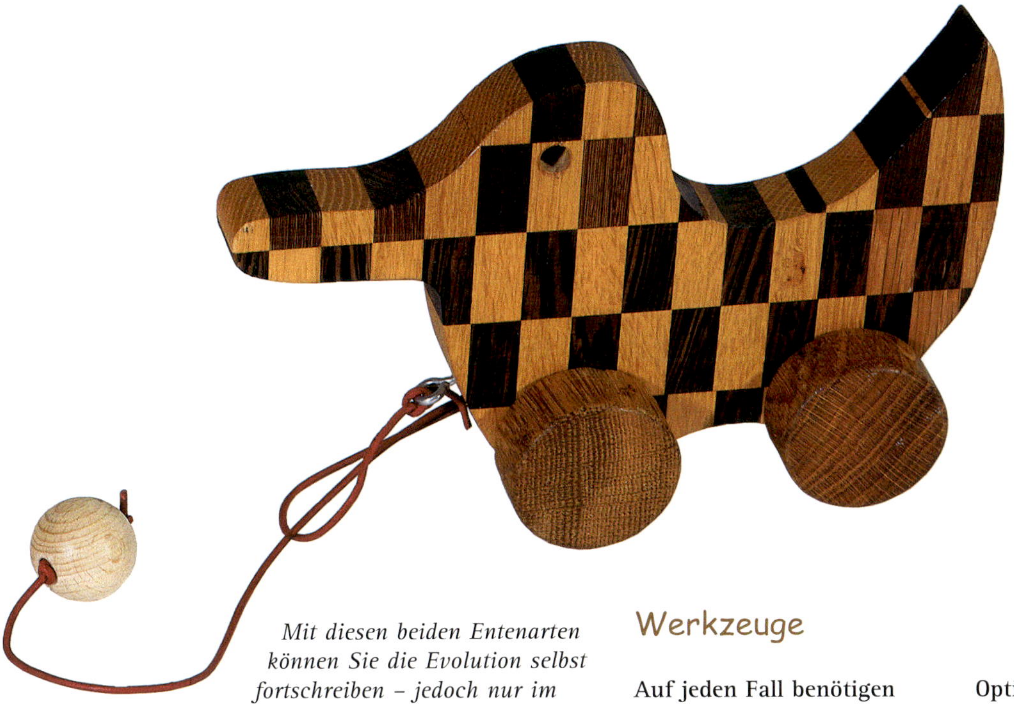

Mit diesen beiden Entenarten können Sie die Evolution selbst fortschreiben – jedoch nur im Kinderzimmer. Da derartige Entenexemplare in der freien Natur nicht zu finden sind, hilft nur der Eigenbau.

Die allseits bekannte Tigerente ist ähnlich einem Tiger abwechselnd hell und dunkel gestreift. Die Rallye-Ente ist ein sehr modernes Tier und hat die Evolution scheinbar am Rande der großen Rennstrecken durchlaufen: Sie trägt daher ein Federkleid, das der karierten Startflagge ähnelt. Beide Tiere rollen auf vier Rädern, wenn sie mit der Ausführleine, die für den besseren Halt am Ende eine Kugel hat, gezogen werden.

Werkzeuge

Auf jeden Fall benötigen Sie:

- Meterstab
- Bleistift
- Schneidlade
- Feinsäge oder Japanische Säge
- Stichsäge
- Holzfeile (halbrund)
- Hand-Bohrmaschine
- Bohrer (∅ 8, 9 mm)
- Lochsäge (∅ 50 mm)
- 2 Schraubzwingen (250 mm)
- Schleifpapier (Körnung 80, 100, 150, 220)
- Borstenbürste
- Borstenpinsel

Optimales Arbeiten ermöglichen:

- Bohrer mit Zentrierspitze (∅ 8, 9 mm)
- Versenker
- Abricht-Hobelmaschine
- Dicken-Hobelmaschine
- Kreissäge
- Ständer-Bohrmaschine
- Hand-Oberfräse
- Viertelstab-Fräser (Radius etwa 2 mm)
- Exzenterschleifer

Material Tigerente

Bauteil	Bezeichnung	Stück	Material	Fertigmaß in mm Länge	Breite	Dicke
Körper	Leisten	8	Eiche	140	26	15
	Leisten	7	Wengé	140	26	15
Räder	Räder	4	Eiche	24		∅ 50
Achse	Dübel	2	Rotbuche	60		∅ 8
Zugzeug	Schnur	1	Leder	800		∅ 2
	Kugel	1	Eiche		∅ 30	
	Ringöse	1	Stahl	25		∅ 10
Holzleim						

Material zur Oberflächenbehandlung

Abb. 95: Konstruktionszeichnung und Schnittmuster.

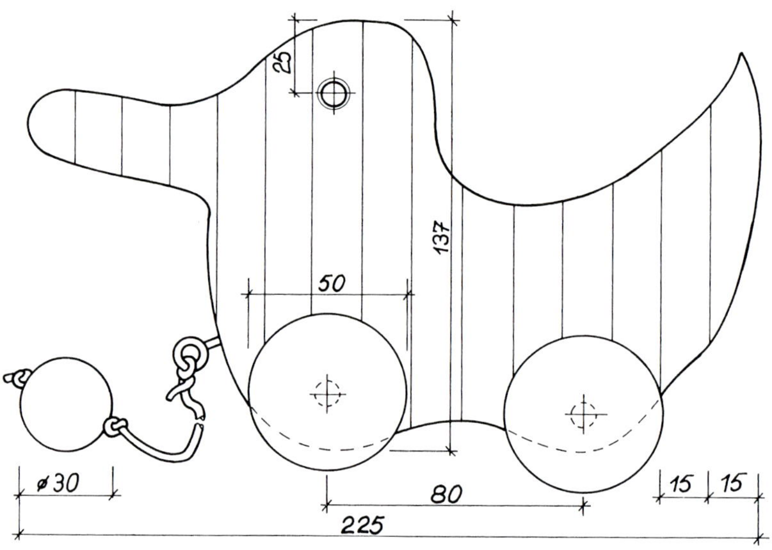

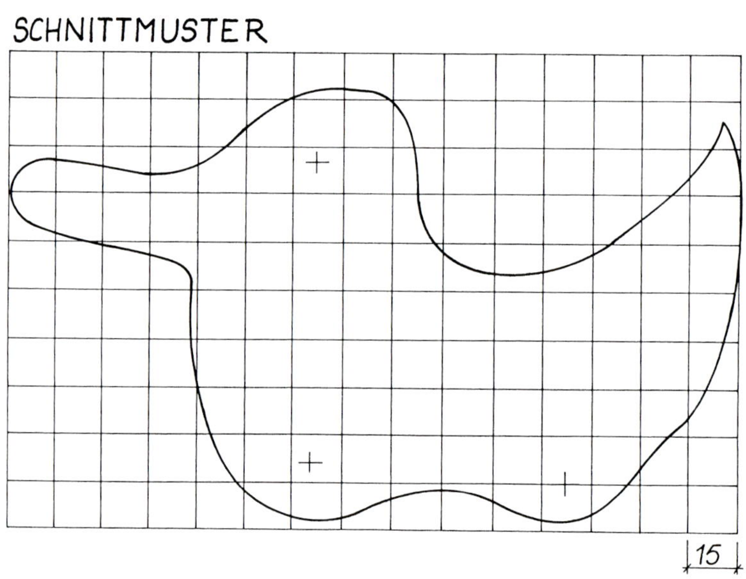

Material Rallye-Ente

Bauteil	Bezeichnung	Stück	Material	Fertigmaß in mm Länge	Breite	Dicke
Körper	Leisten	8	Eiche	155	26	15
	Leisten	7	Wengé	155	26	15
Räder	Räder	4	Eiche	24		∅ 50
Achse	Dübel	2	Rotbuche	60		∅ 8
Zugzeug	Schnur	1	Leder	800		∅ 2
	Kugel	1	Eiche		∅ 30	
	Ringöse	1	Stahl	25		∅ 10
Holzleim						
Material zur Oberflächenbehandlung						

Welches Holz eignet sich?

Verwenden Sie Hölzer, die sich durch angenehme Kontraste voneinander abheben, aber eine ähnliche Holzstruktur haben: Esche und Wengé, Rüster und Wengé, Ahorn und Nussbaum sind Kombinationen harter Hölzer, die diese Anforderungen erfüllen. Weiche Hölzer wie Fichte, Tanne und Erle zeigen relativ schnell Gebrauchsspuren und brechen bei Stürzen im Schnabelbereich leicht ab.

Soll sich die Ente viel im Freien, eventuell sogar auf sandigem und steinigem Untergrund bewegen, ist gutes Schuhwerk besonders wichtig. Wählen Sie in diesem Fall hartes Holz für die Räder, auch wenn Sie alle anderen Teile aus weichem Holz hergestellt haben.

Varianten

- Eine Bauzeit-Sparvariante ist die angemalte Ente. Fertigen Sie den Körper aus einem Brett und streichen Sie ihn mit einer Grundfarbe (gelb oder weiß) und malen Sie nach dem Trocknen mit dunkler Farbe Streifen darüber. Natürlich können Sie ein Kind auch mit einer sehr bunten Ente beeindrucken, bei der Sie nicht ein Streifenmuster, sondern Gefieder oder bizarre Formen aufmalen. Vielleicht möchte das Kind seine Ente sogar selbst bemalen.
- Rädervariante: Verwenden Sie statt der Scheibenräder Kugeln mit mindestens 40 mm Durch-

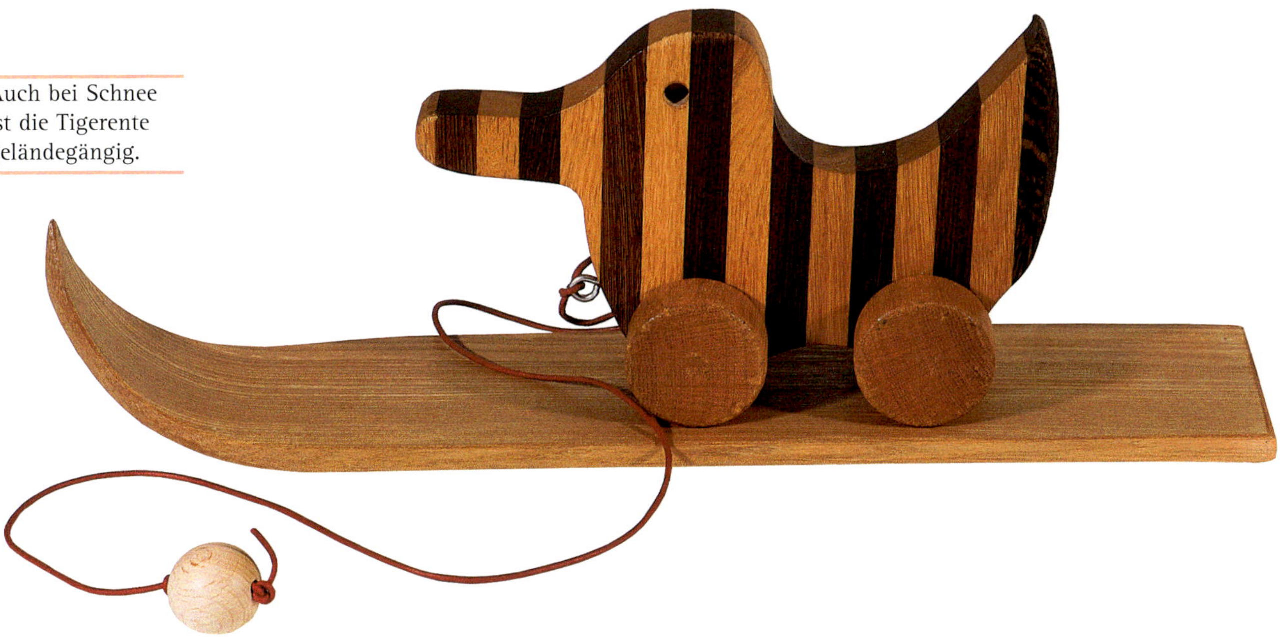

Auch bei Schnee ist die Tigerente geländegängig.

messer, die Sie im Bastelgeschäft oder im Baumarkt kaufen.
- Eine Variante für den Winter: Fertigen Sie für die Ausfahrt im Schnee einen Ski an, den Sie mit zwei Holzdübeln in die Unterseite einstecken (siehe Abb. Seite 117).

Arbeitsschritte

Zeitaufwand
Die Tigerente können Sie in etwa zweieinhalb Stunden ausgehfertig haben, für die schnittige Rallye-Ente sollten Sie wegen des ausgefallenen Gefieders eine halbe Stunde mehr Bauzeit vorsehen.

1. Leisten herstellen und ablängen
2. Verleimen
3. Zweiter Zuschnitt und zweite Verleimung für die Rallye-Ente
4. Umrisszeichnung erstellen und übertragen
5. Körper herstellen
6. Räder herstellen
7. Löcher bohren
8. Kanten der Räder runden
9. Konturen glätten und Kanten brechen
10. Oberfläche behandeln
11. Zusammenbau

1. Leisten herstellen und ablängen

Stellen Sie für den Bau der Tigerente eine 1150 mm lange Eichenleiste und eine 1020 mm lange Wengéleiste her. Für die Rallye-Ente benötigen Sie Leisten beider Holzarten mit je 1300 mm Länge. Die Querschnitte sind mit 26 × 15 mm bei beiden Ausführungen gleich.

Sägen Sie mit der Kreissäge oder mit der Feinsäge in einer Schneidlade die Leisten für die Tigerente in 140 mm lange und die für die Rallye-Ente in 155 mm lange Stücke.

2. Verleimen

Leimen Sie abwechselnd eine Eiche- und einen Wengéleiste aneinander und achten Sie beim Pressen darauf, dass die Leisten nicht verrutschen und eine Ebene bilden. Spannen Sie mehrere Leisten quer über das gesamte Paket, um Verschiebungen ganz sicher zu verhindern. Legen Sie Zeitungspapier unter, um das Festkleben der Leisten zu vermeiden.

Kratzen Sie durch den Pressdruck ausgetretenen, überschüssigen Leim erst ab, wenn er eine leichte Haut hat: Er ist dann fester und schmiert wesentlich weniger.

3. Zweiter Zuschnitt und zweite Verleimung für die Rallye-Ente

Sägen Sie mit der Kreissäge das nun 155 mm lange und 240 mm breite Brett quer in fünf gleich große Steifen (27 × 240 mm). Die Schnittfläche muss winklig und glatt werden, da diese anschließend als Leimfläche genutzt wird. Diese Genauigkeit erreichen Sie, wenn Sie mit Nachschiebeholz und Schiebestock arbeiten. Stellen Sie das feinzahnige Sägeblatt 30 bis 50 mm höher, als das Werkstück dick ist, und drücken Sie das Werkstück, während Sie es mit dem Nachschiebeholz vorschieben, mit dem Schiebestock etwas auf den Maschinentisch (siehe Abb. 96).

Verschieben Sie nun jeden zweiten Streifen um eine Leistenbreite und verleimen Sie die so versetzten Streifen wieder zu einer Fläche, damit das gewünschte Karomuster entsteht (siehe Abb. 97).

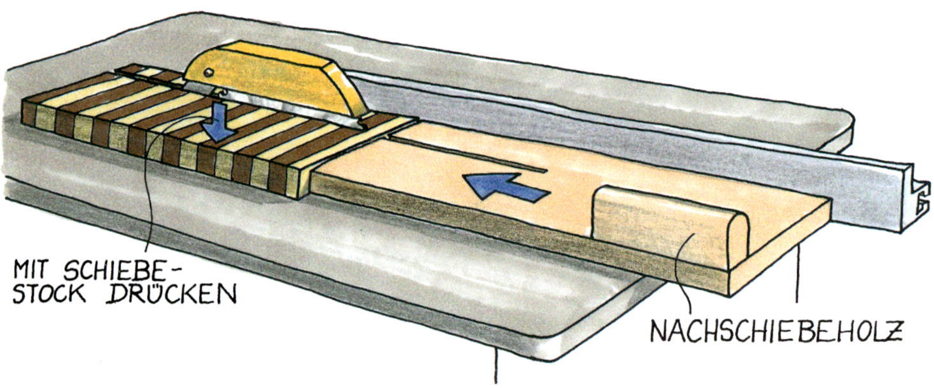

Abb. 96: Mit Nachschiebeholz und Schiebestock arbeiten Sie sicher und erzielen die erwünschte Schnittqualität.

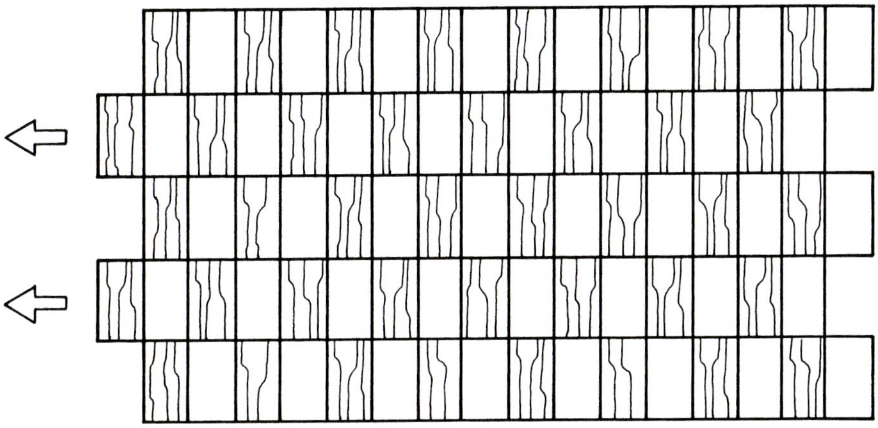

Abb. 97: Versetzen Sie jeden zweiten Holzstreifen, damit das Karomuster entsteht.

4. Umrisszeichnung erstellen und übertragen

Vergrößern Sie die Schnittmusterzeichnung (Abb. 95) mit dem Fotokopierer oder übertragen Sie den Umriss in ein 15-mm-Raster. Schneiden Sie entlang dieses Umrisses aus und übertragen Sie mit Hilfe der entstandenen Schablone die Kontur der Ente auf das vorbereitete Brett.

5. Körper herstellen

Sägen Sie den Körper der Ente mit einer Bandsäge oder mit einer Stichsäge entlang der Kontur aus.

Damit Sie den Aufwand für das Feilen und das Schleifen so gering wie möglich halten, sollten Sie ein möglichst feinzahniges Sägeblatt speziell für Holz verwenden.

6. Räder herstellen

Drechseln Sie entweder selbst einen Rundstab oder kaufen Sie einen Eichen-Rundstab (Tischbein) mit 50 mm Durchmesser und sägen Sie von diesem an der Kreissäge mit einem feinzahnigen Sägeblatt vier etwa 24 mm dicke Scheiben ab.

Sollte Ihnen weder die eine noch die andere Möglichkeit zur Verfügung stehen, können Sie die Räder alternativ auch mit einer Lochsäge von einem Brett herstellen (siehe Schiebegans, Arbeitsschritt 5, Seite 113) oder ebenfalls mit der Stichsäge oder Bandsäge ausschneiden.

7. Löcher bohren

Bohren Sie die beiden Durchgangslöcher für die Achsen und das Auge und fasen Sie die Augenbohrung anschließend auf beiden Seiten mit einem (Hand-) Senker.

Wenn Sie keinen Bohrer mit Zentrierspitze und Vorschneidern verwenden, durchbohren Sie ein Stück hartes Holz. Positionieren Sie es über dem zu bohrenden Loch und spannen Sie es gemeinsam mit dem Entenkörper auf ein weiteres Brettchen. So ist der Bohrer sicher geführt und die Bohrränder reißen nicht aus.

Bohren Sie nun die 15 mm tiefen Aufnahmelöcher für die Achsen in die Räder. Mit einigen Versuchen und viel Geschick treffen Sie sicherlich genau ins Zentrum, doch sollten Sie dies gerade vermeiden. Bringen Sie die Bohrungen ein bisschen außerhalb der Zentrums an, damit die Ente, wenn sie rollt, den charakteristischen Watschelgang erhält.

Durchbohren Sie nun auch die als Griff dienende Kugel, damit Sie später das Band durchziehen können. Außerdem bohren Sie ein Loch zum leichteren Eindrehen der Ringöse, an der Sie das andere Ende der Schnur befestigen.

> Tipp! Bohren Sie ein zusätzliches Loch mit 10 mm Durchmesser in die Kugel: Wenn Sie der Knoten am Ende der durch die Kugel gezogenen Lederschnur stört, kann dieser darin verschwinden.

8. Kanten der Räder runden

Runden Sie nun mit Feile und Schleifpapier, nur mit Schleifpapier oder mit einer Hand-Oberfräse, die Sie mit einem Viertelstab-Fräser bestücken, die Kanten der Räder. Sollten Sie sich für den Fräser entscheiden, finden Sie in der Bauanleitung zur Schiebegans (Seite 113, Arbeitsschritt 6) die Beschreibung einer hilfreichen Vorrichtung.

Tipp! So schleifen Sie schnell und unkompliziert die Kanten und Laufflächen der Räder: Schlagen Sie einen Dübel, der sich schwer einstecken lässt, an Stelle der Achse ein und spannen Sie diesen in die (Ständer-) Bohrmaschine. Schleifen Sie bei niedriger Drehzahl, da durch die außermittige Bohrung das Rad nicht rund läuft.

9. Konturen glätten und Kanten brechen

Spannen Sie den Entenkörper in die Vorderzange der Hobelbank und glätten Sie alle beim Sägen entstandenen Unebenheiten mit einer Feile. Schleifen Sie anschließend diese Schmalflächen mit Körnung 100 und abschließend mit Körnung 120, bis sie glatt sind.

Klemmen Sie das Tier zum Schleifen der Flächen zwischen die Bankhaken der Hinterzange, wobei Sie mit zwei Holzzulagen verhindern, dass die schon fertigen Schmalflächen beschädigt werden. Schleifen Sie bei groben Versprüngen in der Fläche zuerst mit Körnung 80 quer zur Faserrichtung, bis die Fläche eben ist. Erst dann schleifen Sie in Faserrichtung. Diese Arbeitsweise führt wesentlich schneller zu einer glatten Fläche als der ausschließliche Längsschliff.

Haben Sie alle Querkratzer ausgeschliffen, wiederholen Sie diesen Arbeitsgang mit Körnung 100 und abschließend – nur noch in Faserrichtung – mit Körnung 120.

Brechen Sie abschließend alle Kanten ganz leicht mit 120er Schleifpapier.

10. Oberfläche behandeln

Entstauben Sie alle Teile gründlich mit einer Borstenbürste und ölen Sie die Oberfläche zweimal dünn mit Leinölfirnis. Lassen Sie den ersten Auftrag über Nacht aushärten. Schleifen Sie diesen vor dem Schlussauftrag mit Schleifpapier Körnung 220.

Vorsicht! Breiten Sie nach jedem Firnisauftrag die benetzten Lappen zum Trocknen aus oder legen Sie diese in einen luftdicht verschlossenen Behälter, da sich mit Firnisöl getränkte Lappen beim Trocknen selbst entzünden können. Erst wenn das Öl trocken ist, besteht diese Gefahr nicht mehr.

11. Einzelteile zusammenbauen

Montieren Sie die Räder mit einem Tropfen Leim, schrauben Sie die Ringöse ein und befestigen Sie das Lederband oder eine bunte Schnur an der Kugel und an der Ringöse: Jetzt ist die Tiger- oder Rallye-Ente fertig und wartet auf den ersten Ausflug.

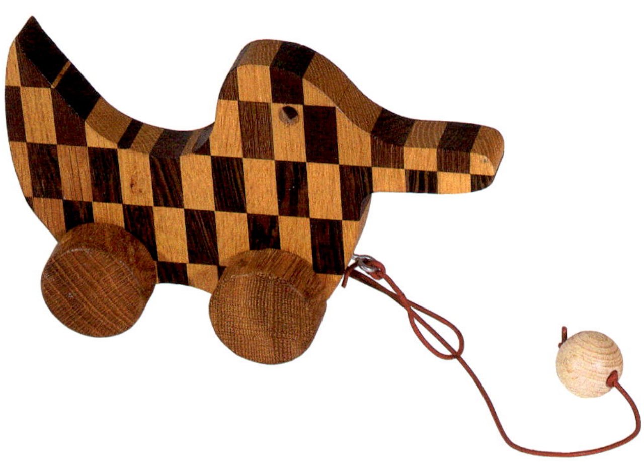

Rennauto

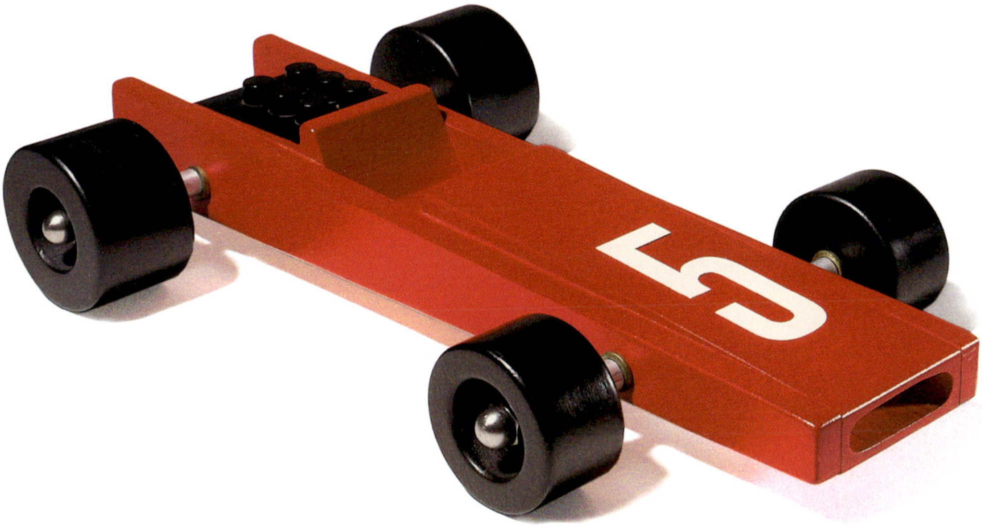

Rennautos faszinieren Kinder und Erwachsene gleichermaßen. Diese rassigen, bunten und schnellen Flitzer wecken das sprichwörtliche Kind im Manne.

Das hier beschriebene und von Johannes Scharfenstein erdachte Rennauto wird auch Ihr Herz höher schlagen lassen. Endlich können auch Sie sich – oder einem Kind – den Traum vom eigenen Rennauto erfüllen.

Der rote Flitzer aus gebeiztem Ahornholz ist markenneutral und hat, mit der Hand geschoben, auch ohne Heck- und Frontspoiler eine passable Straßenlage. Die nötige Fahrsicherheit gewährleisten die an durchgehenden Starrachsen mit Hutmuttern verschraubten Spezialräder der Marke Eigenbau.

Bauen Sie lieber gleich zwei Rennautos: Eines, um es zu verschenken und eines für Sie. Das Abgeben wird Ihnen dann leichter fallen.

Werkzeuge

Auf jeden Fall benötigen Sie:

- Meterstab
- Bleistift
- Zirkel
- Anschlagwinkel
- Winkelmesser
- Schneidlade
- Feinsäge oder Japanische Säge
- Metallsäge
- Stecheisen (10, 20 mm)
- Stichsäge
- Holzfeile
- Hand-Bohrmaschine
- Bohrer (∅ 8, 8,3, 10, 12, 28, 30 mm)
- Lochsäge (∅ 52, 60 mm mit 8 mm Zentrierbohrer)
- 4 Schraubzwingen (etwa 200 mm)
- Schleifpapier für Holz (Körnung 80, 100, 150, 220)
- Lackschleifpapier (Körnung 240)
- Haarpinsel
- Beizgefäß
- 2 Steckschlüssel (13 mm)

Optimales Arbeiten ermöglichen:

- Abricht-Hobelmaschine
- Dicken-Hobelmaschine
- Kreissäge
- Bandsäge
- Hand-Oberfräse
- Nutfräser (∅ 12 mm)
- Drechselbank
- Ständer-Bohrmaschine
- Bohrer mit Zentrierspitze (∅ 8, 10, 12 mm)
- Exzenterschleifer

Material

Bauteil	Bezeichnung	Stück	Material	Fertigmaße (mm) Länge	Breite	Dicke
Karosserie	Mittelblock	1	Ahorn	305	56	40
	Seiten	2	Ahorn	340	42	10
	Zylinder	6	Ahorn	35		∅ 12
	Auspuffrohre	2	Rotbuche	45		∅ 8
Räder	Vorderräder	2	Ahorn	30		∅ 52
	Hinterräder	2	Ahorn	38		∅ 60
Achsen	Vorderachse	1	Stahl	186		∅ 8
	Hinterachse	1	Stahl	201		∅ 8
	Unterlegscheiben	8	Messing	∅ 13		1,5
	Distanzhülsen	4	Aluminium	22	Innen-∅ > 8	
	Hutmuttern	4	Stahl		M 8	
Holzleim						

Zur Oberflächenbehandlung: rote Beize, Klarlack, schwarze Farbe

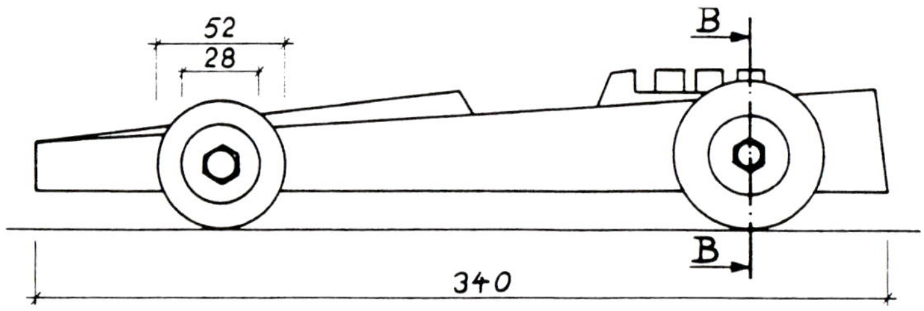

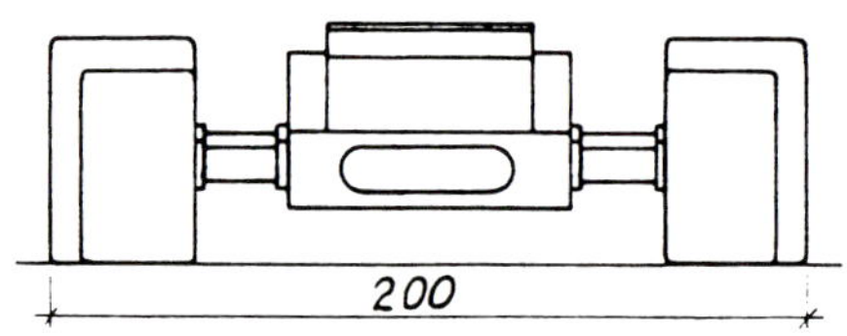

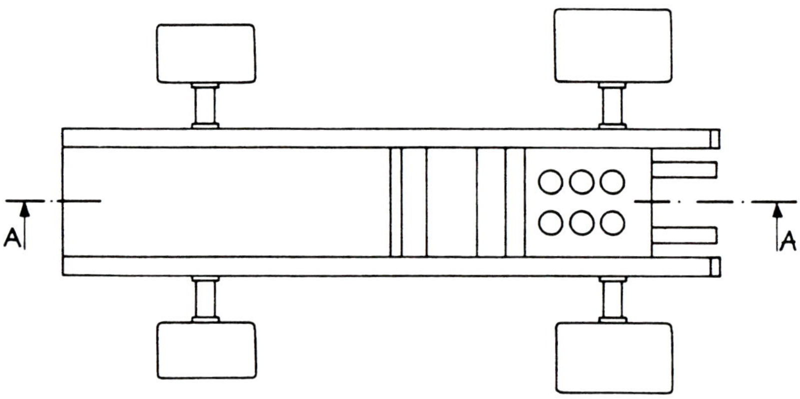

Abb. 98: Konstruktionszeichnung.

SCHNITT A-A

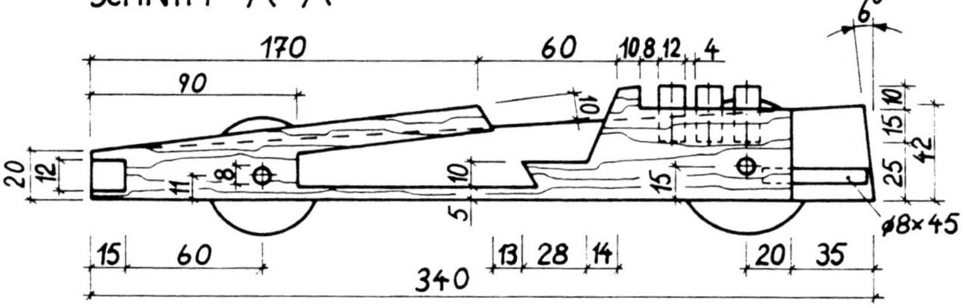

SCHNITT B-B

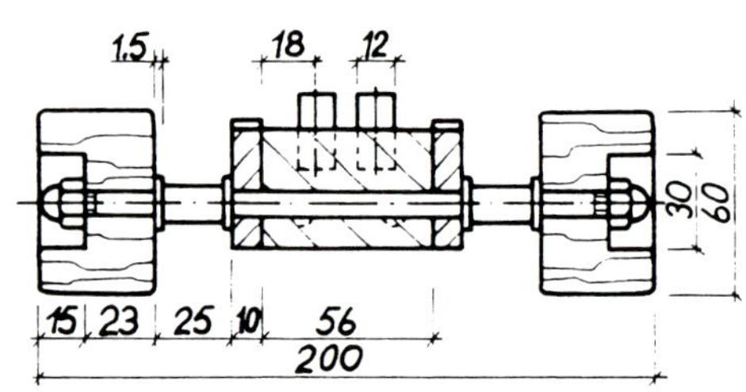

Welches Holz eignet sich?

Erste Wahl ist das in der Materialliste angegebene Ahornholz, da es sich mit seinen feinen Poren und der hellen, gleichmäßigen Farbe sehr gut beizen lässt. Sollten Sie zu einer anderen Holzart greifen müssen, wählen Sie ungedämpfte Rotbuche. Wenn Sie auch diese nicht beschaffen können, verwenden Sie die rötlichere, gedämpfte Rotbuche. Rotbuche hat größere Poren, ist dunkler als Ahorn und lässt sich gut beizen, doch dämpft die Eigenfarbe des Holzes den klaren Farbton der Beize.

Für die Räder des Rennautos eignen sich, da diese schwarz gebeizt oder lackiert werden, alle feinporigen Hölzer wie Ahorn, Kirschbaum, Birnbaum, Nussbaum.

Varianten

- Wählen Sie für das Rennauto die Farbe Ihres Lieblings-Rennstalls oder geben Sie den Reifen ein Rillenprofil und beschriften Sie sie zudem seitlich mit einem Markennamen.
- Ein technikbegeistertes Kind freut sich sicherlich auch über mitgelieferte Ersatzreifen für unterschiedliche Pistenbeläge und Witterungen und über zwei passende Steckschlüssel für den schnellen Reifenwechsel beim Boxenstopp.
- Drechseln Sie Rillen in die Reifen, oder schneiden Sie von einem Fahrradschlauch ein passendes Stück ab und verpassen damit dem Reifen einen richtigen Gummimantel.

Arbeitsschritte

Zeitaufwand
Erste Testläufe sind, abhängig vom Rennstall, nach etwa sieben Stunden möglich.

1. Aushobeln und zuschneiden
2. Luftkanal herstellen
3. Löcher für Zylinder und Auspuffrohre bohren
4. Mittelblock formen
5. Feilen und Schleifen
6. Verleimen
7. Durchgangslöcher für Achsen bohren
8. Putzen und schleifen
9. Zylinder und Auspuffrohre herstellen und einleimen
10. Räder herstellen
11. Oberfläche behandeln
12. Achsen und Distanzhülsen herstellen
13. Zusammenbau

1. Aushobeln und zuschneiden

Richten Sie das gesamte Holz für den Rennwagen her und belassen Sie den Mittelblock als Quader (305 × 56 × 40 mm), dem Sie erst im Arbeitsschritt 4 seine endgültige Form geben.

Beim Schneiden der schlanken Seitenteile sind Ihre Finger dicht am Sägeblatt. Um das zu vermeiden, sollten Sie sich eine Vorrichtung bauen, die das Werkstück während der Bearbeitung sicher hält (siehe Seite 98, Abb. 83).

2. Luftkanal herstellen

Arbeiten Sie in die Front des Wagens einen 15 mm tiefen Längsschlitz (50 × 12 mm), der einen Luftkanal darstellt. Zwei Arbeitsverfahren bieten sich an:

a) Vorbohren und Ausstemmen mit einem Stecheisen
Bohren Sie mit einem 12-mm-Bohrer am rechten und linken Ende des Schlitzes ein 15 mm tiefes Loch, um dadurch die Schlitzbreite und die Rundungen festzulegen. Bohren Sie danach in das zwischen diesen beiden Bohrungen ver-

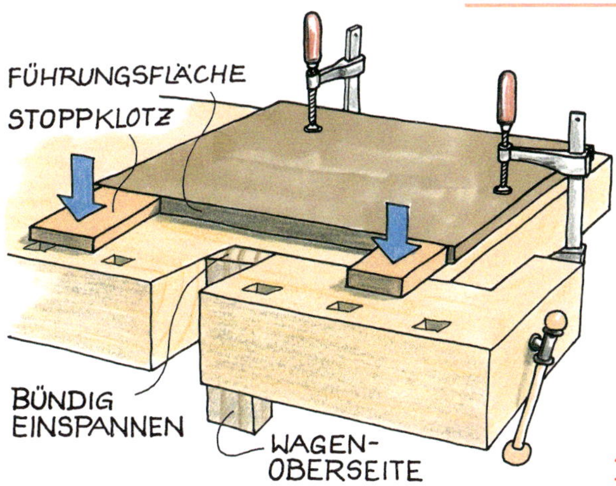

Abb. 99: Mit den richtig positionierten Anschlägen können Sie den Luftkanal schnell und präzise mit der Oberfräse herstellen.

bliebene Holz mit einem 10-mm-Bohrer in möglichst engen Abständen ebenfalls 15 mm tiefe Löcher und stechen Sie die Schlitzkanten und den Grund der Bohrung mit einem Stecheisen gerade und eben.

Bohren Sie den Schlitz mit einem Bohrer, der weniger als 12 mm Durchmesser hat, da die Gefahr sehr groß ist, dass der Bohrer verläuft und die vorgesehene Kontur beschädigt.

b) Fräsen mit der Hand-Oberfräse
Rüsten Sie die Hand-Oberfräse (Abb. 99) mit einem 12-mm-Nutfräser und spannen Sie den Mittelblock so in die Hinterzange der Hobelbank, dass die Front mit der Hobelbank-Platte bündig ist und die Wagenoberseite zu Ihnen zeigt. Positionieren Sie danach eine Platte auf der Hobelbank, an deren Vorderkante Sie die Hand-Oberfräse so führen, dass der Schlitz in der vorgesehenen Bahn entsteht. Begrenzen Sie anschließend den Weg der Fräse mit zwei Stoppklötzen, die Sie ebenfalls mit Schraubzwingen an der Bankplatte befestigen, damit der Schlitz nach dem Fräsen die genaue Länge hat. Fräsen Sie nun den Schlitz in mehreren Schritten, bis er die endgültige Tiefe hat.

3. Löcher für Zylinder und Auspuffrohre bohren

Zeichnen Sie die sechs Mittelpunkte für die Zylinder auf und bohren Sie dort mit einem 12-mm-Bohrer mit Zentrierspitze je ein 25 mm tiefes Loch. Achten Sie darauf, dass Sie die Bohrungen rechtwinklig zur Oberfläche einbringen, damit die Zylinder nach dem Einleimen gerade stehen. Verfahren Sie ebenso beim Bohren der Löcher (∅ 8 mm) für die beiden Auspuffrohre.

4. Formgebung Mittelblock

Übertragen Sie die Umrisse des Mittelblockes aus der Konstruktionszeichnung auf eine Längsseite des Quaders und sägen Sie die Form mit einer Bandsäge aus.

Wenn Sie mit einer Stichsäge arbeiten, müssen Sie besonders darauf achten, dass der Schnitt rechtwinklig zur Quaderseite, auf die Sie die Umrisse gezeichnet haben, sowie parallel zur Wagenunterseite verläuft. Verwenden Sie ein scharfes Sägeblatt mit etwa 4 mm Zahnteilung und stellen Sie sicher, dass Sie mindestens 56 mm Schnitthöhe erreichen. Richten Sie zusätzlich eine oder zwei Leisten mit 56 mm Querschnitt her, die Sie neben das Werkstück legen, damit der Sägefuß jederzeit genügend Auflagefläche hat und nicht kippen kann.

Legen Sie die Leisten und den Mittelblock auf zwei Arbeitsböcke und spannen Sie die Teile so fest, dass Sie sicher sägen können. Mehrfaches Umspannen lässt sich dabei nicht vermeiden (siehe Abb. 100).

5. Feilen und Schleifen

Glätten Sie mit einer Feile die sägeraue Oberfläche des Mittelblocks und schleifen Sie das nach dem Zusammenbau sichtbare Holz mit Körnung 100 und 150. Um sich die Arbeit zu erleichtern und um genaue, ebene Oberflächen mit scharfen Kanten zu erzielen, sollten Sie

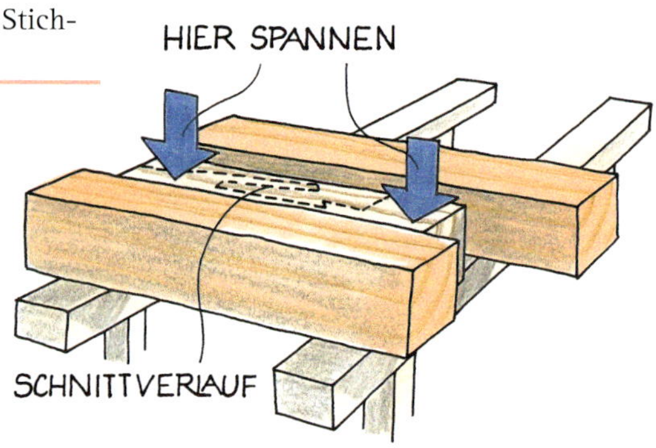

Abb. 100: Unterstützende Holzleisten verhindern das Kippen der Stichsäge.

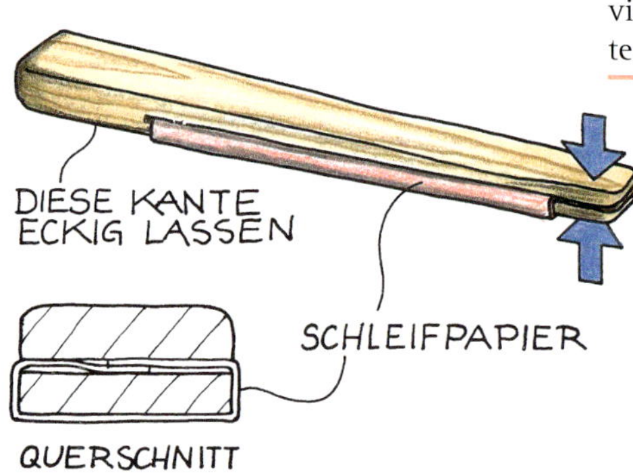

Abb. 101: Die einfache Schleiffeile können Sie für viele Schleifarbeiten einsetzen.

eine einfache Schleiffeile (siehe Abb. 101) herstellen. Richten Sie eine Leiste (350 × 40 × 20 mm) her, die sich zu einem Ende hin auf 35 mm Breite verjüngt. Runden Sie diese Leiste auf einer Breitseite und an den Enden die Kanten. Auf der Unterseite müssen die Kanten eckig bleiben. Sägen Sie die Leiste mit der Stichsäge oder der Bandsäge etwa 250 mm tief ein und schieben Sie einen etwa 200 × 100 mm großen Streifen Schleifpapier so über das Feilenunterteil, dass das überlappende Ende im gesägten Schlitz liegt. Umfassen Sie beim Schleifen das Werkzeug am Griff und am Anfang, damit Sie es gut führen können und gleichzeitig das Schleifpapier klemmen.

Schleifen Sie auch die Innenflächen der Seitenteile. Runden Sie aber weder hier noch am Mittelblock die Kanten, da Sie diese Arbeit sinnvoller nach dem Verleimen ausführen können.

Oberflächenbehandlung

Schon jetzt sollten Sie an die Oberflächenbehandlung denken. Mit Wasserbeize erzielen Sie leuchtendere Farben als mit Lösemittelbeizen, doch lässt das Wasser in der Beize die Holzfasern quellen und macht die Oberfläche rau. Wollen Sie mit Wasserbeize arbeiten, sollten Sie jetzt alle nach dem Verleimen schlecht zugänglichen Teile des Fahrzeuges mit lauwarmem Wasser anfeuchten und nach dem Trocknen mit 220-er Schleifpapier wieder glätten. Die Fasern quellen dann beim Beizen nicht mehr auf.

6. Verleimen

Leimen Sie die Seitenteile so an den Mittelblock, dass die Vorderkanten mit der Front des Mittelblockes abschließen und die Hinterkante des Motorblockes mit der Oberkante der Seiten bündig ist.

7. Durchgangslöcher für Achsen bohren

Bohren Sie an den angegebenen Achsenpositionen je ein durchgehendes Loch mit 8 mm Durchmesser. Dieser Durchmesser ist ausreichend, da sich nicht die gesamte Achse dreht, sondern nur die Räder auf der Achse. Spannen Sie dabei ein Stück Holz gegen die Seite, auf der der Bohrer austritt, damit das Holz nicht ausreißt.

Achtung! Wenn Sie andere Raddurchmesser als die angegebenen verwenden, ändern sich auch die Bohrpositionen, damit die Wagenunterseite parallel zur Standfläche bleibt!

8. Putzen und schleifen

Entfernen Sie ausgetretenen Leim, putzen Sie Überstände an der Wagenunterseite bei und schleifen Sie alle Flächen. Bis auf den Motorblock, bei dem Sie den Kanten nur die Schärfe nehmen sollten, können Sie alle Kanten mit Schleifpapier etwas runden.

9. Zylinder und Auspuffrohre herstellen und einleimen

Klemmen Sie einen Anschlag in die Schneidlade, damit alle Teile gleich lang werden. Kürzen Sie von einem 12-mm-Buchenrundstab die sechs Zylinder und von einem 8-mm-Rundstab die beiden Auspuffrohre.

Schleifen Sie die nach dem Einleimen sichtbaren Querholzflächen und brechen Sie dort etwas die Kanten. Geben Sie in den Bohrungen sparsam Leim an und stecken Sie die Teile so ein, dass alle Zylinder und die Auspuffrohre jeweils gleich weit überstehen.

Wollen Sie die Oberfläche mit Wasserbeize behandeln, sollten Sie die Kleinteile vor dem Einleimen wässern und schleifen (siehe Arbeitsschritt 5).

10. Räder herstellen

Mit einer Drechselbank können Sie die Räder einfach und rationell herstellen. Aber auch, wenn Ihnen diese Möglichkeit nicht offensteht, können Sie die Räder mit der nötigen Präzision selber fertigen. Bohren Sie, um die Vorderräder herzustellen, ein 15 mm tiefes Sackloch mit 28 mm Durchmesser in ein 30 mm dickes Brett. Die Zentrierspitze des Bohrers markiert dabei den genauen Mittelpunkt für den Zentrierbohrer der Lochsäge, mit der Sie nun das Rad aus dem Brett heraussägen. Verfahren Sie in der gleichen Weise mit den veränderten Bohrdurchmessern, um die Hinterräder herzustellen.

Zum Glätten und Runden der Kanten in der (Ständer-) Bohrmaschine können Sie mit wenigen Mitteln eine praktische Spannvorrichtung herstellen.

Sägen Sie den Schraubenkopf einer 80 mm langen Maschinenschraube (M8) ab und drehen Sie zwei Muttern soweit auf, dass noch etwa 25 mm Gewinde herausstehen. Kontern Sie die Muttern, legen Sie eine Unterlegscheibe, die Sie für die spätere Radmontage benötigen, und ein Vorderrad auf. Nachdem Sie eine weitere Unterlegscheibe aufgelegt haben, schrauben Sie das Rad mit einer Hutmutter fest.

Spannen Sie das freie Ende der bestückten Vorrichtung in das Futter der (Ständer-) Bohrmaschine und glätten Sie mit der selbst gebauten Schleiffeile bei laufender Maschine die Laufflächen und runden Sie alle Kanten.

Zum Bearbeiten der Hinterräder mit der Spannvorrichtung muss der Abstand der Kontermuttern zum Gewindeende etwa 30 mm betragen.

> Tipp! Die Hutmutter schützt Sie vor Verletzungen, wenn Sie beim Schleifen das untere Ende der Spannvorrichtung berühren.

Vergrößern Sie abschließend das durch den Zentrierbohrer entstandene Loch mit einem 8,3-mm-Bohrer, damit sich das Rad auf der Achse leicht dreht.

11. Oberfläche behandeln

Wässern Sie alle Teile, die Sie in Arbeitsschritt 5 noch nicht befeuchtet haben, und glätten Sie diese nach dem Trocknen mit Schleifpapier (Körnung 220). Beizen Sie dann das gesamte Rennauto satt mit Wasserbeize (feuerwehrrot oder RAL 3000) und nehmen Sie die überschüssige Beize mit einem gut saugenden Haarpinsel in Faserrichtung ab. Lassen Sie die Beize über Nacht trocknen und grundieren Sie das Auto dünn mit Klarlack. Schleifen Sie nach dem Aushärten dieses ersten Anstriches alle erreichbaren Stellen mit Lackschleifpapier (Körnung 240). Nach dem gründlichen Entstauben folgt der Schlussanstrich mit mattem Klarlack.

Streichen Sie nun den Motorblock mit Zylindern und Auspuff und die Räder mit matter, schwarzer Farbe und achten Sie darauf, dass dieser Lacktyp zu dem zuvor aufgebrachten passt.

Verwenden Sie zum Lackieren einen Haarpinsel, der fast keine Pinselspuren hinterlässt.

12. Achsen und Distanzhülsen herstellen

Schneiden Sie auf die Enden der auf Endmaß gekürzten Stahl-Rundstäbe ein jeweils etwa 13 mm langes Gewinde. Der Ablauf des Gewindeschneidens ist bei der Wandelplastik (Seite 81, Arbeitsschritt 5) ausführlich beschrieben. Damit die Enden der Distanzhülsen rechtwinklig werden, kürzen Sie diese mit einer feinzahnigen Metallsäge in einer Schneidlade und entfernen anschließend den beim Sägen entstandenen Grat mit Schleifpapier (Körnung 150).

13. Zusammenbau

Montieren Sie die Achsen und die Räder und prüfen Sie durch eine Testfahrt, ob die Räder leicht rollen. Sind sie zu schwergängig, sind eventuell die Distanzhülsen zu lang geraten oder die Reibung zwischen Rad und Achse ist zu hoch. Im ersten Fall feilen Sie die Distanzhülsen kürzer, im zweiten Fall bauen Sie die Räder wieder ab und zeichnen mit einem weichen Bleistift kräftige Striche auf die Achsenenden, damit das Graphit die Reibung zwischen Holz und Metall vermindert. Führt auch dies nicht zum Erfolg, vergrößern Sie die Bohrung im Rad auf 8,5 mm.

Lassen sich die Räder auf der Achse 2 mm oder mehr verschieben, kürzen Sie die Achse entsprechend oder legen Sie eine Unterlegscheibe zwischen Rad und Hutmutter.

Nostalgie-Automobil

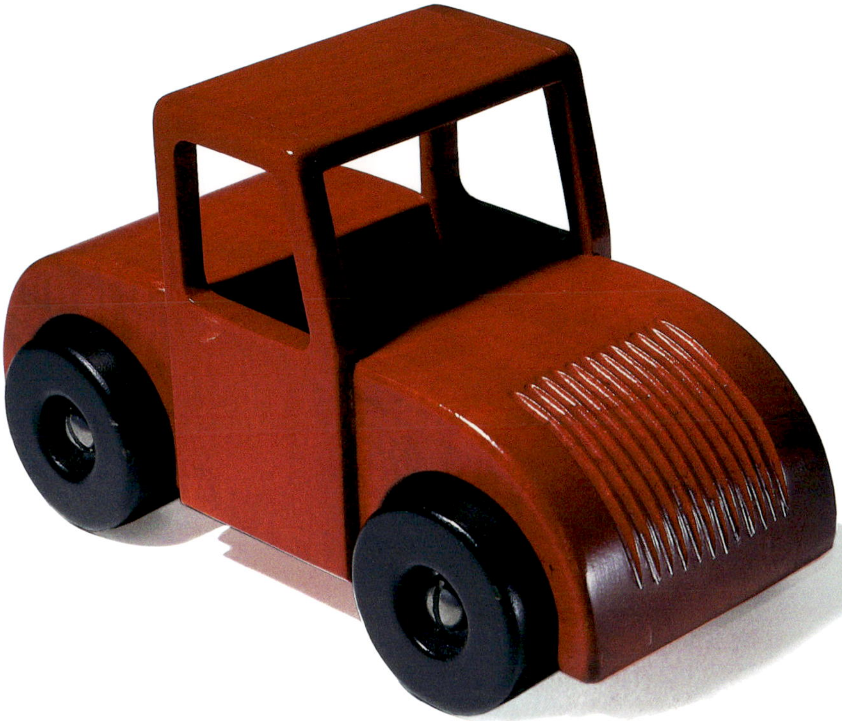

Dieses Fahrzeug bringt jeden Liebhaber alter Autos zum Schwärmen. Es ist kein Oldtimer, aber auch kein Auto der Gegenwart, sondern eher die gelungene Zusammenfassung weniger, einfacher Elemente zu einem gut proportionierten Ganzen, bei dem alles auf das Wesentliche reduziert ist.

Die Karosserie ist aus einem ganzen Block gefertigt, in den seitlich Türen mit nahezu filigranen Rahmen eingelassen sind, die wiederum durch ein kleines Dach nach oben abgeschlossen und miteinander verbunden werden. Der einzige Schmuck sind die eingeschnitztzten Rillen auf der Motorhaube. Die mit dicken Rundkopf-Holzschrauben befestigten, etwas ausgestellten, schwarzen Räder heben sich angenehm von der kirschroten Karosserie ab.

Werkzeuge

Auf jeden Fall benötigen Sie:

- Meterstab
- Bleistift
- Zirkel
- Anschlagwinkel
- Stecheisen (15 mm)
- Hohlkehl-Schnitzeisen (Radius etwa 2 mm)
- Feinsäge oder Japanische Säge
- Stichsäge
- Holzfeile
- Hand-Bohrmaschine
- Bohrer (∅ 5, 6, 10, 18 mm mit Zentrierspitze)
- Lochsägen (∅ 45, 50 mm mit 6 mm Zentrierbohrer)
- 4 Schraubzwingen (etwa 200 mm)
- Schleifpapier für Holz (Körnung 80, 100, 150, 220)
- Lackschleifpapier (Körnung 240)
- Haarpinsel
- Beizgefäß
- Schlitz-Schraubendreher (10 mm)

Optimales Arbeiten ermöglichen:

- Abricht-Hobelmaschine
- Dicken-Hobelmaschine
- Kreissäge
- Bandsäge
- Hand-Oberfräse
- Nutfräser (∅ 12 mm)
- Drechselbank
- Ständer-Bohrmaschine
- Exzenterschleifer

Material

Bauteil	Bezeichnung	Stück	Material	Fertigmaße (mm) Länge	Breite	Dicke
Karosserie	Karosserieunterteil	1	Ahorn	180	73	50
	Türen	2	Ahorn	95	52	7
	Dach	1	Ahorn	67	44	7
Räder	Räder	4	Ahorn	21		∅ 45
	Holzschrauben mit Rundkopf, DIN 96	4	Stahl	40		∅ 6
	Unterlegscheiben	4	Stahl		∅ 13	1,5
	Unterlegscheiben	4	Stahl		∅ 17	1,5
Holzleim						

Zur Oberflächenbehandlung: rote und schwarze Beize, Klarlack

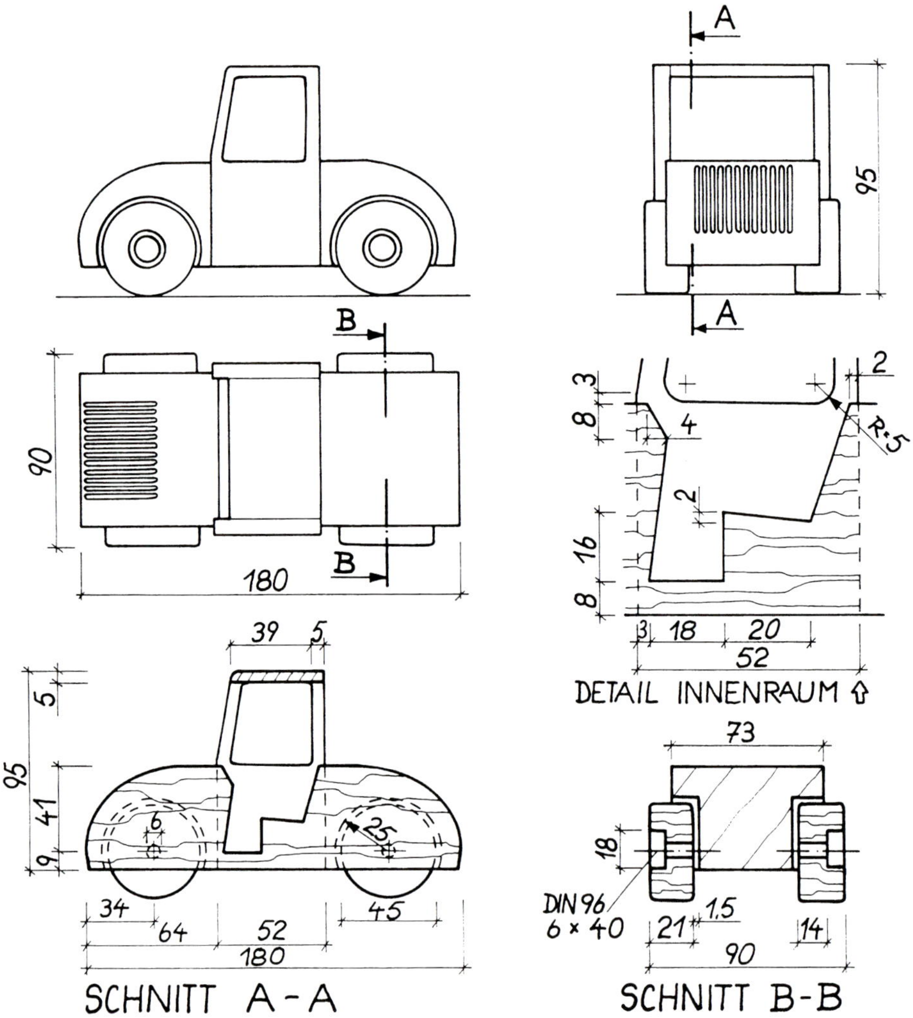

Abb. 102: Konstruktionszeichnung.

Welches Holz eignet sich?

Verwenden Sie unbedingt trockenes Holz, da wegen der Festigkeit die Türen mit senkrecht laufender Faser auf das Karosserieunterteil geleimt werden. Weitere Informationen zur Holzauswahl sollten Sie auf Seite 122 in der Bauanleitung zum Rennauto nachlesen.

Varianten

- Beizen oder streichen Sie das gesamte Auto in einer anderen Farbe, oder lackieren Sie die Einzelteile in unterschiedlichen Farben. Dabei besteht jedoch die Gefahr, dass das Fahrzeug zu bunt wird und die klaren Formen durch zu viel Farbe in den Hintergrund gedrängt werden.
- Eine schöne Ergänzung im doppelten Sinn ist die gehobene Lederausstattung. Bekleben Sie den Innenraum mit dünnem, weinrotem oder weißem Leder und bespannen Sie eine 3 mm dicke Furnierplatte als Rückenlehne, die etwa 4 mm über die Kofferraumkante vorsteht.

Arbeitsschritte

Zeitaufwand
Gute sechs Stunden werden Sie damit beschäftigt sein, dieses Auto zum Verlieben startklar zu machen.

1. Aushobeln und zuschneiden
2. Türen herstellen
3. Formgebung Karosserieunterteil
4. Rillen in Motorhaube schnitzen
5. Karosserie für Türaufnahme nuten
6. Radkästen herstellen
7. Schleifen und verleimen
8. Räder herstellen
9. Oberfläche behandeln
10. Zusammenbau

1. Aushobeln und zuschneiden

Richten Sie für das Karosserieunterteil einen Block (180 × 73 × 50 mm) sowie für die Türen und das Dach einen 500 × 52 × 7 mm großen Holzstreifen her. Kürzen Sie von diesem Streifen ein etwa 220 mm langes Stück, von dem Sie erst nach dem Herstellen der Fensteröffnungen die Türen schneiden. Dieses Vorgehen bringt Vorteile bei der weiteren Bearbeitung. Das Reststück reicht noch für eine zusätzliche Tür und das Dach. Bereiten Sie, abhängig davon, ob Sie die Räder drechseln oder mit der Lochsäge herstellen, eine Kantel (220 × 55 × 55 mm) oder ein 21 mm dickes Brett vor, aus dem Sie diese vier Teile fertigen können.

2. Türen herstellen

Zeichnen Sie die Konturen der Türen und der Fensteröffnungen mit den Mittelpunkten der Eckrundungen auf das vorbereitete Brettchen, dessen Enden jeweils die fertigen Unterkanten der Türen sind. Das verbleibende Material zwischen den schmalen, oberen Türholmen bietet ausreichend Festigkeit während der Bearbeitung der Türen mit Bohrer und Stichsäge (siehe Abb. 103).

Durchbohren Sie an jeder Fensterecke mit einem 10-mm-Bohrer (mit Zentrierspitze) im aufgezeichneten Mittelpunkt das Brettchen. Legen Sie dabei ein Stück Holz unter, damit die Bohrer-Austrittseite nicht ausreißt.

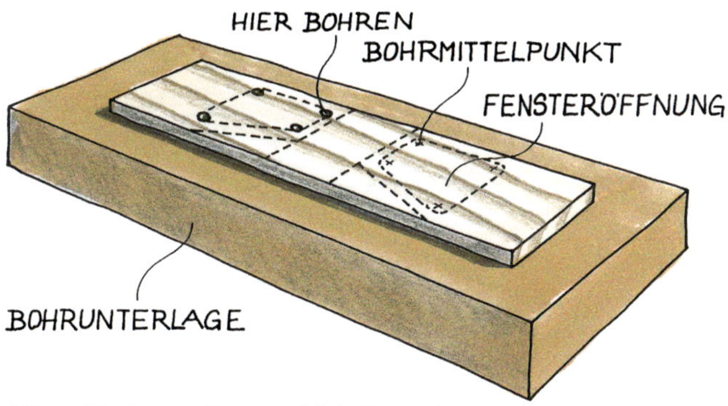

Abb. 103: Der breite Mittelsteg sorgt für ausreichende Festigkeit während des Bearbeitens.

Sägen Sie jetzt mit einer Stichsäge entlang der Innenkontur die Fensteröffnungen heraus und schleifen Sie, noch bevor Sie die Außenschrägen sägen, die Sägekanten, da das Material jetzt noch stabiler ist. Spannen Sie dazu die Tür mit möglichst wenig Überstand in die Hobelbank-Vorderzange und umwickeln Sie zum Schleifen eine Feile mit Schleifpapier. Sie erreichen so mühelos die kurzen Innenkanten und vermindern durch das niedrige Einspannen lästiges Vibrieren des dünnen Werkstückes.

Nachdem Sie auch die Außenschräge gesägt haben, kürzen Sie die Türen auf genaues Maß.

> Tipp! Legen Sie, um das Kippen der Stichsäge während des Sägens zu vermeiden, den ebenfalls 7 mm dicken Restreifen neben die Türen.

3. Formgebung Karosserieunterteil

Zeichnen Sie die Kontur des Karosserieunterteils auf eine schmale Längsseite des Rohlings und sägen Sie diese mit einer Bandsäge aus. Steht Ihnen diese Maschine nicht zur Verfügung, können Sie auch mit einer Stichsäge, die mindestens 73 mm Schnitthöhe hat, zum Ziel kommen. Lesen Sie dazu in der Bauanleitung zum Rennauto (Seite 124) den Arbeitsschritt 4.

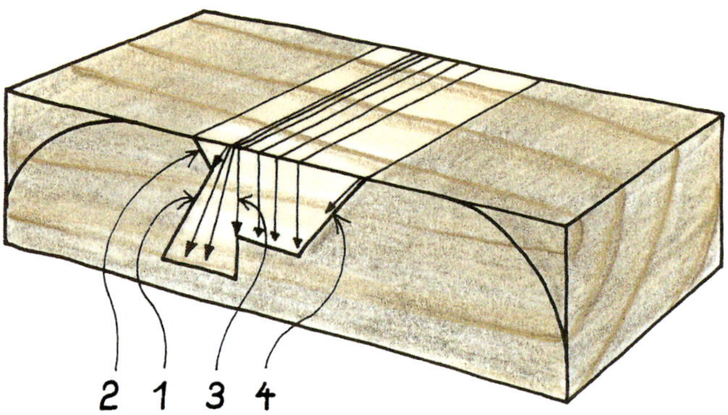

Abb. 104: Sägen Sie in dieser Schnittfolge die Fahrgastzelle ein.

Greifen Sie zur Handsäge, wenn Ihnen weder eine Bandsäge noch eine entsprechende Stichsäge zur Verfügung stehen. Übertragen Sie die aufgezeichnete Kontur auch auf die gegenüberliegende Seite und zeichnen Sie die Einschnittlinien für die Fahrgastzelle und den Bogenbeginn der Motor- und Kofferraumhaube auf die breite Quaderseite. Spannen Sie das Unterteil in die Hobelbank-Vorderzange und bringen Sie die Schnitte 1 bis 4 exakt am Riss ein. Sägen Sie diese auf die endgültige Tiefe und wählen Sie für die übrigen Einschnitte Abstände von etwa 5 mm (siehe Abb. 104). Lassen Sie diese Einschnitte ungefähr 2 mm über der genauen Tiefe enden und brechen Sie anschließend die entstandenen Stege heraus. Glätten Sie nun die Bruchstellen mit einem Stecheisen, bis Sie die erforderliche Ebene erreicht haben.

Nähern Sie sich durch mehrere sorgfältige Sägeschnitte den endgültigen Rundungen von Motor- und Kofferraumhaube und geben Sie diesen mit der Raspel die endgültige Form.

Glätten Sie nun mit Feile und Schleifpapier das Karosserieunterteil von innen und außen. Umwickeln Sie zum Schleifen wieder eine Feile mit Schleifpapier oder stellen Sie eine Schleiffeile her, die Ihnen auch bei anderen Arbeiten eine wertvolle Hilfe sein kann (siehe Seite 124, Abb. 101).

> Tipp! Schleifen Sie die Außenseiten der Karosserie im letzten Schleifgang nur in Faserrichtung, da beim Schleifen quer zur Faserrichtung Kratzer entstehen. Nach dem Beizen oder Ölen treten solche Kratzer stärker hervor als beim unbehandelten Holz.

4. Rillen in die Motorhaube schnitzen

Reißen Sie den Anfang, das Ende und den genauen Verlauf der Rillen auf der Motorhaube an und spannen Sie das Werkstück möglichst waagrecht in die Hobelbank-Vorderzange. Umfassen Sie nun die Schnitzeisen-Klinge so, dass die Schneide nur noch wenige Zentimeter aus der geschlossenen Faust herausschaut. Legen Sie den Handballen auf das Werkstück und positionieren Sie die Werkzeugschneide über der ihnen am weitesten abgewandten Schnitzlinie. Führen Sie jetzt das Schnitzeisen mit leichten Schlägen auf das Heft entlang der aufgezeichneten Linie. Dabei arbeiten Sie vom Körper weg. Verschieben Sie beim Schnitzen die aufliegende Faust, die das unkontrollierte Wegrutschen des Werkzeuges verhindert, so weit wie nötig entlang der Rundung.

> Tipp! Wenn Sie zum ersten Mal mit einem Schnitzeisen arbeiten, sollten Sie einige Rillen zur Übung in ein Reststück gleicher Holzart machen, damit Sie das Zusammenwirken von Werkzeug und Werkstoff kennen lernen.

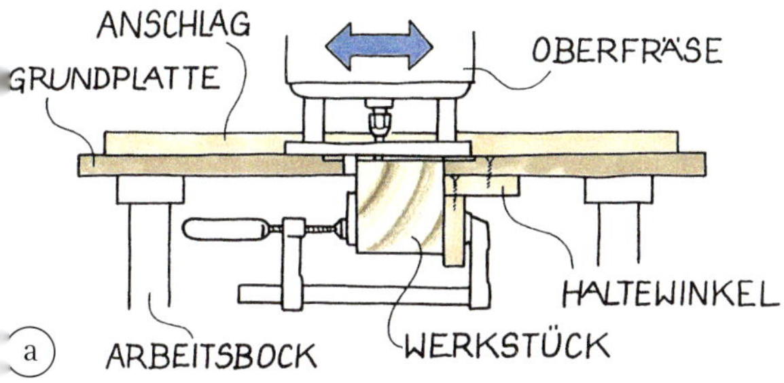

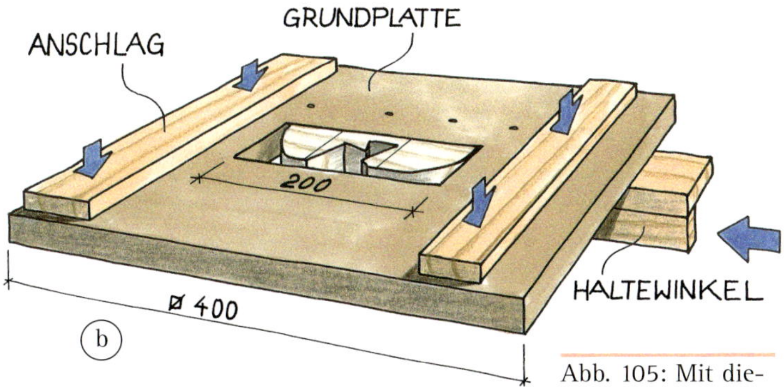

Abb. 105: Mit dieser Vorrichtung und einer Hand-Oberfräse stellen Sie die Aussparung sicher und präzise her.

5. Karosserie für Türaufnahme nuten

Die beiden Türen werden jeweils 3 mm tief in die Seiten des Karosserieunterteils eingelassen. Die erforderlichen Aussparungen können Sie mit Feinsäge und Stecheisen, mit der Kreissäge oder auch mit der Hand-Oberfräse herstellen.

Für die Ausarbeitung mit Feinsäge und Stecheisen orientieren Sie sich an der Beschreibung zur Herstellung der Fahrgastzelle.

Am schnellsten gelangen Sie mit der Kreissäge zum Ziel. Bestücken Sie die Maschine mit einem Flachzahn-Sägeblatt, stellen Sie den Längenanschlag auf die erforderliche Breite ein und führen Sie Schnitt neben Schnitt aus, bis die Aussparungen fertig sind.

Um die Arbeit mit der Hand-Oberfräse auszuführen, müssen Sie einige Vorkehrungen treffen:

Schneiden Sie in eine etwa 400 × 400 mm große Grundplatte einen 200 × 60 mm großen Ausschnitt und fertigen Sie einen 300 mm langen Haltewinkel mit 60 mm Schenkellänge an. Schrauben Sie diesen bündig mit einer Längskante des Ausschnittes unter die Grundplatte und spannen Sie das Auto mit zwei Schraubzwingen so dagegen, dass es mit der Oberkante der Grundplatte abschließt (siehe Abb. 105a). Legen Sie dieses Paket auf zwei Arbeitsböcke und richten Sie auf der Oberseite zwei parallele Anschlagleisten so ein, dass Sie mit einem Nutfräser die Aussparung fräsen können (Abb. 105b).

6. Radkästen herstellen

Stellen Sie den Zentrierbohrer der Lochsäge (∅ 50 mm) so ein, dass er nur etwa 7 mm gegenüber dem Zahnkranz vorsteht. Dann bohren Sie 14 mm tief im Zentrum der Achsen.

Spannen Sie das Auto mit der Fahrgastzelle nach unten auf die Hobelbank und stemmen Sie die Radkästen mit einem Stecheisen frei. Bohren Sie das vom Zentrierbohrer hinterlassene Loch mit einem 4-mm-Bohrer etwa 30 mm tief, damit die als Achse dienenden Schrauben bei der Montage geführt werden und leicht einzudrehen sind.

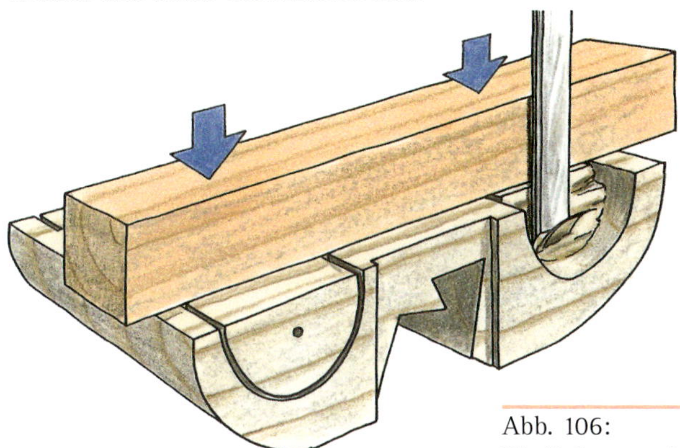

Abb. 106: Die Zulage verhindert Druckstellen und ist gleichzeitig eine gute Stecheisenführung.

> **Tipp!** Verwenden Sie eine dicke Leiste mit rechtwinkliger Kante als Spannzulage, die Sie an den Innenkanten der Radkästen ausrichten, damit Sie diese als Führungshilfe für das Stecheisen benutzen können (siehe Abb. 106).

7. Schleifen und verleimen

Runden Sie mit Schleifpapier die Kanten des Karosserieunterteils und schleifen Sie alle Teile in Richtung des Faserverlaufs (Körnung 150). Ermitteln Sie das genaue Maß des Daches und leimen

Sie die Türen an das Karosserieunterteil. Das Dach wird bündig zwischen die oberen Türholme geleimt.

Bedenken Sie, dass der Leim keine Beize annimmt. Entfernen Sie darum ausgetretenen Leim entweder sofort mit etwas lauwarmem Wasser (eventuell mit Zahnbürste und Lappen) oder warten Sie, bis sich eine leichte Haut gebildet hat und Sie den Leim mit einem Stecheisen abkratzen können.

Arbeiten Sie, nachdem der Leim ausgehärtet ist, die Dachüberstände bei und glätten Sie eventuell vorhandene Übergänge zwischen Tür und Dach sowie zwischen Tür und Fahrzeugboden. Alle nicht gerundeten Kanten sollten Sie jetzt ganz leicht brechen, damit diese angenehm zu greifen sind.

8. Räder herstellen

Wenn Sie die Möglichkeit haben, die Räder zu drechseln oder drechseln zu lassen, so ist das die beste Lösung. Die zweitbeste, aber ebenso erfolgreiche Lösung ist das Herstellen der Räder durch Bohren und Schleifen.

Bohren Sie in ein 21 mm dickes Brett vier 8 mm tiefe Sacklöcher mit 18 mm Durchmesser und jeweils 60 mm Abstand. Schneiden Sie anschließend mit einer Lochsäge (∅ 45 mm), die einen 6-mm-Zentrierbohrer hat, die Räder heraus.

Fertigen Sie zum rationellen Schleifen und Kantenrunden eine Spannvorrichtung für die Bohrmaschine, wie sie auf Seite 125, Arbeitsschritt 10, beschrieben ist, jedoch hier mit einer Maschinenschraube (M6).

9. Oberfläche behandeln

Wenn Sie zum Beizen keine Lösemittelbeize, sondern Wasserbeize verwenden wollen, sollten Sie alle Teile mit lauwarmem Wasser befeuchten (nicht tropfnass!) und über Nacht trocken lassen. Dadurch quellen die beim Bearbeiten heruntergedrückten Holzfasern jetzt wieder auf, also nicht erst nach dem Beizen. Anschließend glätten Sie alle gewässerten Teile mit Schleifpapier (Körnung 220) und entstauben diese gründlich. Beizen Sie die Karosserie weinrot und die Räder schwarz. Damit die schwarze Beize gut deckt, sollten Sie die Räder nach dem Trocknen noch ein zweites Mal beizen. Mit Öl oder Klarlack bekommt die Oberfläche abschließend einen Schmutz abweisenden Überzug.

Achtung! Breiten Sie mit Öl getränkte Lappen zum Trocknen aus oder lagern Sie diese in einem geschlossenen Gefäß, damit sie sich nicht selbst entzünden!

10. Zusammenbau

Stecken Sie nacheinander die große Unterlegscheibe, das Rad und die kleine Unterlegscheibe auf die Rundkopf-Schraube. Dann drehen Sie die Schraube so weit in die Bohrung, dass Sie das Rad noch leicht drehen können. Nachdem Sie auf diese Weise alle vier Räder angeschraubt haben, sind Sie stolzer Besitzer eines Neuwagens und dürfen sich zur Probefahrt einladen.

Lastwagen

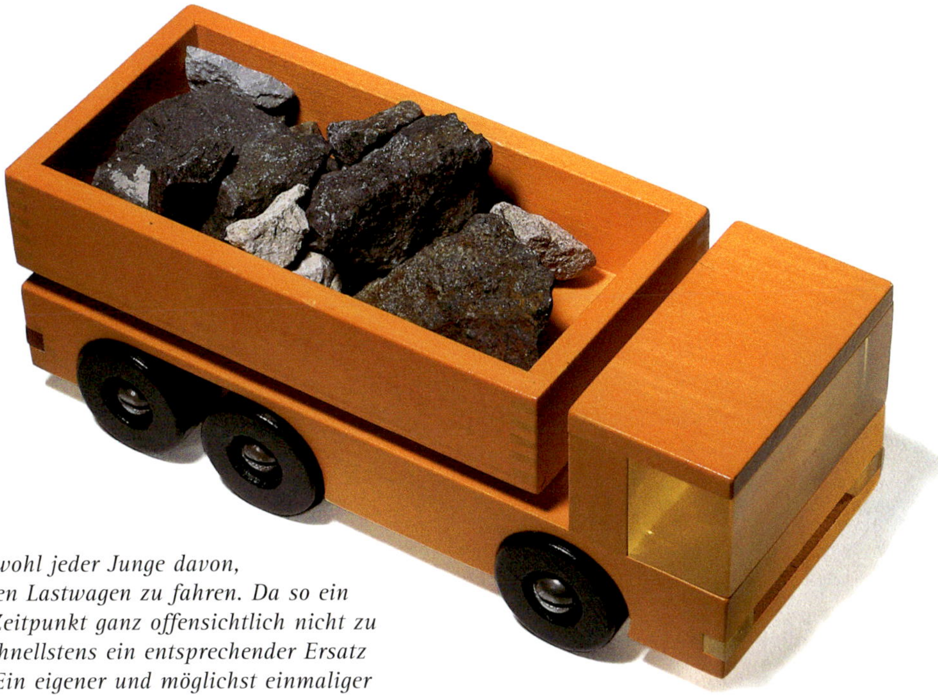

Irgendwann träumt wohl jeder Junge davon, einmal einen richtigen Lastwagen zu fahren. Da so ein Wunsch zu diesem Zeitpunkt ganz offensichtlich nicht zu erfüllen ist, sollte schnellstens ein entsprechender Ersatz geschaffen werden: Ein eigener und möglichst einmaliger Lastwagen muss her.

Der hier beschriebene und gezeigte Lastwagen lässt nicht nur Kinderherzen höher schlagen. Die klare Formensprache und die gelungene Abstimmung der Proportionen wird auch Sie begeistern.

Das Fahrgestell mit einer Vorderachse und zwei Hinterachsen ist ein massives Ahornbrett und hat an der Front und am Heck Lampen aus Acrylglas (PMMA), die in eine Nut eingebettet sind. Ein Holzwinkel mit einem massiven Acrylglas-Block dient als Führerhaus, das, ebenso wie der anschließende Ladekasten, fest mit dem Fahrgestell verbunden ist.

Werkzeuge

Auf jeden Fall benötigen Sie:

- Meterstab
- Bleistift
- Anschlagwinkel
- Schlitz-Schraubendreher (10 mm)
- Stecheisen (3, 15 mm)
- Feinsäge oder Japanische Säge
- Hand-Bohrmaschine
- Bohrer (∅ 4,5; 6,5)
- Bohrer (∅ 14 mm mit Zentrierspitze)
- Lochsägen (∅ 34, 39 mm mit 6 mm Zentrierbohrer)
- 4 Schraubzwingen (etwa 200 mm)
- Schleifpapier für Holz (Körnung 100, 150, 220)
- Schleifpapier für Acrylglas (Körnung 320, 400)
- Lackschleifpapier (Körnung 240)
- harten Filz (etwa Schleifklotz-Größe)
- Schleifklotz
- Haarpinsel
- Beizgefäß

Optimales Arbeiten ermöglichen:

- Abricht-Hobelmaschine
- Dicken-Hobelmaschine
- Kreissäge
- Drechselbank
- Ständer-Bohrmaschine
- Exzenterschleifer

Material

Bauteil	Bezeichnung	Stück	Material	Fertigmaße (mm) Länge	Breite	Dicke
Fahrgestell	Fahrgestell	1	Ahorn	200	75	28
	Distanzplatte	1	Ahorn	136	61	7
	Scheinwerfer	2	PMMA, klar	15	6	6
	Rücklichter	2	PMMA, rot	15	6	6
Räder	Räder	6	Ahorn	14	∅ 34	
	Rundkopfschrauben, DIN 96	6	Stahl	35	∅ 6	
	Unterlegscheiben	12	Stahl		∅ 13	1
Führerhaus	Rückwand	1	Ahorn	33	75	16
	Dach	1	Ahorn	43	75	7
	Scheiben	1	PMMA, klar	75	33	27
	Holzdübel	2	Buche	30	∅ 6	
Ladekasten	Bordwände	2	Ahorn	150	30	7
	Bordwände	2	Ahorn	75	30	7
	Boden	1	FU, Birke	150	75	3
Holzleim						
Zur Oberflächenbehandlung: gelborange und schwarze Beize, Klarlack						

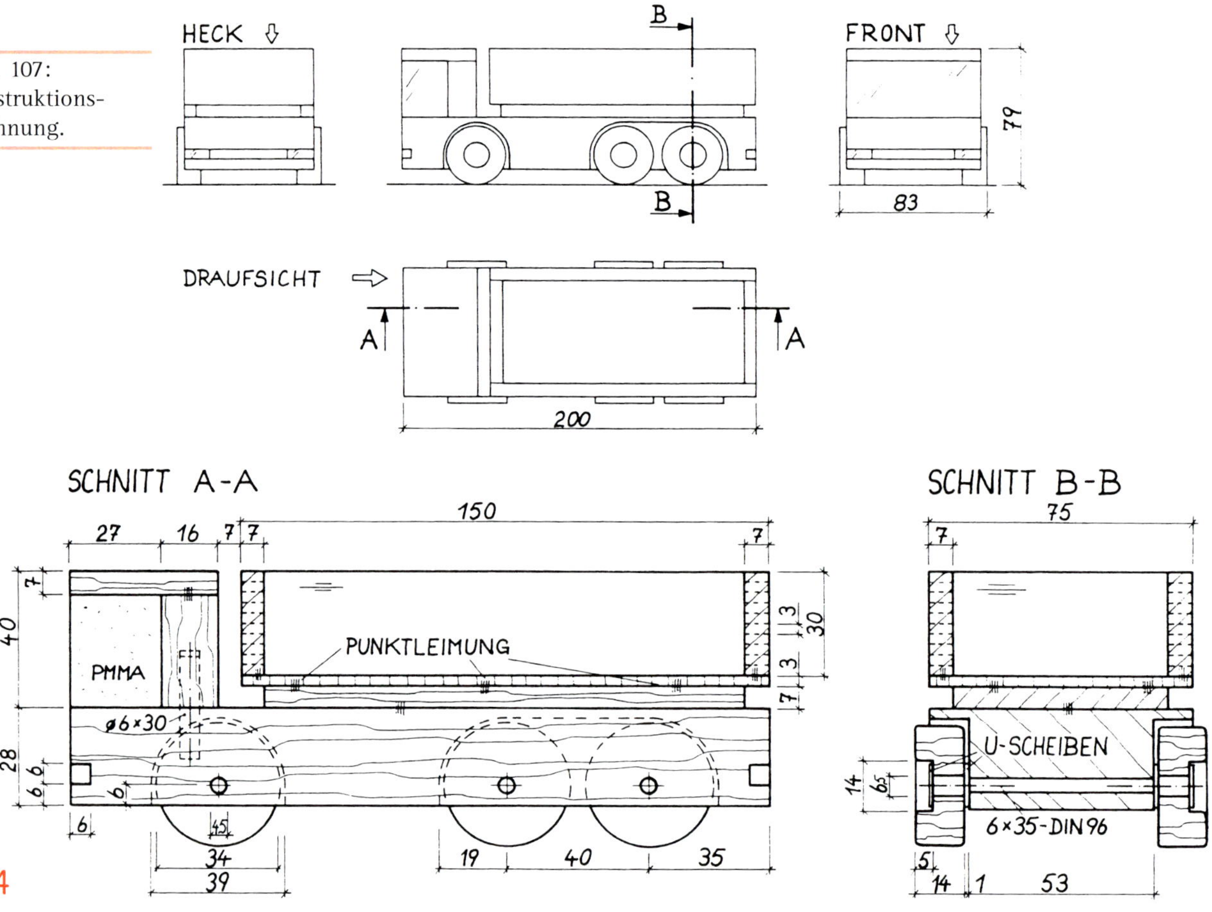

Abb. 107: Konstruktionszeichnung.

Welches Holz eignet sich?

Das helle Ahornholz können Sie wegen seiner feinen Poren problemlos beizen. Zudem lässt es das transparente Gelborange besonders gut leuchten.

Grundsätzlich nehmen dunklere Hölzer wie Rotbuche, Kirschbaum oder Eiche hellen Beizen mehr von ihrer Leuchtkraft als dunklen Beizen.

Mehr zum Thema Holzauswahl finden Sie in der Beschreibung zum Rennauto auf Seite 122.

Varianten

- Führerhaus und Fahrgestell bilden optisch eine räumliche Einheit. Darum sollten Sie diese in derselben Farbe (gelb oder orange) beizen. Für den Ladekasten könnten Sie durchaus eine Kontrastfarbe (rot oder blau) wählen.
- Verleimen Sie die Seiten des Ladekastens ohne Eckverbindung miteinander, um die Fertigungszeit zu verkürzen. Bedenken Sie jedoch, dass die kurzen Seiten dann nur noch 61 mm lang werden!
- Verbinden Sie den Ladekasten und die Distanzplatte am Heck mit einem Scharnier, um den Kasten hochkippen zu können. Damit die Ladung herausrutscht, muss sich die dem Heck zugewandte Bordwand öffnen lassen. Dazu leimen Sie die Bordwand nicht an, sondern befestigen sie pendelnd. Stecken Sie dazu rechts und links je etwa 5 mm von der Oberkante einen Nagel durch die seitlichen Bordwände. Damit das Holz nicht aufplatzt, werden die Nagellöcher vorgebohrt.
- Wenn Sie kein farbiges Acrylglas bekommen, ersetzen Sie es durch gebeizte oder gestrichene Hölzer, die Sie hochglänzend lackieren.

Arbeitsschritte

Zeitaufwand
Die ersten Transportaufträge können Sie nach etwa zehn Stunden Bauzeit erledigen.

1. Aushobeln und zuschneiden
2. Radkästen herstellen
3. Front und Heck nuten
4. Dübellöcher in Führerhaus und Fahrgestell bohren
5. Führerhaus verleimen
6. Ladekasten herstellen
7. Elemente schleifen und verleimen
8. Räder herstellen
9. Frontscheibe und Lampen herstellen
10. Oberfläche behandeln
11. Zusammenbau

1. Aushobeln und zuschneiden

Richten Sie alle Ahornteile für das Fahrgestell, das Führerhaus und den Ladekasten auf das in der Materialliste angegebene Maß her. Lassen Sie die Furnierplatte noch etwa einen Millimeter länger und breiter: Das erleichtert Ihnen das Anleimen.

2. Radkästen herstellen

Zeichnen Sie die Achsen-Mittelpunkte auf die Seiten des Fahrgestells und bohren Sie dort mit einer Lochsäge (∅ 39 mm) 11 mm tief. Achten Sie darauf, dass der Zentrierbohrer der Lochsäge nur 6 mm Durchmesser hat und dass er nur etwa 7 mm tiefer bohrt als der Zahnkranz, damit ausreichend Material für das Gewinde der als Achse dienenden Rundkopf-Schraube bleibt.

Verbinden Sie nun die beiden höchsten Punkte der hinteren Radkasten-Bohrungen mit einem Bleistiftstrich und stechen Sie anschließend das Material heraus. Gehen Sie dabei behutsam vor, denn über den Radkästen bleibt nur noch ein dünner Steg. Klemmen Sie eine massive Zulage in die Hobelbank-Vorderzange und spannen Sie das Fahr-

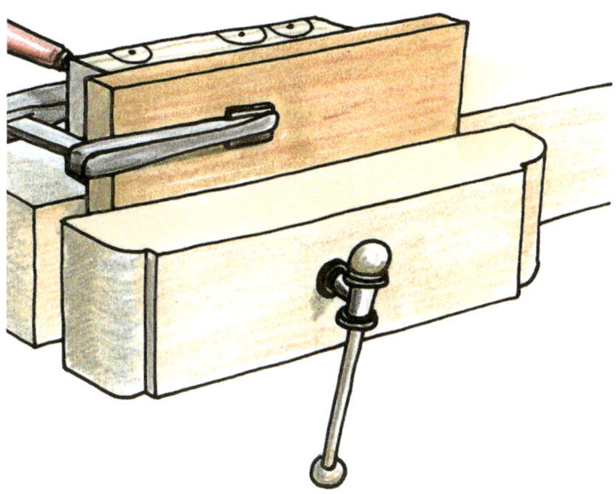

Abb. 108: So halten Sie das Werkstück sicher in der Arbeitsposition und schonen die Hobelbank-Vorderzange.

gestell mit seiner Oberseite dagegen (siehe Abb. 108).

Achten Sie darauf, dass die Fahrgestellseite auf der Hobelbank-Platte und nicht auf der Vorderzange liegt. Sie sollte ungefähr mit der Zulagen-Oberkante bündig ausgerichtet sein. Auf diese Weise liegt das Werkstück fest und sicher. Außerdem verringern Sie die Gefahr, dass der dünne Steg aufplatzt. Und schließlich schonen Sie die Mechanik der Vorderzange, da die beim Stemmen erforderlichen Hammerschläge nur auf die stabile Hobelbank-Platte übertragen werden.

3. Front und Heck nuten

Klemmen Sie den Parallelanschlag der Kreissäge 6 mm neben dem Sägeblatt und stellen Sie dieses auf 6 mm Schnitttiefe ein. Der höchste Punkt des Spaltkeiles muss nun etwas unterhalb des Schneidenflugkreises stehen, damit er beim Sägen nicht stört. Nuten Sie nun das Heck und die Front des Fahrgestells, indem Sie es über das laufende Sägeblatt schieben. Die Bodenseite soll dabei am Parallelanschlag anliegen.

Bauen Sie zum sicheren und genauen Arbeiten eine Schiebevorrichtung. Sägen Sie aus einem Brett (400 × 120 × 30 mm) an der vorderen, rechten Ecke einen Ausschnitt, der etwas kleiner als der Querschnitt des Fahrgestells ist. Dann leimen Sie auf die hintere, linke Ecke einen handlichen Klotz, den Sie als Schiebegriff nutzen (siehe Abb. 109).

Stellen Sie das Fahrgestell zum Nuten in den Ausschnitt und halten Sie es mit einer Hand fest, während Sie mit der anderen Hand die Vorrichtung samt Werkstück über das Sägeblatt schieben.

Abb. 109: Mit dieser einfachen Schiebevorrichtung arbeiten Sie exakt und sicher.

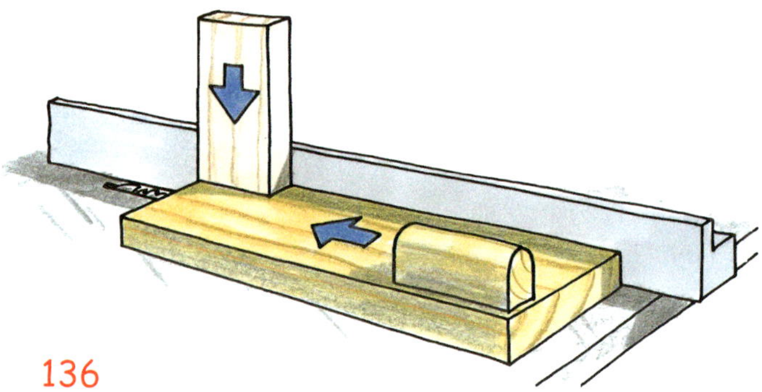

Verschieben Sie den Parallelanschlag danach so weit, dass mit dem zweiten Sägeschnitt eine 6 mm breite Nut entsteht.

4. Führerhaus verleimen

Verleimen Sie das Dach und die Rückwand des Führerhauses zu einem Winkel.

5. Dübellöcher in Führerhaus und Fahrgestell bohren

Zeichnen Sie die Bohrmittelpunkte für die beiden Dübel so auf die Fahrgestell-Oberseite, dass Sie die Löcher zwischen den Radkästen bohren können. Spannen Sie nach dem Bohren eine Leiste, die mit der Hinterkante 27 mm von der Front entfernt liegt, auf das Fahrgestell. Danach stecken Sie Dübelhilfen in die Dübellöcher und drücken die Rückwand des Führerhauses mit der Unterkante fest darauf. Die aufgespannte Leiste gibt die nötige Führung. Die Spitzen der Dübelhilfen markieren die Mittelpunkte, in die Sie nun die beiden Dübellöcher bohren.

6. Ladekasten herstellen

Der Ladekasten besteht aus einem Rahmen, der an den Ecken mit Fingerzinken verbunden ist, sowie einer untergeleimten Furnierplatte. Eine Beschreibung für die Herstellung der Fingerzinken finden Sie beim Mühlespiel (Seite 18) oder beim Schiebekasten (Seite 40). Verleimen Sie die Bordwände, nachdem Sie die Innenseiten geschliffen haben, zu einem Rahmen.

> Wichtig! Verleimen Sie den Rahmen so, dass er rechtwinklig und nicht verwunden ist: Die Diagonalmaße von Ecke zu Ecke müssen gleich sein (siehe Abb. 110) und der Rahmen muss, wenn Sie diesen auf eine ebene Fläche legen, an jeder Stelle aufliegen.

Leimen Sie den auf der Innenseite geschliffenen Boden unter den Rahmen und schleifen Sie die überstehenden

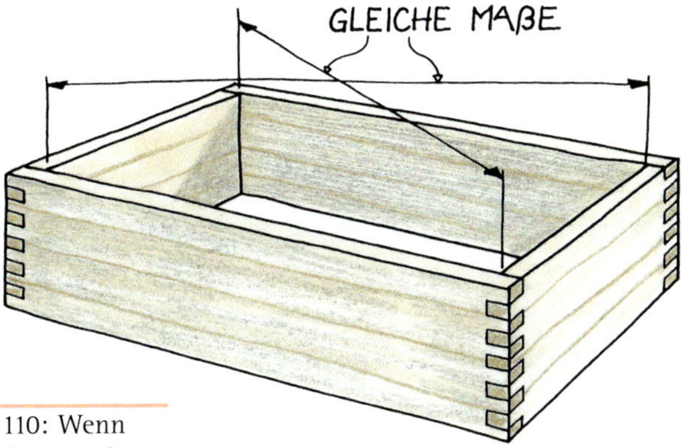

Abb. 110: Wenn beide Diagonalmaße gleich groß sind, ist der Rahmen rechtwinklig oder zumindest symmetrisch.

Zinken und den Boden bündig. Glätten Sie abschließend die Rahmenaußenseiten und schleifen Sie die Kanten nur so wenig, dass Sie diesen lediglich die Schärfe nehmen.

7. Elemente schleifen und verleimen

Schleifen Sie alle Flächen des Fahrgestells, die Außenflächen des Führerhauses und die Schmalflächen der Distanzplatte. Die Kanten werden noch nicht bearbeitet.

Leimen Sie nun das Führerhaus und die Distanzplatte auf das Fahrgestell und berücksichtigen Sie beim anschließenden Aufleimen des Ladekastens, dass Sie zwei Materialien mit unterschiedlichem Ausdehnungsverhalten verbinden. Etwa sechs Klebepunkte mit je 10 mm Durchmesser sind ausreichend, den Ladekasten zu halten und die entstehenden Spannungen zwischen Boden- und Distanzplatte abzufangen.

8. Räder herstellen

Wie Sie die Räder herzustellen, ist ausführlich in der Bauanleitung zum Rennauto (Seite 125, Arbeitsschritt 10) beschrieben. Lediglich die Maße müssen Sie aus der Materialliste zu diesem Modell entnehmen.

9. Frontscheibe und Lampen herstellen

Bevor Sie das Acrylglas-Vollmaterial für die Frontscheibe und die Lampen mit einem feinzahnigen Wechselzahn-Sägeblatt trennen, sollten Sie einen Probeschnitt im Originalmaterial machen. Prüfen Sie dabei, ob durch zu große Reibungshitze das Acrylglas flüssig wird und das Sägeblatt verklebt und ob an den Sägekanten Ausbrüche entstehen. Das Verkleben können Sie durch Senken der Drehzahl verhindern, die Kantenausbrüche durch ein scharfes, mehr oder weniger weit überstehendes Sägeblatt.

Sägen Sie, nachdem Sie durch Schnittversuche die beste Einstellung Ihrer Maschine ermittelt haben, die Frontscheibe und die Lampen auf genaues Maß.

Schleifen Sie die sägerauen Flächen mit einem Schleifklotz oder mit einem Exzenterschleifer so lange, bis Sie alle Kratzer herausgeschliffen haben. Je nach Tiefe der Schnittspuren beginnen Sie mit Schleifpapier Körnung 240 oder 320. Sind nur geringfügige Unebenheiten vorhanden, verwenden Sie gleich die Körnung 400, die Sie für den Endschliff benötigen.

Tipp! Sie können auch gute Ergebnisse erzielen, wenn Sie die Oberfläche entweder mit einem scharfen Stecheisen oder mit einer Ziehklinge abziehen. Das Material bleibt dabei allerdings matt.

Polieren Sie, nachdem alle Kratzer ausgeschliffen sind, die Oberfläche mit Autopolitur. Verwenden Sie dazu harten Filz, den Sie unter einen Schleifklotz legen. Auch ein harter Polierfilz für den Exzenterschleifer ist für diesen Zweck geeignet.

Halten Sie beim Polieren den Exzenterschleifer leicht schräg, damit Sie die Oberfläche nur mit der Kante des Polierfilzes bearbeiten. Es ist wesentlich schwieriger, mit der aufliegenden Tellerfläche eine ebene Fläche zu erzielen.

Wichtig! Die Temperatur der Acrylglas-Oberfläche darf beim Schleifen und Polieren 40°C nicht überschreiten, da das Material bei höheren Temperaturen schmiert. Verwenden Sie, wenn dieses Problem auftritt, Nass-Schleifpapier und Wasser.

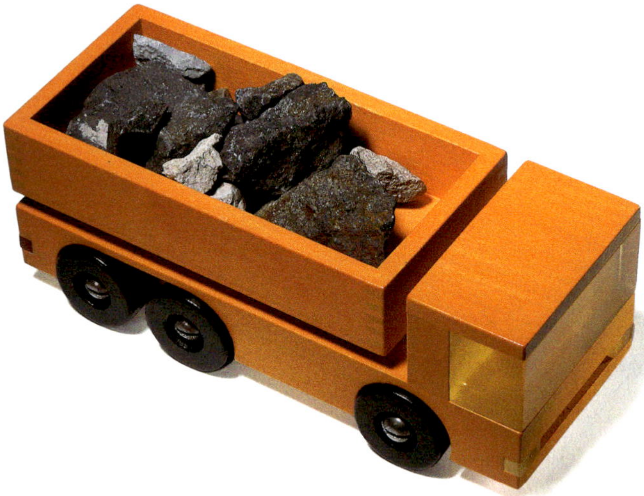

10. Oberfläche behandeln

Beizen Sie die Räder schwarz und alle übrigen Teile gelborange. Anschließend überziehen Sie die Oberfläche mit Klarlack. Weitere Hinweise zum Beizen und Lackieren finden Sie in der Beschreibung zum Rennauto (Seite 126, Arbeitsschritt 11).

11. Zusammenbau

Schrauben Sie die Räder so an, dass sie sich noch leicht drehen lassen. Dann kleben Sie die Frontscheibe und die Lampen mit einem entsprechenden Kleber an die Karosserie.

Der LKW steht nun bereit, die erste Ladung zu transportieren: Vielleicht ein paar Pralinen von einer Tischseite zur anderen?

Holzbild

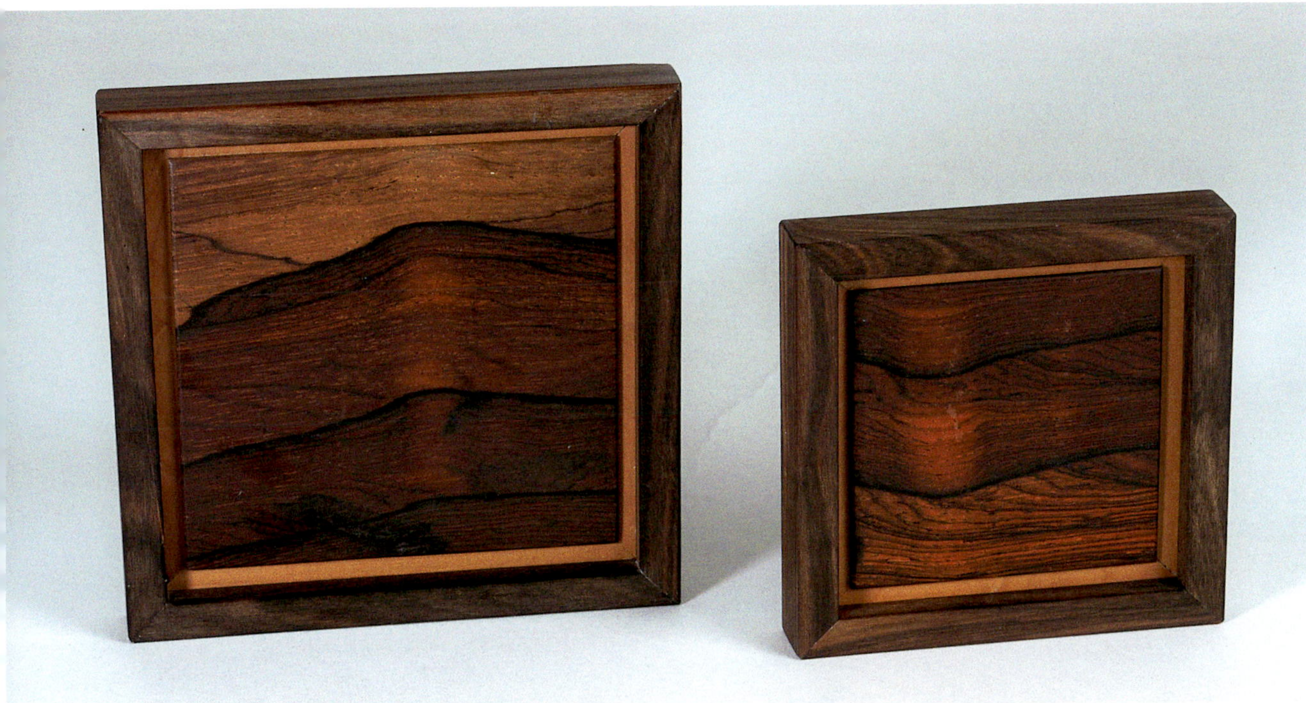

Sie müssen weder fotografieren noch malen können, um Ihr sehr persönliches Holzbild zu kreieren. Gehen Sie auf die Suche nach einem verwachsenen Stück Holz, einem Brettchen mit einer besonders schönen, vielleicht farbigen Zeichnung oder mit einem bizarren Ast, und wählen Sie den Ausschnitt, der Ihnen am besten gefällt.

Sie werden überrascht sein, wie viele schöne Motive Sie finden, wenn Sie Holz einmal mit anderen Augen betrachten. Plötzlich tun sich Landschaften auf, finden Sie Gestalten und abstrakte Formen. Außerdem nehmen Sie die verschiedenen Farben der Hölzer bewusster wahr. Mit einem schlichten Holzrahmen können Sie die Schönheit des Motivs hervorheben.

Die Schmalflächen des Bildes und die Innenseiten der Rahmenleiste werden umlaufend genutet. In diese Nuten wird eine dünne Leiste gesteckt, die so genannte Verbindungsfeder. Sie verbindet den Rahmen mit dem Bild auf dekorative Weise und legt gleichzeitig den Abstand zwischen Bild und Rahmen fest.

Werkzeuge und Material

- **Auf jeden Fall benötigen Sie:**
- Meterstab
- Bleistift
- Winkel
- Feinsäge
- Gehrungslade
- Kreissäge
- Klebeband
- Schleifklotz
- Schleifpapier (Körnung 100, 120, 150)

Optimales Arbeiten ermöglichen:
- Abricht-Hobelmaschine
- Dicken-Hobelmaschine
- Tischfräsmaschine
- Nutfräser (3 mm)
- Exzenterschleifer

Material

Bauteil	Bezeichnung	Stück	Material	Fertigmaße (mm) Länge	Breite	Dicke
Bild	Brettchen	1	Lärche	122	72	9
Rahmen	Außenleisten	2	Wengé	150	18	8
	Außenleisten	2	Wengé	100	18	8
	Verbindungsfedern	2	Wengé	140	12	3
	Verbindungsfedern	2	Wengé	90	12	3
Leim						
Öl oder Lack zur Oberflächenbehandlung						

Abb. 111: Konstruktionszeichnung.

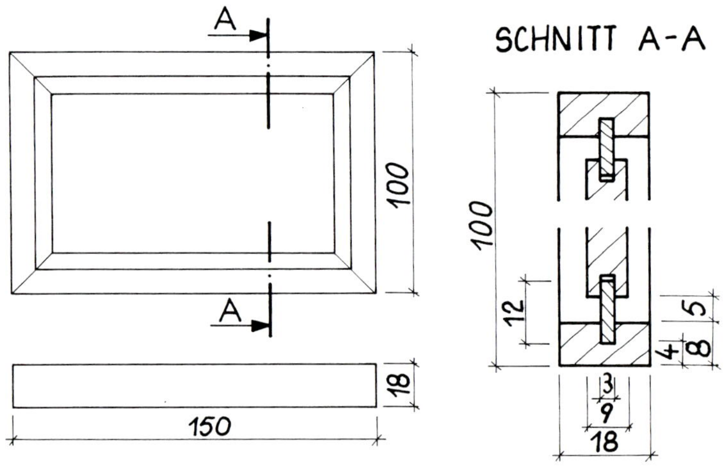

Welches Holz eignet sich?

Die Holzauswahl in der Materialliste ist nur ein Vorschlag. Letztlich können Sie jedes Holz verarbeiten, sofern es trocken ist. Verwenden Sie für die Rahmenleisten und die Federn eine Holzart, die einen angenehmen, farbigen Kontrast zum Bild bildet. Wählen Sie für ein helles Bild eine dunkle und für ein dunkles Bild eine helle Rahmenleiste, um dadurch die Wirkung des Motivs zu unterstreichen.

Sehr ansprechend ist die Kombination aus Palisander für das Bild, Birnbaum für die Feder und Makassar für den Rahmen. Sie könnten auch Feder und Rahmen aus Wengé fertigen, das Bild aus Esche.

Varianten

- Beschränken Sie sich bei der Bildsuche nicht nur auf Massivholz, sondern achten Sie auch auf Furnierplatte mit interessanten Verfärbungen oder Linien.
- Zeichnen Sie die Konturen der Holzmaserung mit einem Tuschefüller nach. Interessante Linien und Figuren können durch gezielt gesetzte Punkte zum Leben erweckt werden.

Tipp! Verwenden Sie unbedingt Tusche, da diese lichtecht ist. Filzstiftstriche verblassen mit der Zeit.

- Finden Sie kein schönes Stück Massivholz, so können Sie auch ein interessantes Furnier auswählen und aufkleben.
- Helfen Sie der Natur etwas auf die Sprünge, indem Sie das Holz mit verschiedenen Farben ganz oder teilweise beizen. Dabei bringt der Farbverlauf, der ruhig etwas unkontrolliert sein darf, ausgefallene Ergebnisse. Die

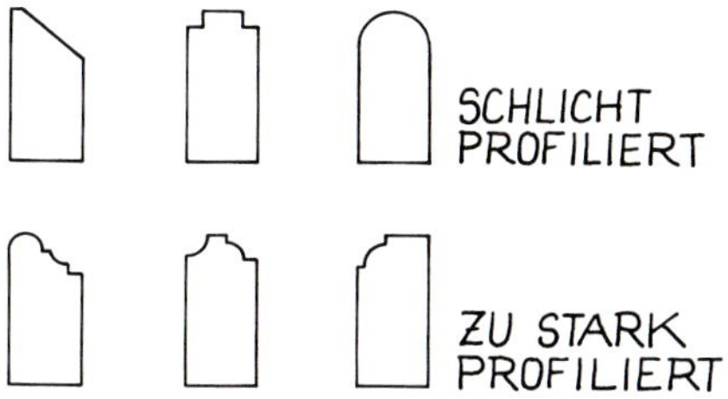

Abb. 112: Schlichte Profile wirken eleganter.

Zeitaufwand
Zwischen Motivwahl und Aufhängen liegen etwa vier Stunden Arbeitszeit, wenn Sie drei Bilder in einem Arbeitsgang herstellen.

Gefahr, dabei ein schönes Stück Holz durch mangelnde Erfahrung mit Holzbeizen zu verderben, ist jedoch sehr groß.

- Auch bei der Gestaltung des Rahmens sind Alternativen möglich. Verwenden Sie für die Verbindungsfeder eine dritte Holzart, ein Aluminiumprofil oder farbigen Kunststoff. Wenn Sie einen Acrylglas-Streifen einsetzen, sieht es aus, als würde das Bild im Rahmen schweben.
- Den Rahmen könnten Sie profilieren, doch bleiben Sie dabei schlicht und einfach. Ein aufwändiges Profil wirkt schnell unruhig und kann dann die Wirkung des eigentlichen Bildes stören (siehe Abb. 112).

Arbeitsschritte

1. Bilder zuschneiden, aushobeln und formatieren
2. Rahmenleisten und Federn aushobeln und zuschneiden
3. Bild und Rahmen nuten
4. Leisten schleifen
5. Verbindungsfedern in Rahmenleiste leimen
6. Gehrungen sägen
7. Schleifen
8. Verleimen
9. Oberfläche behandeln

Tipp! Stellen Sie mindestens drei Bilder her, damit sich der Aufwand lohnt, den Sie beim Rüsten der Maschinen und beim Herstellen der Verbindungen haben.

1. Bilder zuschneiden, aushobeln und formatieren

Schneiden Sie einen Ausschnitt, der die Größe des späteren Bildes hat, in ein Stück Pappe und legen Sie dieses wie ein Passepartout auf das ausgewählte Holz. Weil Sie jetzt nur einen Ausschnitt in der gewünschten Größe sehen und die Umgebung quasi ausblenden, fällt die Motivwahl leichter. Haben Sie Ihre Entscheidung getroffen, zeichnen Sie die Kontur der Passepartout-Innenkanten auf das Brett und schneiden das Motiv mit der Kreissäge aus.

Belassen Sie das Holz, aus dem Sie die Bilder herstellen wollen, zum Hobeln mit der Abricht- und Dicken-Hobelmaschine möglichst groß, damit Sie diese Arbeiten gefahrlos durchführen können.

2. Rahmenleisten und Federn aushobeln und zuschneiden

Richten Sie für jeden Bilderrahmen eine 600 mm lange Rahmenleiste und eine ebenso lange Verbindungsfeder her. Wenn Sie mehrere Rahmen herstellen, können Sie die Leisten rationell fertigen, indem Sie ein 18 mm dickes und ein 12 mm dickes Brett aushobeln, davon Leisten schneiden und diese anschließend auf 8 und 3 mm Dicke hobeln.

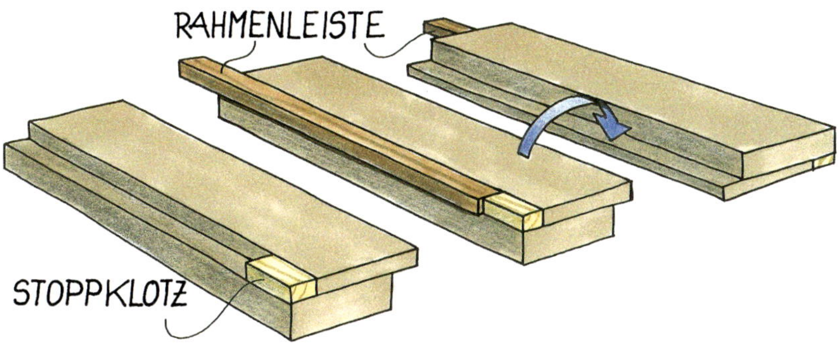

Abb. 113: Die Schiebelade ermöglicht Ihnen sicheres und genaues Nuten.

Wenn Sie mit dem Aushobeln und Schleifen der Verbindungsfeder warten, bis Sie die Rahmenleiste genutet haben, können Sie die Leistendicke auf die eventuell veränderte Nutbreite abstimmen.

3. Bild und Rahmen nuten

Nuten Sie die Schmalflächen des Bildes und die noch lange Rahmenleiste mit der Kreissäge.

Rüsten Sie die Kreissäge mit einem Wechselzahn-Sägeblatt für Längs- und Querschnitte und stellen Sie den Sägeblatt-Überstand auf 4 mm ein. Richten Sie den Parallelanschlag so ein, dass der Sägeschnitt mittig im Werkstück verläuft, wenn Sie dieses über das Sägeblatt schieben.

Denken Sie daran, Ihre Hände beim Sägen durch entsprechende Vorrichtungen zu schützen. Eine Schiebevorrichtung, die Sie beim sicheren Nuten des Bildes unterstützt, finden Sie in der Beschreibung zum Lastwagen auf Seite 136.

Bauen Sie eine Schiebelade, damit Sie auch die Rahmenleisten exakt und sicher nuten können. Richten Sie dafür ein Brett aus einem Holzwerkstoff (600 × 100 mm) her, das ein bisschen dünner ist als die Rahmenleisten-Dicke. Leimen Sie anschließend ein Brett (600 × 100 mm) so darauf, dass es an der Längskante höchstens 17 mm übersteht (siehe Abb. 113). Leimen Sie nun an das Ende des entstandenen Falzes ein Stück Holz (50 × 17 × 8 mm), das später als Stoppklotz dient.

So arbeiten Sie mit der Schiebelade: Legen Sie die Schiebelade mit der gefälzten Seite nach unten auf den Kreissägetisch und legen Sie die Rahmenleiste so in den Falz, dass diese am Stoppklotz anliegt. Drücken Sie diese Einheit fest gegen den Parallelanschlag und auf den Sägetisch, dann schieben Sie es über das laufende Sägeblatt.

4. Leisten schleifen

Bevor Sie die Verbindungsfeder in die Nut der Rahmenleiste leimen, sollten Sie beide Leisten schleifen. Nach dem Verleimen oder nach Schneiden der Gehrungen wäre diese Arbeit weitaus schwieriger.

5. Verbindungsfedern in Rahmenleiste leimen

Tragen Sie im Nutgrund der Rahmenleiste sparsam Leim auf und drücken Sie die Verbindungsfeder in die Nut. Achten Sie darauf, dass die Rahmenleiste dabei gerade bleibt, damit diese beim Sägen der Gehrungen genau am Anschlag anliegt.

6. Gehrungen sägen

Sägen Sie die Gehrungen mit der Handsäge in der Gehrungslade oder mit einer Kreissäge.

Wenn Sie mit der Gehrungslade arbeiten, kürzen Sie von der Leiste die Einzelteile auf grobes Maß. Spannen Sie, um exakt gleiche Maße zu erhalten, einen Anschlag in die Gehrungslade und schneiden Sie die Gehrungen an.

Wenn Sie mit der Kreissäge arbeiten, benutzen Sie ein Kreissägeblatt mit feiner Zahnteilung für Querschnitte, das Sie etwa zwei Zahnhöhen über das Werkstück hinausragen lassen. Stellen Sie den Gehrungsanschlag auf 45° ein und verwenden Sie eine Splitterleiste um Ausrisse zu verhindern.

> Tipp! Damit Sie gefahrlos sägen können, klemmen Sie die kurzen Leistenabschnitte mit einer Holzzwinge am Gehrungsanschlag fest. Ihre Finger kommen dadurch beim Sägen nicht so dicht an das rotierende Kreissägeblatt.

7. Schleifen

Schleifen Sie alle Flächen des Bildes und des Rahmens. Lediglich die Rahmenaußenseiten lassen sich besser schleifen, wenn der Rahmen verleimt ist. Verwenden Sie für den letzten Schleifgang die Körnung 150 und schleifen Sie nur in Faserrichtung. Schleifen Sie abschließend die Kanten so wenig, dass Sie diesen lediglich die Schärfe nehmen.

8. Verleimen

Verleimen Sie den Rahmen um das Bild im Faltverfahren mit Klebeband, wie es beim Domino (Seite 13) beschrieben ist. Geben Sie am Bild nur einen Tropfen Leim in der Mitte der Querholznut an und stecken Sie im übrigen Teil die Verbindungsfeder trocken in die Nut (siehe Abb. 114). Dadurch wird das Bild in der richtigen Position gehalten und es kann quellen oder schwinden, ohne den Rahmen zu verziehen oder zu beschädigen. Der Tischler sagt: „Das Holz kann ungehindert arbeiten." Damit es den nötigen Arbeitsraum hat, greift die Verbindungsfeder nur 3 mm in die 4 mm tiefe Nut.

Achten Sie beim Verleimen auch darauf, dass die Randabstände umlaufend gleich groß sind, da Sie diese nach dem Abbinden des Leimes nicht mehr korrigieren können.

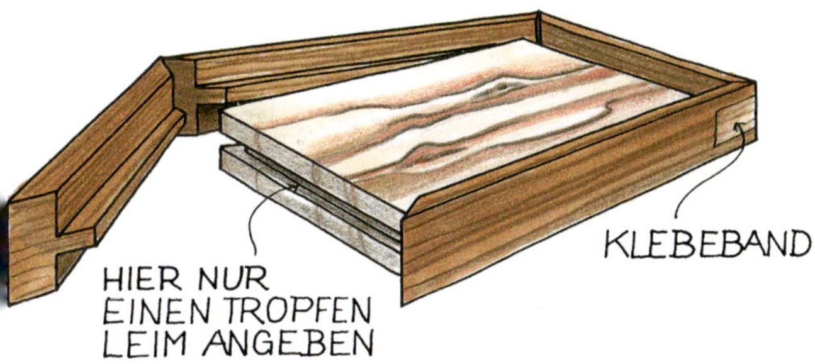

Abb. 114: Das Bild wird nur mit zwei Klebepunkten an der Verbindungsfeder fixiert.

9. Oberfläche behandeln

Entfernen Sie das Klebeband und eventuelle Leimreste von den Rahmenecken. Dann schleifen Sie die Rahmenaußenseiten. Prüfen Sie anschließend das gesamte Holzbild auf Beschädigungen und schleifen Sie, wo es erforderlich ist, noch einmal nach. Nun können Sie die Oberfläche nach Geschmack ölen und wachsen oder mit klarem Lack beschichten. Sie schützen dadurch die Holzoberfläche und heben die Maserung des Holzes besonders gut hervor.

Fertig ist ein Bild „wie gewachsen" zum Stellen oder Aufhängen.

Farbige Steckplastik

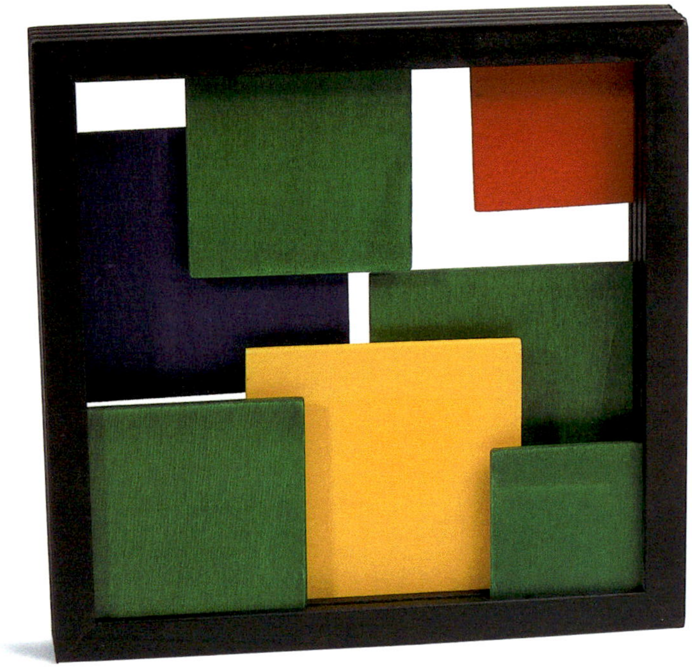

Frische, Farbe, Leben, Wandel – diese Begriffe stehen in enger Beziehung mit der von Johannes Scharfenstein entwickelten Plastik.

Hölzerne Quadrate, gebeizt in klarem Rot, Gelb, Blau und Grün, können Sie an beliebigen Stellen in die Rahmennuten stecken. Probieren Sie verschiedene Arrangements der Farbtafeln in den drei hintereinander liegenden Nuten auf der Innen- oder Außenseite des Rahmens, bis Ihnen die Anordnung der Flächen und das Zusammenwirken der Farben gefällt.

In die äußeren Nuten eingesteckte Quadrate ermöglichen die Verbindung mehrerer Rahmen zu einer Wandplastik oder zu einem Raumteiler.

Werkzeuge

Auf jeden Fall benötigen Sie:

- Meterstab
- Bleistift
- Winkel
- Feinsäge
- Gehrungslade
- Kreissäge
- Hand-Oberfräse
- Scheiben-Nutfräser (4 mm Nutbreite)
- Klebeband
- Schleifklotz
- Schleifpapier (Körnung 100, 120, 150)

Optimales Arbeiten ermöglichen:

- Abricht-Hobelmaschine
- Dicken-Hobelmaschine
- Tischfräsmaschine
- Nutfräser (4 mm)
- Exzenterschleifer

Material

Bauteil	Bezeichnung	Stück	Material	Fertigmaße (mm) Länge	Breite	Dicke
Rahmen	Leisten	4	Ahorn	230	32	15
Farbflächen	Große Fläche	3	Birke- FU	100	100	4
	Mittlere Fläche	2	Birke- FU	80	80	4
	Kleine Fläche	2	Birke- FU	60	60	4
Leim						
Beize: rot, gelb, blau, grün, schwarz						
Öl oder Lack zur Oberflächenbehandlung						

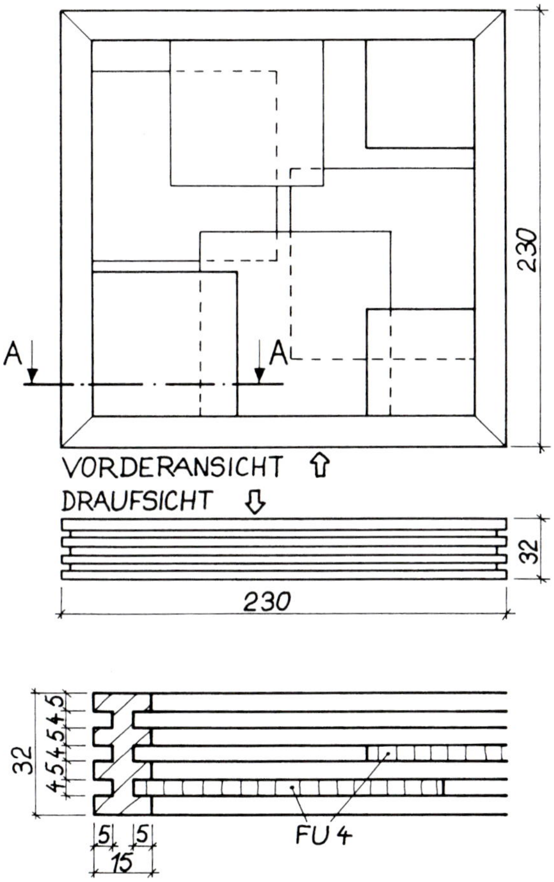

Abb. 115: Konstruktionszeichnung.

Welches Holz eignet sich?

Verwenden Sie für den Rahmen feinporiges Laubholz wie Ahorn, Kirschbaum, Erle, Rotbuche, Abachi oder Ramin. Geeignet ist auch wenig harzendes Nadelholz, etwa Fichte oder Kiefer, sowie harzfreies Tannenholz. Die Farbe des Holzes spielt keine Rolle, da der Rahmen schwarz gebeizt wird. Für die Quadrate sollten Sie Birken-Furnierplatte verwenden, da dieses eine helle und feinporige Oberfläche hat und damit einen idealen Untergrund zum Beizen bietet.

Varianten

- Fertigen Sie die Quadrate aus Aluminium und geben Sie den Oberflächen unterschiedliche Strukturen: poliert, sandgestrahlt, gebürstet, gehämmert.
- Farbiges Glas, das geätzt oder sandgestrahlt sein könnte, oder Acrylglas, das Sie zusätzlich von hinten beleuchten, kann ebenfalls sehr interessant wirken.
- Wenn Sie Glas verwenden, sollten Sie darauf achten, dass die Kanten geschliffen und gefast, eventuell auch poliert sind. Die Scheiben lassen sich besser einstecken, das Glas bricht nicht so leicht und Sie können sich nicht an scharfen Kanten verletzen. Vielleicht entscheiden Sie sich für geätzte oder sandgestrahlte Gläser, die durch ihre seidig-matte Oberfläche einen ganz besonderen Reiz besitzen.
- Bekleben Sie die Quadrate ganz oder teilweise mit Familienfotos und klemmen Sie diese in die Nuten. Die Wahl des Steckplatzes kann dann jedoch schwieriger werden, als die beim Stecken der Farbkombinationen, denn schließlich können nicht alle Fotos in der ersten Reihe stehen.

Arbeitsschritte

Zeitaufwand
Für die Anfertigung eines Rahmens mit sieben Flächen sollten Sie etwa vier Stunden vorsehen.

1. Rahmenleisten zuschneiden und aushobeln
2. Rahmenleisten nuten
3. Rahmenleisten schleifen
4. Oberfläche der Rahmenleisten behandeln
5. Gehrungen sägen
6. Rahmen verleimen
7. Quadrate schneiden und schleifen
8. Oberfläche der Quadrate behandeln

1. Rahmenleisten zuschneiden und aushobeln

Schneiden Sie eine 1000 mm lange Leiste zu und hobeln Sie diese auf genaues Maß.

2. Rahmenleisten nuten

Nuten Sie die Rahmenleiste mit der Tischfräse oder mit der Hand-Oberfräse, die Sie mit einem Scheibenfräser für 4 mm Fräsbreite ausrüsten. Montieren Sie die Hand-Oberfräse so unter eine Platte, dass der Fräser auf der Plattenoberseite herausschaut. Stellen Sie die Werkzeughöhe so ein, dass Sie die mittlere Nut fräsen können. Befestigen Sie, um die Frästiefe zu begrenzen, einen durchgehenden Fräsanschlag auf der Platte.

So könnte Ihr Fräsanschlag aussehen
Schneiden Sie zwei 600 mm lange Streifen von einer 19 mm dicken MDF-Platte oder von einer 18 oder 22 mm dicken Birke-Furnierplatte. Ein Streifen wird 80 mm breit, er wird die Anschlagvorderseite. Der andere Streifen von 150 mm Breite wird verschiebbar auf der Tischplatte befestigt.

Schlitzen Sie den breiten Streifen 100 mm von jedem Ende ungefähr 80 mm tief und 9 mm breit ein. Dann schneiden Sie auf der den Schlitzen gegenüberliegenden Seite auf der halben Brettlänge einen Halbkreis mit 30 mm Radius aus (siehe Abb. 116). Sägen Sie nun in die Anschlagvorderseite – ebenfalls auf halber Brettlänge – einen 60 mm langen und 30 mm hohen Ausschnitt.

Leimen Sie danach das breite Brett mit der ausgesparten Schmalseite gegen die Fläche des schmalen Brettes, so dass beide Ausschnitte zusammen eine große Öffnung ergeben. Beide Bretter müssen nun genau im rechten Winkel zueinander stehen, damit Sie mit dem Anschlag präzise fräsen können. Stabilisieren Sie den Winkel zusätzlich mit eingeleimten, rechtwinkligen Dreiecken.

> Tipp! Anschläge dieser Art, meist mit weiteren Verstellmöglichkeiten und einem Absaug-Anschluss, gibt es auch zu kaufen.

Montage des Fräsanschlags
Lassen Sie zur Befestigung des Fräsanschlags zwei Einschlag-Muttern oder Einschraub-Muttern (RAMPA®-Muffen) von unten in die Platte ein und montieren Sie den Anschlag mit zwei Klemmschrauben auf der Plattenoberseite. Zwei große Unterlegscheiben verhindern, dass die Klemmschrauben durch häufiges Andrehen die Längsschlitze beschädigen. Zudem erleichtern sie das Einstellen.

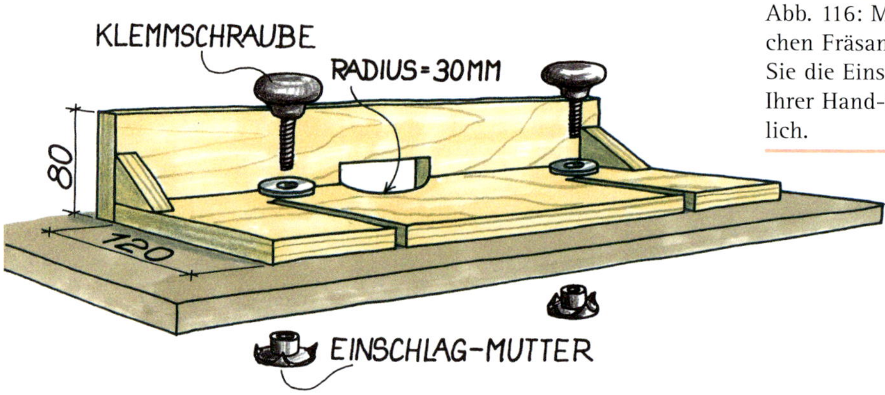

Abb. 116: Mit diesem einfachen Fräsanschlag erweitern Sie die Einsatzmöglichkeiten Ihrer Hand-Oberfräse erheblich.

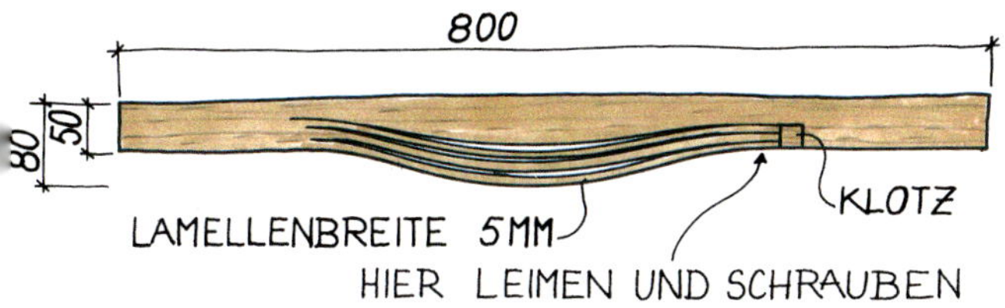

Abb. 117: Die Bogendruckfeder ermöglicht gleichmäßigen Andruck der Werkstücke gegen den Anschlag oder gegen den Frästisch und schützt die Hände vor dem drehenden Werkzeug.

Die Bogendruckfeder

Damit Sie exakt und sicher nuten, sollten Sie als weitere Arbeitshilfe eine Bogendruckfeder bauen (Abb. 117). Der Mehraufwand lohnt sich: Schon nach kurzer Einsatzzeit werden Sie diese als unerlässliche Hilfe bei vielen Arbeiten mit der Hand-Oberfräse zu schätzen wissen.

Richten Sie ein Ahorn-, Esche- oder Buchebrett (800 × 80 × 15 mm) her, und sägen Sie es mit der Bandsäge oder Stichsäge etwa so aus, wie in Abbildung 117 dargestellt. Sägen Sie am Beginn der Federlamellen eine etwa 20 mm lange Aussparung in das Vorsatzbrett, um die Lamellen mit der Stichsäge oder Bandsäge schneiden zu können.

Lassen Sie die Federlamellen etwa 5 mm breit, damit der Druck auf das Werkstück nicht zu stark wird. Sehen Sie etwa 3 mm Abstand zwischen den einzelnen Lamellen vor, sodass diese bei starkem Gegendruck federnd nachgeben können.

Geben Sie am offenen Ende der federnden Lamellen Leim an und schrauben Sie diese dort fest. Leimen Sie abschließend ein Holzstück in den Ausschnitt zwischen Grundbrett und Lamellenende, den Sie zum Einsetzen der Stichsäge oder Bandsäge benötigten, damit sich die Verbindung nicht löst.

Nuten fräsen

Stellen Sie, nachdem Sie den Fräsanschlag montiert haben, die Frästiefe auf 5 mm ein und spannen Sie die Bogendruckfeder mit zwei Zwingen am Anschlag fest. Der tiefste Punkt der Federlamellen soll nun leicht auf die zu fräsende Leiste drücken, damit diese während der Bearbeitung sicher auf die Arbeitsplatte gepresst wird.

Schieben Sie die Leiste bei laufendem Fräser mit einem Nachschiebeholz vor und drücken Sie diese im Bereich des Fräsers mit einem Schiebestock oder einer Holzleiste gegen den Fräsanschlag. Bei dieser Arbeitsweise sind Ihre Hände zuverlässig geschützt: Selbst bei einem Werkstück-Rückschlag können diese das Werkzeug nicht berühren (siehe Abbildung 118).

> Tipp! Kennzeichnen Sie sich vor dem ersten Fräsgang die Rahmenvorderseite. Dadurch beugen Sie Verwechslungen bei der weiteren Bearbeitung vor.

Ändern Sie die Werkzeughöhe, nachdem Sie die mittlere Nut auf der Innen- und Außenseite des Rahmens gefräst haben. Danach fräsen Sie die beiden äußeren Nuten mit dieser neuen Einstellung ebenfalls auf der Innen- und Außenseite des Rahmens.

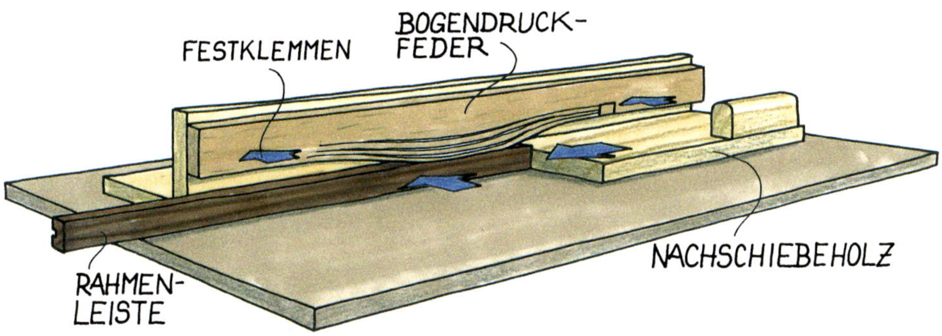

Abb. 118: Nur wenn das Nachschiebeholz etwas dünner als das zu fräsende Werkstück ist, kann die Bogendruckfeder ihre Aufgabe erfüllen.

3. Rahmenleiste schleifen

Glätten Sie die Rahmenleiste mit Schleifpapier (Körnung 150) und brechen Sie leicht die Kanten, um ihnen die Schärfe zu nehmen.

4. Oberfläche der Rahmenleisten behandeln

Beizen Sie die Oberfläche mit schwarzer Lösemittel- oder Wasserbeize. Wenn Sie Wasserbeize verwenden, sollten Sie das Holz vor dem Beizen mit warmem Wasser befeuchten ("wässern"), trocknen lassen und vor dem Beizen mit 150-er Schleifpapier nochmals glätten. Nach dem Trocknen der Beize ist die Leiste so glatt, dass Sie nach Wunsch Öl oder Lack auftragen können. Um tiefes Schwarz zu erzielen, müssen Sie die Leisten vorher eventuell ein zweites Mal beizen.

5. Gehrungen sägen

Schneiden Sie die Gehrungen mit einer Feinsäge oder Japanischen Säge in der Schneidlade. Alternativ können Sie mit einem feinzahnigen Sägeblatt auf der Kreissäge arbeiten.

Stellen Sie das Kreissägeblatt etwas tiefer, wenn die Kanten auf der Unterseite oder auf der Sägenaustrittseite ausbrechen. Stellen Sie das Sägeblatt höher, wenn der Schnitt auf der Leistenoberseite unsauber wird.

> Tipp! Beizen Sie die Kanten (nicht die Flächen) der Gehrungen schwarz oder fahren diese mit schwarzem, lichtechtem Filzschreiber nach, damit etwas offene Fugen nach dem Verleimen nicht auffallen.

6. Rahmen verleimen

Tragen Sie sparsam Leim auf die Gehrungsflächen auf und verleimen Sie den Rahmen mit Klebeband im Faltverfahren (siehe Domino, Seite 13). Stecken Sie auf der Rahmeninnenseite kleine, 4 mm dicke Furnierplatten-Stücke in die Rahmenecken, um sicherzustellen, dass die Nuten an den Stoßstellen keinen Versatz haben und Sie später die Quadrate gut einstecken können.

7. Quadrate schneiden und schleifen

Schleifen Sie die Furnierplatte in Faserrichtung und schneiden Sie anschließend mit einem feinzahnigen Sägeblatt die Quadrate. Achten Sie beim Schleifen der Schmalflächen und Kanten darauf, dass keine Querkratzer auf der Fläche entstehen, da diese nach dem Beizen besonders stark auffallen. Prüfen Sie immer wieder, ob sich die Furnierplatten in die Nuten stecken lassen und schleifen Sie entsprechend der Passung mehr oder weniger stark nach.

Wenn Sie die Furnierplatte versehentlich zu dünn geschliffen haben, klemmen Sie beim Einstecken der Quadrate Papierstückchen mit in den Falz.

8. Oberfläche der Quadrate behandeln

Wässern Sie die Flächen, bevor Sie diese mit Wasserbeize behandeln. Glätten Sie sie nach dem Trocknen nochmals mit Schleifpapier (Körnung 150).

> Tipp! Für lebhafte Effekte empfehlen sich Wasserbeizen, da diese farbintensiver als Lösemittelbeizen sind.

Ölen oder lackieren Sie die gut durchgetrockneten Oberflächen abschließend, damit sie Schmutz abweisend werden.

Maschinenwartung

“Wer gut schmiert, der gut fährt.” sagt ein altes Sprichwort. Bezogen auf die oft teuren Handmaschinen oder stationären Maschinen reicht es schon lange nicht mehr aus, diese nur zu schmieren, damit sie zuverlässig arbeiten.

Sie erwarten von Ihren Maschinen, dass diese lange mit hoher Präzision arbeiten, nicht vorzeitig verschleißen oder gar ausfallen. Dies zu erreichen erfordert systematische Pflege und Wartung: Erstellen Sie eine für jede Maschine individuelle Checkliste, mit der Sie Mängel rechtzeitig erkennen und dadurch teure Reparaturen verhindern.

Die Checkliste erstellen

Entwickeln Sie für jede Maschine eine eigene Checkliste, mit deren Hilfe Sie zielgerichtet alle zu prüfenden Details erfassen. Bilden Sie dazu beispielsweise folgende Prüfblöcke:

- auf Beeinträchtigung prüfen
- Funktionsprüfung
- Schmieren
- Sonstiges

Schlüsseln Sie anschließend diese Blöcke auf und beschreiben Sie in der ersten Formularspalte die konkret zu prüfenden Details (siehe Muster-Checkliste). In der zweiten und den folgenden Spalten ist Platz für den Eintrag Ihrer Ergebnisse.

> Tipp! Damit Sie keine Details in der Checkliste vergessen, erfassen Sie alle zu prüfenden Punkte direkt an der Maschine und erstellen so das spezifische Formular.

So arbeiten Sie mit der Checkliste

Prüfen Sie mit diesem Listenformular Punkt für Punkt Ihre Maschine. Sind keine Mängel am geprüften Teil, haken Sie den Punkt in der Spalte “ok” ab. Stellen Sie einen Mangel fest und können diesen nicht sofort oder selbst beheben, vermerken Sie dies in der Spalte “Bemerkungen”. So vergessen Sie nicht, sich zu einem späteren Zeitpunkt um das Problem zu kümmern oder die Maschine zur Reparatur zu geben.

Die abgebildete Muster-Checkliste wird zur Prüfung einer Hand-Kreissäge verwendet. Das leere Formular ist eine Kopiervorlage, die Sie zur Beurteilung Ihrer Maschinen entsprechend ergänzen müssen.

Maschinen-Checkliste Handkreissäge

Achtung! Netzstecker ziehen!

Datum Prüfen	ok.	Bemerkung	ok	Bemerkung
Auf Beeinträchtigung prüfen				
Zuleitung				
Stecker				
Gehäuse				
Motor - Lüftungsschlitze frei				
Absauganschluss				
Gleitfläche				
Schrauben, Klemmhebel, Dreh- und Stellteile, ...				
Funktionsprüfung				
Eintauchen/Absenken				
Rastet Schutzhaube sicher/leicht ein?				
Sägeblatt durch Haube voll verdeckt?				
Vor- und Rückstellung des Spaltkeils				
Schwenken				
Bordwerkzeug am Platz				
Sägeblatt				
Spaltkeilabstand max. 5 mm				
Spaltkeil fest				
Schmieren				
Gelenke/bewegliche Teile ölen (sparsam)				
Gleitflächen mit Gleitmittel einreiben				
Sonstiges				
Bremszeit max. 10 s				
Schnittergebnis prüfen				
Schnittfuge rechtwinklig?				
Maschine sauber?				

Maschinen-Checkliste

Achtung! Netzstecker ziehen!

Datum Prüfen	ok.	Bemerkung	ok	Bemerkung
Auf Beeinträchtigung prüfen				
Funktionsprüfung				
Schmieren				
Sonstiges				

Verzeichnisse

Glossar

Acrylglas. Transparenter Kunststoff (PMMA = Polymethacrylsäureester), bekannter unter der Produktbezeichnung „Plexiglas“.

Anlaufhülse. Metallring, der in die Tischunterseite der Hand-Oberfräse eingebaut wird. Er ermöglicht kopierendes Arbeiten auch mit Fräsern ohne Anlaufring.

Anreißen. Genaues Aufzeichnen eines Striches (Maßes).

Anschlagwinkel. Werkzeug zum Messen und Prüfen rechter Winkel, bei dem der kurze Schenkel dicker ist als der lange. Dadurch kann dieser an eine Kante angelegt = angeschlagen werden.

Arbeiten des Holzes. Holz quillt bei Feuchtigkeitsaufnahme bzw. schwindet bei Feuchtigkeitsabgabe und verändert dabei Maß und Form.

Aufreißen. Genaues Übertragen (Aufzeichnen) von Maßen auf ein Werkstück.

Bankhaken. Steckt in einem der „Bankhaken-Löcher“ der Hobelbank und dient zum Festspannen der Werkstücke.

Breitbahn. Auch Bahn. Die größere Schlagfläche eines Hammers. Das andere Ende ist die Schmalbahn, auch Finne oder Pinne.

Brüstungen. Die aufeinander stoßenden Kanten bei Rahmen- und Kastenteilen.

Dübelhilfe. Kurzer, zylindrischer Stift, mit an einem Ende überstehendem Metallkragen, dem Bund und einer Spitze im Zentrum. Die Dübelhilfe wird in das Dübelloch eingesteckt und das zu bohrende Gegenstück passgenau aufgedrückt. Die ins Holz eindringende Spitze markiert die Bohrposition.

Fase. Abgeschrägte Kante, meist in einem Winkel von 45°.

Feder. Das in eine Nut greifende Gegenstück.

Flader(-ung). Durch den Jahrringaufbau und den hell-dunkel Wechsel von Früh- und Spätholz deutlich parabelförmige Zeichnung bei Brettern auf tangentialen Flächen. Allgemein Maserung genannt.

Formatieren. Auf exakte Größe schneiden.

Forstnerbohrer. Bohrer mit zylindrischem Bohrkopf mit zwei stirnseitigen Schneiden und mit Umfangschneide, die nur durch die Spanlücken unterbrochen ist.

FPY. Kurzzeichen für Spanplatte.

FU. Kurzzeichen für Furnierplatte.

Furnierplatte. Eine Sperrholzart aus mindestens drei kreuzweise verleimten Furnierlagen.

Gefladert. Siehe Flader(-ung)

Gefladertes Furnier. Siehe Flader(-ung).

Gehrung. Unter einem Winkel aufeinander stoßende Rahmen- oder Kastenteile (allgemein unter 45°, aber auch beliebig <90°).

Geputzt. Siehe verputzen.

Gliedermaßstab. Siehe Meterstab.

Halber Riss. Das Sägen (Stemmen, Fräsen, Hobeln) wird so genau ausgeführt, dass von der aufgezeichneten Linie (Riss) nur noch die Hälfte stehen bleibt.

Harzgalle. Mit Harz gefüllter Riss im Holz = Holzfehler.

Heft. Griff an Schraubzwingen, Stecheisen, usw.

Hinterzange. Rechte Spannvorrichtung an der Hobelbank, bündig mit der Vorderkante.

Holzwerkstoff-Platte. Sammelbegriff für Spanplatte (FPY), Stabsperrholz (Tischlerplatte), Furnierplatten (Sperrholz) usw.

Japanische Säge. Immer häufiger im Austausch für die klassische Feinsäge. Die Japanische Säge hat ein sehr dünnes, hartes Sägeblatt und liefert durch ihre spezielle Zahngeometrie eine hervorragende Schnittqualität und schmale Schnittfugen

Kante. Meist rechtwinkliger Übergang zweier Flächen; unter Schreinern (falsch) für Schmalfläche.

Kanteln. Andere Bezeichnung für quadratische Holzstäbe.

Kopierhülse. Stahlscheibe mit in der Mitte vorstehender runder Hülse, die von unten im Auflagetisch der Hand-Oberfräse befestigt wird. Mit der vorstehenden Hülse wird eine Schablonenkante kopierend abgetastet.

Koto. (*Pterygota macrocarpa*). Gelblichweißes Holz mit mittelgroßen Poren. Herkunft: Westafrika, Elfenbeinküste, Kamerun, Zaire.

Kunstbohrer. Meist falsch als Forstnerbohrer bezeichnet. Zylindrischer Bohrkopf mit zwei Stirnschneiden und (meist) zwei schmalen, oft eingelöteten, Umfangschneiden. Diese durchtrennen vor dem Eingreifen der Stirnschneiden/ Hauptschneiden die Holzfasern und verhindern dadurch, dass diese ausreißen.

Länge. Maßangabe in Richtung des Faserverlaufes.

Leimholz. Fertig verleimte Platten aus Massivholz.

Lochsäge. Volkstümlich als Steckdosen-Bohrer bezeichnet. Sägering, der auswechselbar auf eine Halterung mit (ebenfalls auswechselbarem) Zentrierbohrer gesteckt wird. Zum Sägen runder Durchbrüche und zum Herstellen runder Scheiben (z.B. Räder).

MDF. Mitteldichte Faserplatte, eine relativ schwere Platte als Spanplattenersatz.

Messschieber. Korrekt für Schieblehre. Messinstrument zum exakten Messen, meist mit Hilfe des Nonius.

Meterstab. Korrekt Gliedermaßstab, wird je nach Region als Meter, Meterstab oder Zollstock bezeichnet.

Multiplex. Firmenname für Vielschicht-Furnierplatte, mehr als 12 mm dick, mehr als 5 Lagen.

Nut/Nute. Rechteckige Ausfräsung in Massivholz oder Plattenwerkstoff, wobei beidseitig die Nutwangen stehen bleiben.

Offene Zeit. Die Zeit vom Auftragen des Leimes bis zum Beginn des Abbindens. Nur, wenn innerhalb dieser Zeit gepresst wird, ist die maximale Haltekraft zu erzielen.

Ölen. Auftragen einer schützenden Ölschicht auf die Werkstück-Oberfläche. Flächen (meist) sehr fein schleifen (K280 und feiner) und spezielles Öl auftragen. Nach kurzer Einwirkzeit Überschuss mit fusselfreiem Tuch entfernen und über Nacht trocknen lassen. Dann mit Schleifpapier K240 glätten und wieder dünn Öl auftragen. Überschuss abnehmen (siehe auch Sicherheitshinweise Seite 4).

Polymerwerkstoff. Harter und widerstandsfähiger (Platten-) Werkstoff, der hauptsächlich aus gebundenem Bauxitmehl besteht (meist als CORIAN® bezeichnet). Kann sinnvoll nur mit Hartmetall-Werkzeugen bearbeitet werden.

Putzen. Siehe verputzen.

Putzhobel. Hobel für besonders feines, ausrissfreies Arbeiten mit Doppel-Hobeleisen, das etwas steiler steht als bei anderen Hobeln.

Querholz. Die Jahrringe liegen in der Fläche (vom Schreiner meist als Hirnholz bezeichnet).

RAL. Bis 1968 Abkürzung für „Reichsausschuss für Lieferbedingungen", seitdem umfirmiert in „Deutsches Institut für Gütesicherung und Kennzeichnung e.V.". Hat unter anderem etwa 2000 Farbtöne durch vierstellige Nummern zweifelsfrei festgelegt (genormt).

Räuchern. Besondere Möglichkeit, Eichenholz durch Ammoniakgas hellbraun bis dunkelbraun zu beizen, je nach Einwirkdauer und Gaskonzentration. Das Werkstück wird in einen Raum (Kasten) gegeben, dann werden Schalen mit konzentriertem Salmiakgeist hinzu gestellt. Danach wird der Raum dicht verschlossen. Achtung: Nur im Freien oder sehr gut gelüfteten Räumen anwenden!

Rotbuche. (*Fagus sylvatica*). Allgemein als Buche bezeichnet, doch dann nicht eindeutig von der helleren, härteren und schwereren Weißbuche (*Carpinus betulus*) unterschieden, die z.B. für Hobelsohlen eingesetzt wird.

Rüster. Das Holz der Ulme. Merkspruch: Fällt die Ulme, heißt sie Rüster.

Sackloch. Nicht durchgehende Bohrung.

Schaft. Der Teil des Werkzeuges für Bohrmaschinen und Hand-Oberfräsen, der in die Werkzeugaufnahme (Bohrfutter oder Spannzange) eingespannt wird.

Schlichthobel. Hobel mit Einfach-Hobeleisen für gröbere Hobelarbeiten. Bessere Arbeitsergebnisse erzielen der Doppelhobel und der Putzhobel.

Schlossschrauben. Gewindeschraube mit Vierkant unter dem segmentförmig gewölbten Kopf – gegen Verdrehen.

Schmalfläche. Die schmale Fläche an Platten und Leisten wird meist (falsch) als Kante bezeichnet.

Schmiege. 1. Mess- und Anreißwerkzeug mit beweglichem Schenkel, um beliebige Winkel einzustellen und zu übertragen. 2. Übliche Bezeichnung des Schreiners für alle Winkel, die weder 90° noch 45° betragen

Schreiner. Je nach Region andere Bezeichnung für Tischler.

Senker. Richtig: Versenker. Entweder Hand-Werkzeug oder Maschinen-Werkzeug für die Bohrmaschine mit konischen Schneiden zum Fasen von Bohrloch-Kanten.

Simshobel. Schmaler Hobel zum Herstellen oder Nacharbeiten eines Falzes.

Splitterholz. Auf der Werkzeug-Austrittseite zusätzlich gegen ein Werkstück gelegtes Holz, um Ausrisse (Splittern) am Werkstück zu verhindern.

Streifer. Kurzform für radial geschnittenes Furnier. Die Jahrringe liegen in parallelen Streifen in der Werkstückfläche.

Tischler. Je nach Region andere Bezeichnung für Schreiner.

Überblatten. Zwei zu verbindende Rahmenteile werden je zur Hälfte so ausgeklinkt, dass diese zusammengelegt oder -gesteckt wieder eine Ebene bilden.

Verdrehen. Siehe werfen.

Verputzen. Glätten des Holzes mit Hobel und/ oder Schleifpapier.

Verziehen. Siehe werfen.

Vorsatzbrett. Holzbrett, das vor dem Fräsanschlag angebracht und ausgeklinkt oder durchfräst wird. So wird die Durchtrittsöffnung für das Werkstück so gering wie möglich und man erhält einen durchgehenden Anschlag.

Wengé. (*Millettia laurentii*). Dekoratives, dunkelbraunes, hartes Holz mit großen Poren. Herkunft: Westafrika, Kamerun, Kongo, Zaire.

Werfen. Verdrehen oder windschief werden eines Werkstückes.

Zahnteilung. Bei Sägen der Abstand von einer Zahnspitze zur nächsten.

Zeichenseite. Die Seite, auf der Werkstücke gekennzeichnet (gezeichnet) werden, z.B. mit dem Schreinerdreieck.

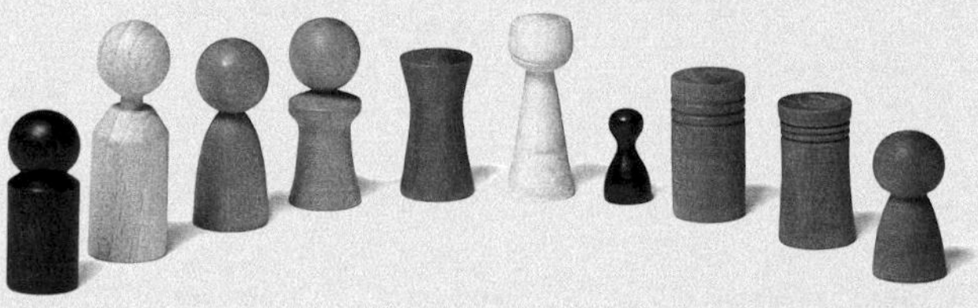

Literatur

Weiterführende Literatur zu den Spielen

Domino und Knoten
Van Delft, Pieter und Botermans, Jack: Denkspiele der Welt. 15. Auflage, Heinrich Hugendubel Verlag, München 1998.

Tangram
Palffy, Laszlo: Palffys Board Game. Tangram. Könemann Verlag, Köln 2001.

Go
Deutscher Go-Bund e. V., Postfach 60 54 54, 22249 Hamburg, www.dgob.de Email: deutscher-go-bund@dgob.de Der Deutsche Go-Bund bietet auch ein Buch für Anfänger an.

Mühle und Dame
Hartogh, Theo: Mühle, Dame, Halma. Alte Brettspiele neu entdeckt. Falken-Verlag, Niedernhausen 1999.

Schach
Heyken, Enno: Schach für Einsteiger. Regeln – Strategien – Tests. Falken-Verlag, Niedernhausen 1996.

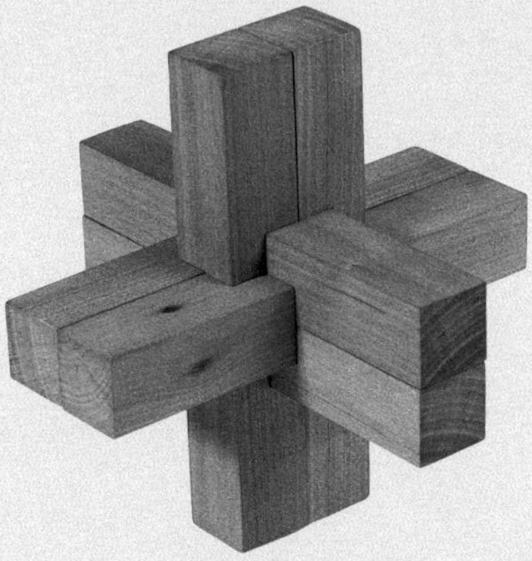

Literatur zur Fertigung der Spiele

Glinski, Willi und Heidsieck, Erich: Grundwissen Holztechnik. Verlag Handwerk und Technik, Hamburg, 1996.

Nutsch, Wolfgang (Herausgeber): Holztechnik Fachkunde. Verlag Europa-Lehrmittel, Haan-Gruiten 1999.

Thunack, Ferdinand: Holz / Kunststoff Tabellen. Westermann Schulbuchverlag, Braunschweig 1994.

Bezugsadressen für ausgefallene Hölzer

Gerhard Kutz KG
Großmooring 10
21070 Hamburt-Harburg
Tel.: (040) 76 62 35 30
Fax: (040) 77 58 40

Ernst Markmiller GmbH
Industriestr. 24
94469 Deggendorf
Tel.: (09 91) 25 01 10

Theodor Nagel GmbH
Billstraße 28
20539 Hamburg
Tel.: (040) 78 11 00 0
Fax: (040) 78 11 00 24

Franz Uppenkamp
Drechselholz und Werkzeuge
Holtkamp 10
48739 Legden
Tel.: (0 25 66) 39 99
Fax: (0 25 66) 9 69 89

Lösungen

Einsiedler

19 → 17, 30 → 18, 27 → 25, 24 → 26, 22 → 24, 31 → 23, 16 → 28, 33 → 31 → 23, 11 → 25, 3 → 11, 4 → 16 → 28 → 30 → 18 → 6, 13 → 27 → 25 → 23, 7 → 9, 10 → 8, 21 → 7 → 9, 1 → 3 → 11, 12 → 10 → 8 → 22 → 24 → 10, 5 → 17

Teufelsknoten

1. Stecken Sie Stab 1 und 4 zusammen
2. Legen Sie Stab 6 mit der großen Aussparung gegen Stab 1
3. Legen Sie Stab 5 auf Stab 4 und schieben Sie ihn gegen Stab 1 und 6
4. Verbinden Sie Stab 3 (die kleine Aussparung zeigt nach unten) mit Stab 2 zu einem Kreuz
5. Jetzt schieben Sie Stab 2 des Kreuzes in die quadratische Öffnung; dabei greift die Aussparung des Stabes 3 um den Stab 1.

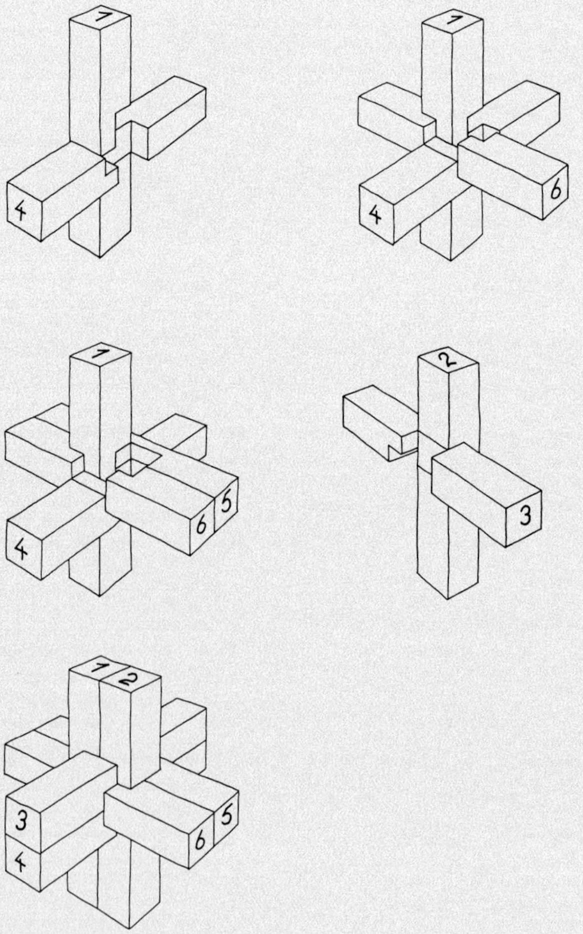

Ideen und Entwürfe

Einsiedler: Dieter Stojan, Ebern.
Domino: Dieter Stojan, Ebern.
Mühle: Johannes Scharfenstein, Meschede.
Vier in einer Reihe: Dieter Stojan, Ebern.
Tangram: unbekannt.
Kreuz und Kreis: unbekannt.
Schiebekasten: Johannes Scharfenstein, Meschede.
Holzweg: Dieter Stojan, Ebern.
Spielesammlung: Willi Brokbals, Ebern.
Mikado: Willi Brokbals, Ebern.
Schach: Johannes Scharfenstein, Meschede.
Go: Stefan Lupperger, Ismaning,
Wandelplastik: Andreas Weisheit, Herscheid.
Teufelsknoten: unbekannt.
Kristallknoten: unbekannt.
Kugelbahn: Martin Marquardt, Hassfurt und Meike Söker, Nagold.
Würfelpuzzle: Willi Brokbals, Ebern.
Schiebegans: unbekannt.
Tigerente: unbekannt.
Rallyeente: Willi Brokbals, Ebern.
Rennauto: Johannes Scharfenstein, Meschede.
Nostalgie-Automobil: Johannes Scharfenstein, Meschede.
Lastwagen: Johannes Scharfenstein, Meschede.
Holzbild: Dieter Stojan, Ebern.
Farbige Steckplastik: Johannes Scharfenstein, Meschede.

Bildquellen

Umschlagfotos:

Uwe Kolter, Ebern: Kugelbahn, Schach, Holzweg, Ralleye-Ente, Autor.
Thomas Maschke, Reckendorf: Schiebekasten (großes Foto), einsiedler, Kreuz und Kreis, Mühle, Vier in einer Reihe.

Fotos im Innenteil:

Thomas Maschke, Reckendorf: Einsiedler, Domino, Mühle, Vier in einer Reihe, Kreuz und Kreis, Schiebekasten.
Uwe Kolter, Ebern: Alle übrigen Fotos.

Zeichnungen:

Alle Zeichnungen vom Autor.

Register

Ablängen kurzer Teile 36
Acrylglas 137
Angemalte Ente 117
Anlaufring 46, 47
Anleimer 42
– bündig arbeiten 74
Anschlag, durchgehender 41, 58, 146
Anspitzen 61
Arbeiten des Holzes 104
Ausrisse 8
– verhindern 80
Ausstemmen 7

Beizen 126, 132, 135
Beizprobe 111
Bezugsquellen 155
Bilderrahmen 141
Bilderwürfel 103
Blindfurniere 71
Bogendruckfeder 40, 147
Bohren, Furnierplatte 25
– Zentrum 113
Bohrtiefe, exakte 9
Bündigfräser 47

Damespiel 62
Domino 11
Druckfeder 58
– bauen 59
Dübelhilfe 75, 136

Einpassen 31
Einschlag-Muttern 146
Einschraub-Muttern 146
Einsiedler 6

Faltverfahren 13
Fälzen 59
– mit dem Simshobel 30
Falzleiste 53
Farbige Steckplastik 144
Faserverlauf 104
Feder 8
– in Gehrung 39, 41
Federlamellen 147
Feuchtigkeit 4
Fingerzinken 18, 40
Firnisauftrag 120
Fräsanschlag 146
Fräsen, kopierend 47

Fremdfeder 24, 41
Frontscheibe 137
Führungsvorrichtung, für Hand-Oberfräse 52
Furnier fixieren 73
– geflammtes 66
– schneiden 29, 72
– zusammensetzen 72
Furnieren 29, 66, 73
Furnierplatte 11, 12
Furniersäge 72
Furnierüberstände beiarbeiten 74

Gebrauchsspuren 105
Gefladert 66
Gewinde schneiden 81
Go 69

Harzgallen 111
Harzhaltig 111
Holzauswahl 4, 64
Holzbeschaffung 4
Holzbild 139
Holzfeuchte 4, 85
Holzknoten 84
Holzpuzzle 103
Holzweg 43
Hölzer, ausgefallene 152

Ideen und Entwürfe 156

Jahrringe 40

Kantel ablängen 67
Karomuster 119
Kennzeichnen 98
Klangstäbe 101
Köcher 56
Kontrast, Holzart 23
Kontrasthölzer 7
Kopierhülse 7, 35

Kreuz und Kreis 33
Kristallknoten 89
– Zusammenbau 93
Kugelbahn 94
Kugelschnäpper 53

Lastwagen 133
Leim entfernen 42
– austretender 9, 106
Leimen, verrutschen 118
Leisten nuten 146
Liegende Jahrringe 64
Literatur 155
Löcher bohren 119
Lochsäge 37, 113
Lösemittelbeizen 45
Lösungen 153

Maschinenwartung 149
Messerreste 72
Mikado 56
Motive aufkleben 109
Motivwahl 141
Mühle 16

Nachschiebeholz 40, 58, 118
Nostalgie-Automobil 127
Nuten mit der Kreissäge 30, 98, 105, 142
Nuten mit der Hand-Oberfräse 98

Oberflächenbehandlung mit Öl 4
Oberfräser 58
Oldtimer 127

Pendelhub 75
Plastik 78
Profile 141
Profilierung 10
Putzhobel 42

Räder herstellen 125
Räder schleifen 120, 125
Räder schneiden 113
Radkästen 135

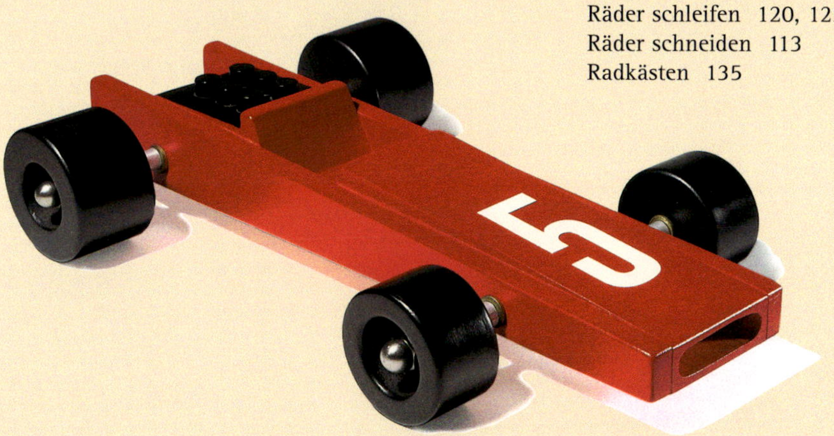

Rahmenleisten nuten 146
Rallye-Ente 115
RAMPA®-Muffen 146
Räuchern 44
Rennauto 121
Rillen schnitzen 130
Ringe herstellen 37

Schach 62
Schalbenschwanz-Leisten 108
Schattennut 8, 30
Scheibenbohrer 46
Scheibenfräser 146
Schiebegans 110
Schiebekasten 38
Schiebeladen zum Nuten 142
Schiebestab 114
Schiebestock 106, 118
Schiebevorrichtung 136
Schleifen, Räder 120, 125
Schleiffeile 124
Schleifpapier klemmen 124
Schlitze mit Hand-Oberfräse 100
Schlitzen, Rundstäbe 21
Schneideisen 81
Schneidlade, selbstgebaut 13
Schnittmuster, Ente 116, 119
Schnittmuster, Gans 111
Schrägen sägen 98
Schwalbenschwanz-Eckverbinder 107
Schwundmaße 104
Sicherheitsregeln 3
Simshobel 30
Sperrholz 11
Spezial-Schneidlade 91
Spielesammlung 50
Stecheisen 8
Stecheisenaustritt 87
Steckdosen-Bohrer 37, 113
Stecker 9, 10
Stecker, Profilierung 10
Stehende Jahrringe 64
Steifer 66
Stöpselbohrer 46
Stürzen 72, 73

Tangram 27
Teufelsknoten 84
Tiefenbegrenzer 9
Tigerente 115
- mit Ski 117
Tischfräsmaschine 40
Tusche 90

Umleimer 7, 9
Überblatten 20, 63
Überblattungen fräsen 64

Vakuumverleimen 73
Verleimen 21
- mit Schnur 31
- mit Unterlage verhindern 108
- Faltverfahren 13
Verleimhilfe 58
Vertiefungen fräsen mit Hand-Oberfräse 36
Vier in einer Reihe 22
Vorsatzbrett 40, 41

Wachs 10
Wandelplastik 78
Wandplastik 144
Wasserbeize 132
Wässern 132
Werkzeugverdeckung 113
Windeisen 81
Winkelanschlag 59
Würfelpuzzle 103

Zarge 30
- nuten 105
Zeichenseite 18
Zinkenbreite 40
Zinkenherstellung an der Kreissäge 18

Danke

Ohne viele große und kleine Helfer hätte ich dieses Buch nicht oder nicht so schreiben können, wie es nun vorliegt. Ihnen allen sage ich ein herzliches Dankeschön.

Besonderen Dank sage ich Herrn Dieter Stojan für den Anstoß, für viele Ideen und für sein kritisches Lesen und Hinterfragen. Angenehm war auch die unkomplizierte Zusammenarbeit mit dem Verlag Eugen Ulmer und hier besonders mit meiner Lektorin, Frau Carola Hils, die mich mit kritischem Sachverstand wohlwollend begleitete und motivierte. Großes Lob auch an meine Frau Cäcilia und unsere drei Kinder für deren Verständnis, für bereitwilliges Mitspielen im doppelten Sinne und die wohltuende, unerschütterliche Gelassenheit.

Willi Brokbals

Impressum

Bibliografische Information der Deutschen Bibliothek
Die Deutsche Bibliothek verzeichnet diese Publikation in der Deutschen Nationalbibliografie; detaillierte bibliografische Daten sind im Internet über http://dnb.ddb.de abrufbar.

Haftung:
Autor und Verlag haben sich um richtige und zuverlässige Angaben bemüht. Fehler können jedoch nicht vollständig ausgeschlossen werden. Eine Garantie für die Richtigkeit der Angaben kann daher nicht gegeben werden. Haftung für Schäden und Unfälle wird aus keinem Rechtsgrund übernommen.

Wollgrasweg 41, 70599 Stuttgart (Hohenheim)
E-Mail: info@ulmer.de
Internet: www.ulmer.de
Umschlaggestaltung: Atelier Reichert, Stuttgart
Lektorat: Wiebke Krabbe, Werner Baumeister
Idee und Beratung: Dieter Stojan
Layout, Herstellung und DTP: Ulla Stammel
Reproduktion: Typomedia GmbH, Ostfildern
Druck und Bindung: Aprinta, Wemding
Printed in Germany

ISBN-13: 978-3-8001-5087-8
ISBN-10: 3-8001-5087-5